KB111801

맨발걷기로
행복한 학교 만들기

"맨발걷기를 함께해 준 소중한
대구관천초등학교 학생들에게 무한한 사랑을 보냅니다.
한마음으로 기꺼이 함께해 주신
교직원 및 학부모 여러분께도
감사의 말씀을 드립니다."

맨발걷기로
행복한 학교 만들기

발행일	2022년 5월 13일

지은이	이금녀, 이태재, 김민지, 백명지		
펴낸이	손형국		
펴낸곳	(주)북랩		
편집인	선일영	편집	정두철, 배진용, 김현아, 박준, 장하영
디자인	이현수, 김민하, 안유경, 김영주, 신혜림	제작	박기성, 황동현, 구성우, 권태련
마케팅	김회란, 박진관		
출판등록	2004. 12. 1(제2012-000051호)		
주소	서울특별시 금천구 가산디지털 1로 168, 우림라이온스밸리 B동 B113~114호, C동 B101호		
홈페이지	www.book.co.kr		
전화번호	(02)2026-5777	팩스	(02)2026-5747

ISBN	979-11-6836-293-2 03370 (종이책)	979-11-6836-294-9 05370 (전자책)

학교 운동장 흙과 맨발의 만남, 그 따뜻한 이야기

맨발걷기로 행복한 학교 만들기

이금녀·이태재·김민지·백명지 공저

학생, 교직원, 학부모의 참여와 다양한 긍정적 변화를 공유하면서
우리는 맨발교육의 놀라운 힘을 함께 체험하였다.

북랩

목차

제 II 부 맨발걷기 교육과정 운영 사례

"맨발걷기, 가슴 뛰는 교육"

✦

필자가 처음 맨발걷기를 알게 된 것은 2015년 9월이었다. 꾸준히 운동하며 건강관리를 해도 쉽게 개선되지 않아 힘들어하던 즈음에 맨발걷기를 오래전부터 해 왔던 대구교대 권택환 교수의 권유를 받고 처음 시작하게 되었다. 첫날, 1시간 남짓 걷고 다음 날 아침에 일어나니 지금까지 경험해 보지 못한 개운함을 경험했다. 그날 이후 매일 퇴근 후 집 근처 학교 운동장을 맨발로 걸었다. 몇 개월을 하니 조금씩 몸이 회복되는 것을 느꼈다. 머리가 맑아지고 마음이 편안해지면서 자연스럽게 생활의 일부가 되었다. 삶을 힘들어하는 학생들의 아픈 모습을 자주 접하게 되는 그 당시 근무처에서 그 학생들이 나처럼 꾸준히 맨발걷기를 한다면 큰 도움이 될 것이라는 생각도 들었다. 내가 학교에 나간다면 이 운동을 학생들과 함께해야겠다고 생각했다.

2016년 9월 1일, 첫 교장 부임지인 대구관천초등학교로 발령을 받았다. 흙 운동장이 첫눈에 들어왔다. 6개월을 학교 안팎의 상황을 살펴보며 이듬해에 전 교육공동체가 함께 맨발걷기를 할 수 있는 방법을 구상하게 되었다.

이듬해 1월, 새 학년도 교육계획 수립을 위한 워크숍에서 처음으로

'맨발걷기'를 소개하고 교사들의 동의를 이끌어 내었다. 늘 밝고 긍정적인 교사들, 추운 겨울날 생뚱맞게 '맨발걷기' 프로젝트를 듣고도 교장을 믿고 따라주어서 고마웠다. 다음 달, 맨발걷기에 대한 연수를 실시하는 등 공감대를 형성하기 위해 노력하면서 새 학년도 추진을 위한 준비에 들어갔다.

새 학년도 시작하는 3월 2일 첫날, 전 교직원이 맨발걷기 첫 체험을 하였다. 그날부터 매일 퇴근시간 즈음에 전 직원이 운동장에서 맨발걷기를 하였다. 지도할 교사들이 먼저 체험하여 인식을 같이할 필요가 있었고, 그것보다 더 중요하게 생각했던 것은 교사들이 건강하고 행복해야 밝고 힘찬 기운을 학생들에게 줄 수 있으므로 교사들의 건강을 먼저 챙기고 싶었다.

교사들은 걸으면서 운동장 곳곳에 널려있는 돌멩이와 자잘한 유리조각을 주웠다. 학년 초에는 바빠서 서로 얼굴도 제대로 마주 볼 시간이 없고, 낯설고 서먹서먹한 분위기까지 감도는데 우리는 운동장에서 만나 맨발로 걸으며 업무협의도 하고 서로 안부도 묻는 화기애애한 분위기가 만들어졌다. 컴퓨터가 보급된 이후로 각자의 업무와 교재연구로 교실에서 혼자 일에 파묻혀 있다가 각자 퇴근하는 닫힌 학교 분위기가 열린 분위기로 바뀐 것이다.

그렇게 교사들이 먼저 시작한 후 서서히 전교생이 참여하던 중, KBS 방송국에서 맨발걷기 교육을 인터뷰하고 싶다는 연락이 왔다. 기자는 인터넷을 통해서 알게 되었다고 하였으며 날짜를 협의하다가 마침 '맨발음악회'가 열리는 날이 있어 그날 방문하기로 하였다. 취재진은 당일 아침 일찍부터 와서 하루 종일 촬영하고 인터뷰를 진행하였다. 맨발로 걷고 달리고 맨발로 체육 수업하는 모습 등을 보면서 놀라워했다. 이 프로그램에서는 오랜 기간 맨발걷기를 꾸준히 해온 성인들의 건강 향상 정도를 의학적으로 증명해 내었으며 필자의 학교 사례도 학교 교육에서 시사하는 바를 풀어내었다.

전국적인 맨발 전도사인 권택환 교수, 오래전부터 맨발걷기의 기적을 체험하고 주말마다 맨발학교를 열어온 박동창님[1] 등의 노력과 여러 공중파(KBS, 생로병사의 비밀(2017.8.23.), "맨발이면 청춘이다" 등)의 힘으로 맨발걷기 참가자 수는 나날이 늘어나고 있다. 또한, 학교 관리자를 중심으로 관천초로 맨발걷기와 관련된 시설과 운영 방법, 자료 등을 문의해 오기 시작하였다. 우리는 학교홈페이지에 관련 자료를 탑재하여 필요한 학교에서 활용할 수 있도록 하였다.

맨발걷기를 학교에서 실시하고 싶다고 문의하는 교장 선생님들과 대화하면서 내가 걸어 온 길이 누군가에게 도움이 될 수도 있다는 생각이 들었다. 2017년 3월부터 3년 동안 추진하면서 부딪힌 문제들, 고민들, 시행착오 등을 해마다 수정, 보완해 나가며 추후에 새로 시작하는 학교가 가급적 시행착오 없이 추진할 수 있도록 참고가 될 만한 자료를 정리하여야겠다는 생각을 가지게 되었다.

필자가 학교에서 처음으로 맨발교육을 시작한 2017년 당시의 교육 경력은 30년이며, 교장으로서의 경력은 6개월이었다. 교직생활 동안 많은 수업을 했고 여러 가지 교육활동을 해 보았지만 이 맨발걷기 만큼 '가슴 뛰는 교육'은 많지 않았다. 학생들과 교직원들, 학부모들의 참여와 다양한 긍정적 변화를 함께 공유하면서 우리는 맨발교육의 놀라운 힘을 함께 체험하였다.

---

[1] 맨발걷기의 기적(2019, 시간여행)의 저자

다양한 학습 형태와 학교혁신 방안이 있지만 이 맨발걷기도 그에 못지않은 중요한 학교혁신 방안이라고 생각한다. 빠른 속도로 미래사회가 다가오고 있고 이미 다가왔다. 학교 구성원들은 각자의 역할과 현실과의 괴리감으로 힘들어하고 있으며, 모두의 마음을 모아 함께 나아갈 긍정적인 학교문화에 대한 고민은 관리자인 학교장의 고민으로 남아 있다. 이러한 때, 다양한 학교 혁신 방안과 함께 맨발걷기를 통해 좀 더 바람직한 학교문화를 만들고 싶다는 희망을 안고 적극적으로 시작하게 되었다.

함께 연구하신 분들

처음에는 필자와 함께 연구 협력자 5인이 참여하였다. 전교생과 전교사를 대상으로 하는 연구라 교장인 내가 전체 내용을 모두 자세히 관찰하고 판단하기 어려운 여건이어서 내가 관찰한 내용을 토대로 연구 협력자들을 중심으로 주변 상황을 피드백 받고 수정 보완해 나갔다. 또한, 연구 협력자들을 통해서 교사 요구에 대한 허심탄회한 피드백을 제공받아 실행가능성 높은 연구로 개선해 나아갔다.

교사 연구 협력자 5인은 본교에서 처음 맨발걷기를 시작한 중견교사들이다. 연구 협력자 3인은 담임교사로서, 교실에서도 아이들과 맨발생활을 하며, 맨발걷기에 대한 의지도 강하고 학생과의 래포도 잘 형성되어 있어 적극적으로 의견 수렴이 가능하다. 다른 연구 협력자는 업무부장교사로서 각종 자료 작성 및 정보 수집 등을 하였으며 연구자와 함께 학교 전 교육활동을 조절하고 각 활동과의 상호 관련성을 관찰하고 협의를 해 왔다. 또 다른 연구 협력자는 맨발걷기 정책을 담당하고 있는 업무담당 부장교사로서 맨발걷기 교육과정을 기획하고 운영하였다.

2년차부터 학부모들의 참여가 활발해지면서 가정에서의 학생들의 참여 모습과 학부모들의 생각을 들어볼 기회가 필요하였다. 이에, 학부모회를 중심으로 자발적으로 참여를 원하는 학부모로 연구 협력자를 위촉하였으며 처음에는 3명으로 시작, 1명이 학생 졸업과 함께 그만두게 되어 3차년도에 다시 1명을 추가하였다.

맨발걷기 교육과정 운영으로 학생들의 두뇌 활성화 및 정서 안정과 관련된 효과성을 입증하기 위하여 1년 차부터 필자의 박사논문 지도교수이신 국제뇌교육종합대학원대학교 신재한 교수님의 많은 지도와 조언을 받았다.

시작하며

✦

학교 현장의 여건은 다양한 원인으로 인해 갈수록 힘들어지고 있다. 지도하기 힘든 학생들이 늘어나고, 사명감을 갖고 학생들을 지도할 수 있는 여건이 허락되지 않는 현장의 상황은 교사들을 소극적으로 만들고 있으며 학부모들의 과열된 교육열은 더욱더 학교 현장의 자율성을 해치고 있다. 이런 상황에서 그들이 공유하는 학교문화는 현재보다 좀 더 신뢰하고 협력하는 학교문화로 개선해 나가야 할 필요가 생기게 되었다. 또한, 빠르게 변해가는 사회적 상황은 학교의 역할과 기능에 대한 근본적인 변화를 요구하고 있다.

이러한 요구에 부응하기 위한 노력도 다양하게 추진되고 있다. 교육부는 사교육의 과열로 인한 교육적 폐단을 개선하면서『교육기본법』에서 정한 교육 목적을 달성하고 학생의 건강한 심신 발달을 도모하기 위한『공교육 정상화 촉진 및 선행교육 규제에 관한 특별법』(교육부, 2016)을 공포하여 공교육을 담당하는 초·중·고등학교의 교육과정이 정상적으로 운영되도록 노력하고 있다.

또한, 공교육 정상화의 해결책으로까지 여겨지며(문혜림, 2017), 배움이 살아있는 학교를 만들고자 도입된 혁신학교는(유은지, 2016) 긍정적인 흐름으로 많은 기대를 모으고 있다. 학생들의 학교 만족도는 일반 학교보다 높은 성과를 보이는 것으로 나타났으나(유은지, 2016; 곽선경, 2012; 김선아, 2014; 김영주, 이상신, 김종민, 2015; 박춘성, 김진철, 2016), 학업 성취도에서는 일반학교와 유의한 차이가 없는 것으로 나타났으며(유은지, 2016; 배종현, 2017; 이찬희, 2016), 사제 및 교우 관계에서도 일반학교와의 학교생활 만족도는 차이가 없었다(임익산, 2013). 이러한 결과로 볼 때 혁신학교가 공교육의 대안으로 자리 잡기에는 한계가 있어 보인다.

한편, 학교 교육의 변인은 다양하다. 학생, 교사, 교육과정, 학교 환경, 교육시스템, 교육시설 등 많은 변인 중 어느 한 변인만을 집중적으로 개선한다고 해서 교육성과가 크게 달라지기는 어려울 것이다. 그 학교에 형성되어 있는 문화가 어떤 양상으로 존재하고 있고 구성원들이 어떻게 공유하고 유지해 나가는가가 중요할 것이다. 학교문화 연구는 조직문화 관점에서 바라보는 담론, 학교의 구성주체 관점에서 바라보는 담론, 상호작용 관점에서의 담론으로 구분되어 연구되어 왔다(이병준 외, 2016). 하지만 학교문화는 이렇게 구분하여 논할 것이 아니라 세 가지 요소가 상호작용하여 통합적으로 활성화될 때 바람직한 학교문화가 창조될 수 있을 것이다. 학교는 다가오는 변화를 선제적으로 파악하고 이에 대응할 수 있는 방안을 모색해야 하며, 구성원 스스로가 능동적인 변화 주도자가 되어야 할 것이다.

다가오는 미래 사회에 학생들은 대부분 새롭고 불분명한 문제와 마주하게 되고, 같은 문제라도 서로의 관점의 차이를 존중하며 공동의 답을 모색해 가는 인재로 성장하기 위해서는 협업 학습의 경험이 중요한 요소가 된다(류태호, 2017). 그러한 협업 학습의 경험은 초등학교에서부터 시작되어야 할 것이며 그러기 위해서는 학생, 교사, 학부모가 서로 협력하는 총체적인 협력문화 조성이 필요할 것이다. 협력문화 안에서 성장한 아이들은 '함께'라는 가치를 체득하게 되고, 그 가치 안에서 함께 문제를 해결하고자 머리를 맞댈 것이다. 그러한 협력문화의 중심에 학교가 있어야 한다. 학교는 아이와 아이, 가정과 가정, 학교와 가정, 학교와 지역사회를 연결하고 이들이 서로 협업할 수 있도록 허브역할을 해야 한다.

이렇게 학생, 교사, 학부모의 교육공동체가 능동적이고 자발적이며 협력적인 학교문화[2]를 만들기 위해서는 학교 차원의 특화된 교육과정을 운영할 필요가 있다. 학교에 도입할 수 있는 다양한 활동 중에서 신체활동이나 운동은 신체적 건강뿐만 아니라, 정서적 안정 및 두뇌계발에도 긍정적인 영향을 미치는 것으로 알려져 있다(고우현, 2016; 이용락, 2018; 이지현, 2019; Ratey & Manning, 2014). 그 중에서 걷기운동은 기구나 장소, 신체적 부담에 구애됨이 없이 누구나 손쉽게 즐길 수 있는 장점이 있다.

이러한 걷기운동 중에서 맨발걷기는 운동화나 구두 등 신발을 신지 않고 걷기 때문에, 발바닥을 직접 자극함으로써 혈액 순환, 비만 감소, 수면 장애 제거 등 신체적 건강뿐만 아니라, 심리적 및 정서적 안정, 두뇌 활성화에 긍정적인 영향을 미치는 것으로 나타났다(이가인, 2019; 김병로, 박종표, 2003; 김은자, 이태용, 이옥경, 신숙희, 2010; Ghaly & Teplitz, 2004). 맨발걷기는 이와 같이 다양하고도 긍정적인 효과를

---

2) 여기서는, 학생, 교사, 학부모의 교육공동체 주체들이 상호 작용하면서 생성해 내는 사고 방식과 행동 양식, 그에 따른 활동 결과 및 학교 분위기를 학교문화로 정의한다.

거둘 수 있을 뿐만 아니라 누구나 손쉽게 접근할 수 있고 공동체가 동시에 함께 할 수도 있으므로 이를 활용한 교육과정을 운영한다면 모두를 위한 공동 매개체가 될 수 있을 것이다.

최근 학교 현장에서도 학생, 교사가 맨발걷기를 하는 학교가 증가하고 있다. 맨발걷기를 하는 학교가 증가함에 따라 맨발걷기를 통한 학생 및 교사의 긍정적인 변화에 대한 연구는 있으나(권택환, 2017b; 이금녀, 신재한, 2019), 맨발걷기를 통해 학생과 교사, 학생과 학부모, 교사와 학부모간의 문화를 개선해 보려는 체계적인 시도는 없는 실정이다.

따라서 3)맨발걷기 체험활동 교육과정 운영에 관한 연구를 통해 교육공동체가 함께 맨발걷기로 소통하면서 서로 신뢰하고 협력하는 학교 문화 조성의 가능성을 모색하였다. 맨발걷기의 효과는 그것을 체험하는 학생뿐만 아니라 함께하는 교사들의 건강과 교직 스트레스에 따른 정서적 안정 등도 꾀할 수 있어서 교육공동체 구성원 모두에게 유용한 방법이라고 생각하였다.

이러한 시도를 학교장과 구성원들의 협력적 실행으로 전 교육공동체를 대상으로 진행함으로써 학교의 전반적인 문화개선이 좀 더 수월하다는 장점도 지닌다. 여러 구성원들의 다양한 현상을 피드백 받을 수 있었고 협의와 반성이 광범위하게 이루어져 최선의 개선책을 찾을 수 있었다. 그들의 필요와 요구를 반영한 계속적인 개선과정을 거치는 과정에서 효율적인 맨발걷기 체험활동 교육과정의 운영 방법을 찾

---

3) 여기서는, 학교에서 이루어지고 있는 각 교과별 교육과정 및 창의적 체험활동과 같은 맥락으로, 맨발걷기도 하나의 체험활동 교육과정으로 규정한다. 교육목적을 달성하기 위하여 체계적으로 만들어가는 교육과정을 의미한다.

아갈 수 있었으며 실행과정에서 나타나는 학교의 전반적인 문화풍토의 변화를 효율적으로 파악할 수 있었다.

3년간의 실행 맥락에서 나타나는 구성원들의 변화를 살펴 이와 함께 나타나는 학교문화의 모습을 알아보고, 맨발걷기 체험활동 교육과정 운영으로 학교문화 개선의 가능성을 모색하였다.

맨발걷기 체험활동 교육과정을 적용하여 바람직한 학교문화가 조성되는 과정에서 나타나는 참여자들의 변화에 대한 의미화 작업을 통해 교육공동체에게 맨발걷기가 갖는 교육적 의미를 밝혀내고자 하였다. 또한, 실행 과정에서 나타난 활성화 요인과 운영에 필요한 구성요소를 제시함으로써 학교현장에서 맨발걷기를 교육과정 내에서 운영하고자 하는 분들에게 도움이 되었으면 한다.

1부

부

맨발걷기와
학교문화

제1장
왜 맨발걷기인가?

1. 맨발걷기의 교육적 효과

걷기가 건강에 매우 효과적이라는 것은 이미 알고 있는 사실이다. 걷기와 관련된 많은 선행연구는 걷기운동의 다양한 효과를 입증하고 있다. 걷기운동이 신체 건강(박종표, 2001; 성봉주, 이계행, 2005; 임희정, 2008; 박태숙, 2008; 박치욱, 2009; 권혁정, 2009; 노동진, 2009; 강주연, 2014; 강효영, 2017; 김연진, 2018), 정서 조절(이동환, 2007; 박태숙, 2008; 서동혁, 2010; 박상열, 2015; 김란희, 2017; 권택환, 2017b), 두뇌활성화(임완호, 2011; 이금녀, 신재한, 2019)에 기여한다는 연구들은 걷기운동의 효과를 강조하고 있다. 특별한 기구 없이 간편하게 할 수 있으며 관절과 근육에 부담이 없는 걷기 운동은 발바닥의 자극이 각 기관이나 장기에 전달되어 각 기관을 균형 있게 발달시키는 데(박종표, 2001) 그 핵심이 있다. 발바닥을 집중 자극하여 활력, 스트레스 감소, 혈액순환, 부종완화, 뇌파의 안정 및 두뇌 활성화 등을 입증한 연구들도 다수 보인다(이승헌, 2010; 이옥경, 김은자, 2009; 김은자 외 2010).

최근에는 이러한 걷기운동과 발바닥 자극의 효과를 동시에 누릴 수 있는 맨발걷기 운동이 확산되고 있다. 박동창은 2006년에『맨발로 걷는 즐거움』이라는 책을 발간한 이후, 2016년부터는 서울 대모산에서『맨발걷기 숲길 힐링스쿨』을 개설하여 시민들과 함께 맨발걷기를 하고 있으며, 각종 치유 사례를 모아『맨발로 걸어라(2021)』을 펴내기도 하였다. 교육 현장에서도 건강 관리와 스트레스 해소 및 생활지도 차원에서 맨발걷기 운동이 확대되고 있고, 사이버학교인 '맨발학교'가 설립되기도 하였다(권택환, 2017a). 또한, KBS TV '생로병사의 비밀(2017.8.23)'에서 맨발걷기를 여러 해 실천해 온 사람들의 육체적 건강 정도를 측정하여 의학적으로 검증하여 방영함으로써 맨발걷기가 사회적으로 크게 확산하는 계기가 되었다. 550여 일간 하루도 빠지지 않고 매일 새벽 맨발걷기를 하며 사색한 내용을 쓴『맨발걷기(임문택, 2019)』에서 저자는 맨발걷기를 통해서 자존감을 찾았고 건강한 일상을 얻었다고 하였다.

특히, Ratey와 Manning(2014)은 인간이 진화되는 과정에서 신발 없이 달렸다는 사실을 감안하면 우리는 지금도 신발을 신고 다닐 필요가 없으며, 패드를 두툼하게 넣은 신발을 신고 달리는 것은 오히려 부상을 가져올 수 있다고 하였다. 또한, Howell(2010)은 우리가 신는 신발이 몸에 해롭다고 주장하고 있으며 일본 쇼와대학교 의학부 객원교수인 堀泰典(2009)는 몸속 정전기가 쌓여 몸속에서 방전될 때 각종 질환의 원인인 활성산소가 생기는데 몸속 정전기를 제거해 주는 가장 효과적인 방법이 맨발로 맨땅을 밟거나 맨손으로 흙을 만지는 방법이라고 강조한다.

이 외에도 김병로와 박종표(2003)는 맨발걷기 운동이 비만증 개선에 긍정적인 영향을 미쳤다고 하였으며, 박은선(2012)은 유아들에게 맨발을 적용한 무용 교육 프로그램을 실시한 결과, 정서지능 향상에 긍정적인 영향을 주는 것으로 검증되었다. 권택환(2017b)은 많은 교원이 맨발걷기 체험을 통해 정전기, 불면증 등 다양한 질환이 사라지고, 시력 회복, 두뇌기능 활성화, 심리적 안정, 자신감 향상 등 정서적인 변화가 일어났다고 하였으며 맨발걷기를 한 ADHD 학생의 변화, 교사와 학생과의 소통 및 공감 능력이 향상되었다고도 하였다. 또한, 이금녀와 신재한(2019)은 맨발걷기가 학생들의 뇌파 및 두뇌활용능력에 긍정적인 영향을 미쳤다고 증명하고 있다. 최근의 이와 같은 연구로 맨발걷기가 신체적, 정서적, 두뇌활성화 면에서 긍정적인 효과가 나타났다는 결과가 도출됨에 따라 맨발걷기를 교육현장에 체계적으로 도입할 필요가 있다.

2. 선행연구 분석 및 시사점

맨발걷기가 2017년부터 확산되는 추세이며 앞으로 이와 관련된 연구도 활성화될 것으로 보인다. 아직까지 선행연구들은 그리 많지 않으며 크게 두 가지로 분류할 수 있다. 연구의 대부분은 맨발걷기를 통한 체험자들의 신체, 정서, 인지와 관련된 변화를 중심으로 다루었으며 이 부분은 본 연구와 밀접한 관련이 있다.

다음 〈표 I-1〉은 맨발걷기를 통한 신체, 정서, 인지적 변화를 다룬 효과성 분석 연구들이다.

〈표 Ⅰ-1〉 맨발걷기 효과성 분석 연구

연구자 (연도)	연구 주제	연구 결과	시사점
박종표 (2001)	맨발걷기 운동이 비만 여중학생의 신체 구성과 혈중 지질에 미치는 영향	맨발걷기 운동이 비만 여중생의 체중, 체지방율, LDL-C 등의 감소에 부분적으로 긍정적 영향	맨발걷기가 비만치료에 긍정적인 영향을 끼치는 것으로 보아 학교에서 비만학생들의 관리에 도입 필요
박은선 (2012)	맨발을 적용한 유아의 무용 교육 프로그램이 정서지능에 미치는 참여 효과	맨발을 적용한 무용 집단이 일반 무용 집단보다 정서지능이 유의미하게 향상	유아의 맨발 무용프로그램은 인성교육의 기초를 토대로 신체적, 정신적 발달영역에서와 같이 정서지능 향상에도 활용 가능
권택환 (2017b)	초중등교원의 맨발걷기 체험에 대한 질적 연구	신체적 변화가 가장 많았으며 심리적 변화, ADHD 학생의 변화, 학생과의 소통 및 공감 능력 향상 등 긍정적 경험 다수	맨발걷기가 건강관리, 스트레스 감소, 자기효능감 향상에 긍정적 영향을 미치는 것으로 보아 학교현장의 교육환경 개선에 활용 가능
진다정, 정혜욱 (2018)	바깥에서 이루어진 유아의 맨발놀이 탐색	유아들이 맨발놀이로 다양한 감각 경험, 처음 그대로의 시원성(始元性), 몸과 마음의 건강함, 주체적 존재로서의 유능함 경험	유아들이 맨발놀이를 통해 주변을 탐색하고 놀이를 확장시켜 나가면서 신체에 대한 주체성을 확립하고 전인적 성장발달 도모 가능
이금녀, 신재한 (2019)	맨발걷기 체험활동 교육과정이 초등학생의 뇌파 및 두뇌 활용능력에 미치는 영향	맨발걷기가 주의집중력과 관련된 SMR파와 Alpha파를 향상시키고, 인지강도 및 인지속도, 집중력을 향상시키며 스트레스 강도는 감소시킴	맨발걷기가 학생들의 뇌파를 안정시키고 두뇌활성화를 가져오며 스트레스를 감소시키는 등 학습력 향상에 긍정적 영향을 미침
이가인 (2019)	모래사장 위 맨발걷기가 허리통증이 있는 노인의 통증, 운동기능, 수면 만족도, 삶의 질에 미치는 효과 연구	모래 위에서 하는 맨발걷기는 운동화를 신고 걷는 것보다 통증 감소, 요통 기능장애 개선, 균형능력 향상, 동적균형 및 보행능력 향상, 수면의 개선에 더 효과가 있음	맨발걷기가 균형 능력 및 보행 능력의 향상과 수면의 개선에 효과가 있으므로 학생들의 신체활동과 학업에 긍정적으로 작용

위 연구에서는 맨발걷기가 신체 건강, 균형 및 보행감각 향상, 비만 치료 등에 도움이 되고, 정서지능 및 자기효능감 향상, 스트레스 감소를 가져오며 두뇌활용능력을 향상시킨다고 보고하고 있다. 공통적으로 맨발걷기 및 맨발놀이가 체험자들의 신체적, 정서적, 인지적 영역에 긍정적인 효과가 있다고 밝히고 있다. 이러한 연구들은 맨발걷기를 학교의 공동체 구성원들에게 도입할 이론적 배경이 되었다.

또 다른 부분은 맨발 보행과 신발 보행을 비교 분석하여 발의 안정성을 다룬 연구이다. 이 부분은 지금까지 많이 연구되지 않았으며 다음 두 연구도 상반된 결과를 이야기하고 있다.

〈표 I-2〉 맨발 보행과 신발 보행의 비교 분석 연구

연구자 (연도)	연구 주제	연구 결과	시사점
이종훈, 남기정 (2015)	기능성 구두와 맨발 보행 시 하지 관절 각도 및 부하율 비교 분석	맨발보행과 동일한 형태의 보행이 가능하게 제작된 기능성 구두의 효과 검증	신발보행이 맨발보행보다 인체에 미치는 충격이 덜하다는 전제에서 진행되었으며 기능성 구두의 효과 검증
김인배, 박태성, 강종호 (2018)	성인 여성의 맨발 보행과 운동화 착용 보행 시 주기 비교	맨발 보행이 다양한 발의 감각의 입력을 증가시켜 안정성이 높은 보행이 가능	운동화 보행보다 맨발보행이 안정성이 높다는 결과를 학생 지도에 활용 가능

지금까지 살펴본 선행연구에서 다음의 시사점을 얻을 수 있었다.

첫째, 맨발걷기가 신체 건강에 효과적이다.

박종표(2001)는 맨발걷기가 비만 치료에 긍정적인 영향을 미친다고 보았으며, 권택환(2017b)은 교원을 대상으로 하루 1시간, 100일간 실시한 결과 신체적 변화가 가장 많았다고 하였다. 맨발걷기로 몸속 각

종 질환이 개선되는 결과도 보인다. 이가인(2019)은 허리 통증이 있는 노인들이 모래사장 위에서 하는 맨발걷기는 운동화를 신고 걷는 것보다 통증이 감소되고, 요통 기능장애가 개선되며 균형 능력 향상, 동적 균형·보행 능력의 향상, 수면의 질을 개선하는 데 더 효과가 있음을 밝히고 있다.

둘째, 맨발걷기가 정서 안정에도 효과적이다.

박은선(2012)은 맨발을 유아의 무용 프로그램에 적용한 결과 유아들의 정서지능이 유의미하게 향상되었다고 보고하였다. 또한, 권택환(2017b)은 맨발걷기로 스트레스 해소, 심리적 안정감, 자기효능감 향상, 교사와 학생과의 소통 및 공감 능력이 향상된다고 보고하고 있다. 진다정과 정혜욱(2018)은 바깥에서 이루어진 유아의 맨발놀이로 유아들은 몸과 마음의 건강함, 주체적 존재로서의 유능함을 경험하였으며, 이금녀와 신재한(2019)은 꾸준히 맨발걷기를 한 학생들의 뇌파를 측정한 결과 스트레스 지수가 감소하였다고 밝히고 있다.

셋째, 맨발걷기가 두뇌 활성화에도 효과가 있어 학생들의 학습에도 유용하다.

이금녀와 신재한(2019)은 맨발걷기를 9개월간 실시하고, 실시 전후의 학생들의 뇌파검사 결과를 분석한 결과, 인지강도 및 인지 속도는 증가하고 집중력도 향상되었다고 보고하고 있다.

넷째, 운동화 보행보다 맨발 보행이 안전성이 높다는 연구결과(김인배 외, 2018)는 학교에서 맨발걷기를 장려해도 학생들이 안전하게 활동할 수 있음을 증명하고 있다. 이와 상반된 연구 결과로 이종훈과 남기정(2015)은 맨발로 걷는 것과 동일한 형태의 보행이 가능하게 제작된 기능성 구두는 맨발 보행보다 충격을 감소시켜 준다고 하였으나,

이 연구는 운동화와 비교하여 비대칭적이며 특수 제작한 기능성 구두와의 비교연구여서 위 김인배 외(2018)의 연구결과와 별개로 보아야 할 것이다.

이상의 선행연구들은 맨발걷기가 학생들에게 유익한 활동이라고 밝히고 있다. 따라서, 맨발걷기를 학교에 도입하여 학생뿐만 아니라 전 교육공동체가 함께 실천해 나가는 과정에서 행복한 학교문화 조성을 기대할 수 있다.

제2장
학교문화

1. 학교문화의 개념

학교문화는 학교의 변화를 가져오는 중요한 요인이다. 학교를 변화시키기 위한 여러 가지 제도 개선과 정책적 노력이 지속되고 있으나 만족스러운 성과를 거두지 못하고 있는 이유는 문화적 측면을 고려하지 않고 있기 때문이다. 즉, 학교에 대한 바람직한 변화는 외부 투입 여건의 변화가 아닌 학교 내부의 변화, 즉 학교문화의 변화로부터 시작되어야 한다(박수정, 이준우, 2013).

박삼철(2006)은 교육행정학 분야에서 사용하는 학교문화의 개념을 세 가지 관점으로 정리하였다. 첫째, 체제적 관점으로, 구성원들이 조직행동에 영향을 줄 수 있는 가치와 규범, 의례와 의식 등을 말한다. 둘째, 주관주의적 관점으로, 구성원이 조직 안에서 생활하면서 만들어낸 다양한 상징물에 녹아있는 의미를 말한다. 셋째, 비판적 관점으로, 학교 내 여러 가지 집단의 문화적 특성에 주목하며 나아가 하위문화 사이의 갈등, 외부 문화의 영향 등 문화 정치학적 측면을 강조하고 있다.

황기수(1998)는 학교 조직문화란 학교라고 하는 조직의 구성원들이 당연한 것으로 여기고 있는, 학교의 고유 특성을 나타내는 공유가정, 즉 신념, 가치, 이념 목표가 학교조직 구성원에게 작용되어 나타나는 상징적 행위의 복합체로 정의한다. 이정선(2000)은 학교의 구성원들이 공유하고 있거나 구성원들의 활동 결과의 총체이자 그런 행동을 야기하는 문화적 습성을 나타낸다고 규정한다. 박삼철(2005)의 연구에서는 학교 조직문화를 '학교에 속해 있는 구성원들이 직무수행과 관련하여 공유하고 있는 규범과 핵심 가치, 신념 등이며 구성원들의 소속감과 정체성을 갖게 하는 독특한 행동 양식으로 표현된다. 또한 이러한 규범, 핵심 가치, 신념에 대한 지각 정도를 수집하고 분석함으로써 특성화할 수 있는 속성을 가지고 있다'고 정의한다.

특히, 학교문화는 학생과 교사의 동기, 교사 업무 수행과 만족도, 학교 개선, 리더십 효과성, 학생의 학업성취도에 긍정적인 영향을 미친다는 연구 결과들이 확인되면서 학교 효과성과 학교 개선 차원에서 그 중요성이 지속적으로 강조되고 있다(김민조, 이현명, 2015). 학교 문화와 관련된 연구는 꾸준히 이어져 왔으나 최근 이병준 외(2016)에서는 2000년부터 2015년까지 학교문화와 관련된 국내 등재 및 등재 후보 학술지에 수록된 90편의 논문을 최종 분석대상 텍스트로 선정하여 내용검토가 이루어졌다. 그 결과, 교육 영역에서의 문화연구들이 조직적 관점으로 접근, 교사문화 인류학적 접근, 수업과 관련된 교육과정적 접근 등 여러 가지 접근방법으로 학교문화 개념과 연관시켜 왔음을 확인하였다. 또한 기존연구물들이 학교문화를 바라보는 담론은 조직문화 관점, 학교 구성주체의 관점, 상호작용의 관점으로 구분되어 연구되어 왔다.

이와 같이 학교문화는 '문화'라는 개념의 모호성과 교사 문화, 관리자 문화, 학부모 문화, 학생 문화와 같은 하위문화들이 얽혀있는 복합적인 개념이기 때문에 한마디로 정의 내리기가 쉽지 않다(박삼철, 2005).

여기서는 학교문화를 세 가지 관점 즉, 조직문화, 구성주체, 상호작용 중 상호작용의 관점에서 바라보고자 한다. 즉, 학생, 교사, 학부모인 교육공동체 주체들이 상호작용하면서 생성해 내는 사고방식과 행동 양식, 그에 따른 활동 결과 및 문화 습성을 학교문화로 규정한다. 이는 학교 분위기로도 검토되나 여기서는 좀 더 포괄적인 용어로 학교문화라 한다.

2. 선행연구 분석 및 시사점

학교문화에 관한 선행연구를 살펴서 분석한 결과는 다음 〈표 Ⅰ-3〉, 〈표 Ⅰ-4〉와 같다. 학교문화와 관련된 연구는 꾸준히 활발하게 이루어지고 있었다. 주로 학교문화, 학교조직문화의 용어로 접근하고 있었으며 이 두 가지는 엄밀하게 따지면 연구 초점이나 분석도 일부 다르게 나타나고 있다. 하지만 〈표〉에서 보는 바와 같이 몇몇 연구자는 학교문화와 학교조직문화를 엄격하게 구분하지 않고 학교문화를 포괄적으로 사용하기도 하였다.

여기서는 주로 학교문화와 단위학교의 효율적 운영과의 관련성에 초점을 두고 선행연구를 분석하였다. 분석 결과, 단위학교의 효율적 운영과의 관련성은 다시 두 가지 관점 즉, 구성 주체인 교사 및 학교장의 역할 관점과 조직문화 관점에서 연구가 이루어져 왔다. 이 중에서 교사 및 학교장의 역할 관점에서 다룬 연구가 큰 비중을 차지하고 있으며 이 연구에서도 중요하게 다루고 있는 부분이다. 이 둘은 엄밀히 구분할 수 없는 부분도 다소 보이나 다음 〈표 I-3〉, 〈표 I-4〉와 같이 교사 및 학교장의 역할 관점과 조직문화 관점으로 정리할 수 있다.

〈표 I-3〉 학교문화의 교사 및 학교장의 역할 관점

연구자 (연도)	연구 주제	연구 결과	시사점
구순희 (2003)	초등학교 조직문화의 특성과 교사의 직무만족도와의 관계 연구	학교 내의 조직문화와 교사들의 직무만족도 간에는 정적 상관관계가 높음	교사의 직무만족도 향상 위해 학교조직문화의 의사결정의 민주성, 행정체제, 전문성, 공동체 의식, 배려성 등이 중요
문병권 (2005)	학교조직문화와 교사 직무만족의 관계	학교조직문화와 교사 직무만족도간에는 전반적으로 유의한 관계	교사의 직무만족을 높이기 위해서는 교내 조직문화의 구성요소를 효율적으로 형성시킬 필요
강경석, 정우영 (2006)	학교조직문화와 교사효능감 및 학교조직몰입 간의 인과관계 분석	학교조직문화와 교사효능감은 상호 유의한 영향 미치며, 학교조직문화는 교사효능감을 매개변인으로 학교조직몰입에 간접 영향	단위학교의 조직문화가 개선되면 교사효능감과 학교조직몰입이 증가. 교사의 조직몰입 증진을 위해서는 교직에 대한 신념과 긍정적 역할 기대
김요한 (2006)	학교 조직 문화와 교사의 임파워먼트와의 관계	학교조직문화와 교사 임파워먼트는 의의있는 정적 상관관계이며 감정태도가 가장 높은 영향	민주적, 합리적 학교경영으로 교사의 자발적 헌신 도출, 상징적 학교조직 문화 조성에 노력
서영란 (2006)	초등학교장의 리더십 생활기술이 학교 조직문화와 조직 효과성에 미치는 영향	학교장의 리더십 생활기술은 학교 조직문화를 통해 학교 조직 효과성에 직·간접적으로 영향	학교가 변화, 혁신의 의지를 갖고 교육이 제대로 이루어지려면 학교장의 인간관계 기술과 학습능력 기술 개발 필요

이정선 (2007)	학교변화의 방법으로서 학교문화 변화전략	학교문화 변화의 방법으로 학교장의 상징적 리더십과 연구자로서의 교사 역할 중요	학교문화의 변화를 위해서는 교사가 가지고 있는 문화, 즉 규범적 문화의 변화가 가장 중요
이애란 (2009)	학교장의 변혁적 지도성과 학교조직문화의 관계	학교장의 변혁적 지도성과 교사 배경변인이 학교조직 문화에 영향	학교장의 변혁적 지도성 향상 위한 다양한 정책 모색 및 단위학교 학교장에 대한 자율권 보장
전유정 (2012)	초등학교 조직문화에 따른 학교장의 리더십과 교사의 직무만족도 및 교사효능감과의 관계	혁신적 조직문화와 학교장의 변혁적 리더십은 교사의 직무만족도와 교사효능감과 유의한 정적 상관	교사의 직무만족도와 교사효능감 향상을 위한 바람직한 조직문화와 바람직한 학교장의 리더 십상 제시
박수정, 이준우 (2013)	학교문화가 학교구성원의 학교만족도에 미치는 영향	교사의 협력문화, 학교장의 지도성, 학생의 교우관계가 학생, 학부모, 교사의 학교만족도에 영향	교육행정기관에서 도 학교문화에 긍정적 영향을 줄 수 있는 환경 조성 필요
신재흡 (2015)	감성적 리더십, 학교 조직문화, 직무만족 간의 구조관계	학교장의 감성적 리더십은 학교 조직문화 및 직무만족과 정적 상관	학교장은 진취적 및 친화적 학교문화를 구축함으로써 교사들의 직무만족을 이끌어내어 성공적인 학교경영 가능
박장웅 (2016)	초등학교의 협동적 학교조직문화, 교사 임파워먼트, 학교조직효과성간의 구조적관계 분석	협동적 학교조직문화 및 교사 임파워먼트는 학교조직효과성에 직접적인 효과	학교 개선 및 학교개혁 정책 입안 및 시행시 반드시 학교문화 주요인인 교사 요인과 학교 현장 우선 고려
이상명 (2017)	교장의 서번트 리더십과 교사의 조직몰입의 관계에서 학교조직문화의 매개효과	교사의 조직몰입 향상 위해 교장의 서번트 리더십과 인화단결, 창의성, 효율성, 권리와 책임 등 다양한 문화를 조성할 방안 모색	구성원 간 존중하고 친화력 풍토가 필요하며, 의사결정 시 합리적 기준 위에 진취적 의견 개진 등의 학교문화 요구
정수경 (2017)	교사가 지각한 학교 조직문화에 따른 직무 스트레스와 심리적 소진 및 교직 헌신	교사가 지각한 학교 조직문화의 하위요인에 따라 직무 스트레스와 심리적 소진, 교직 헌신은 각기 상이한 상관관계	학교 조직문화의 지향점을 찾아 교사의 교직 헌신을 향상시키고 직무 스트레스와 심리적 소진을 감소시킬 수 있는 교육환경을 마련하는 데에 기여

교사 및 학교장의 역할 관점에서는 학교의 조직문화와 교사 효능감 및 직무만족도는 밀접한 상관관계가 있으며 학교장의 민주적, 합리적 학교경영으로 교사의 자발적 헌신을 도출하여야 한다고 하였다. 학교 개선과 학교 개혁을 위한 정책을 입안하고 시행할 때 반드시 학교문화의 주요인인 교사 요인을 고려하여야 하며 교사의 조직몰입 향상을 위해 교장은 인간관계 기술과 서번트 리더십을 발휘하여야 한다고 하였다. 따라서, 필자는 학교문화를 개선하기 위한 고려사항의 중심에 교사 요인을 두고 학교장의 교육적 지도성을 발휘하기 위해 노력하였다.

〈표 Ⅰ-4〉 학교문화의 조직문화 관점

연구자 (연도)	연구 주제	연구 결과	시사점
박은실 (2002)	효율적 단위학교 운영을 위한 학교 조직문화에 대한 질적 탐색	효율적 단위학교 운영을 위한 학교 조직문화 탐색, 4가지 결론 도출	단위학교의 효율적 운영을 위해서 구성원의 가치, 신념, 근본가정 등을 적극적으로 고려하는 문화적 관점으로의 접근 필요
정일환 (2003)	협동적 학교조직문화형성에 관한 연구	협동적 학교조직문화 요인으로는 협동적 지도성, 교사협동, 전문성 개발, 목적의 일치성, 동료적 지원, 학습동반자 등 여섯가지	교육행정가는 협동적 학교조직문화의 여섯 가지 요인들에 대한 이해를 통하여 학교개선을 위한 학교경영 전략 모색 가능
김환수 (2004)	학교 조직문화에 따른 학교단위 책임경영제 실행분석	교사들의 학교 조직문화와 학교단위 책임경영제와의 관계를 배경 변인별로 분석	학교조직문화와 학교단위 책임경영제는 확실한 상관관계 존재
한정순 (2010)	학교조직문화에 대한 인식이 직무만족에 미치는 영향	조직문화에 따라 학교조직 구성원들의 직무만족도를 재고하면서 학교조직을 효율적으로 운영하는 방안 제시	우리나라 초·중등학교에서의 조직문화 형성 정도와 학교조직 구성원들의 직무만족 정도 파악

강충열 (2015)	혁신 지향적 초·중 등학교 학교문화 창조 모델 탐색	혁신 지향적 학교 문화는 학 교비전 창조와 공유, 전문 적 경영, 민주적 참여공동 체, 학습공동체의 네가지 요 소 존재	바람직한 학교문화 형성위해 학교관리자, 교사들의 인식 변화와 학교에 대한 지속적인 행·재정적 지원 필요
노효정 (2015)	학교조직문화, 심 리적 소진, 직무만 족도의 관계	학교조직문화의 하위변인(친화적·합리적·진취적·보존 적 문화)간에는 유의미한 상 관관계	합리적 문화와 보존적 문화 를 지양하고 친화적문화와 진 취적 문화로 변화 필요
유미경 (2015)	혁신학교와 일반학 교의 조직문화 특 성 비교 연구	학교특성에 따른 학교조직문 화의 근본적인 차이는 없으며 학교장의 지도성 변인이 가장 큰 영향	교사들의 혁신성이 발휘되고 민주성이 실현되기 위해서는 학교장의 강한 의지, 실천 노 력, 변혁지향적 지도성 필요
이상철, 임우섭, 김용주 (2016)	학교조직문화와 학 교조직효과성의 관 계에 대한 메타분석	학교조직문화가 학교조직효 과성에 큰 효과	질서와 서열의식을 강조하기 보다는 사람들과의 관계, 문 제해결에서의 자율성을 중시 하는 학교문화 형성이 중요

조직문화 관점에서는 단위학교의 효율적 운영을 위해서 관계와 자율성을 중시하는 문화적 관점에서의 접근이 필요하며, 협동적·효율적 학교조직 형성으로 구성원의 직무만족도를 높여나가야 한다고 하였다. 조직문화 연구에서도 결국은 교사들의 인식변화와 학교관리자의 지도성이 중요함을 강조하고 있다.

이상과 같이 학교문화의 선행연구 분석에서 크게 세 가지 시사점을 얻었다. 첫째, 학교교육을 개선하고 단위학교를 효율적으로 운영하기 위해서는 구성원들이 공유하는 학교문화의 양상이 매우 중요하다. 특히, 공교육을 통한 건전한 사회 조성 및 역량 있는 인적자원 배출을 위한 학교문화 조성의 중요성이 강조되고 있다. 둘째, 학교문화의 바람직한 변화를 위해서는 교사의 협력문화와 헌신이 가장 중요하며,

교사의 직무만족도를 높이기 위해서 학교문화의 구성요소를 잘 형성시킬 필요가 있다. 셋째, 바람직한 학교문화 조성을 위해서는 학교장의 민주적, 서번트 리더십이 필요하다. 학교장의 지도성은 교사의 직무만족도 향상과 새로운 교육정책의 효율적 추진을 위한 학교문화 조성의 원동력이다.

공교육의 역할을 회복하기 위한 단위학교의 효율적 운영을 위해서는 학교문화가 매우 중요하다. 그러나 여기서 제시하는 바람직한 학교문화의 양상은 주로 진취적, 친화적, 민주적, 합리적 등의 철학적 바탕 위에 형성되어야 한다는 것은 강조하고 있으나 구체적인 실천 전략은 제시하지 못하고 있다. 따라서, 여기서는 맨발걷기를 통해 학교 현장에서 바람직한 학교문화를 조성하기 위한 구체적인 실천 사례를 소개하고자 한다.

제3장
맨발걷기와 학교문화

1. 학교문화의 변화

혁신학교는 교육과정과 수업을 학생 중심으로 개편하고 위계적 학교문화를 개선해 배움이 살아있는 학교를 만들고자 2009년 경기도에서 처음 도입되어 전국 초, 중, 고등학교로 확대되고 있다(유은지, 2016). 공교육 정상화에 대한 해결책으로까지 여겨지며 많은 기대를 얻은 혁신학교는 현재의 긍정적인 흐름과 각 시도 교육청의 움직임으로 볼 때 향후 양적 확산이 지속될 것으로 전망된다(문혜림, 2017).

혁신학교의 학력이 일반학교에 비해 떨어진다는 주장(나민주, 박소영, 2013; 구자억 외, 2013; 이찬희, 2016; 조형곤, 2014)과 일반학교와 유의한 차이가 없는 것으로 나타났다(유은지, 2016; 배종현, 2017; 이찬희, 2016)는 주장들은 주목해 볼만 하며, 혁신학교에 투입된 교육재정을 둘러싼 형평성 문제가 제기되고 있는 점(구자억 외, 2013; 나민주, 박소영, 2013; 조형곤, 2014; 조선일보, 2013.4.27.)도 간과해서는 안 될 것이다.

학생의 흥미나 요구를 교육적 가치의 유무와 상관없이 그대로 교육과정에 반영하고, 지식이 실생활에 활용되는 것에 의미를 두어 교과의 대부분을 이루고 있는 이론적 지식을 이론적 지식답게 가르치지 못한다는 점에서 혁신학교의 한계가 있다(박승미, 2016). 더구나, 학생들의 성실성은 일반학교 학생들이 혁신학교 학생들에 비해 통계적으로 유의미하게 높게 나타났으며, 혁신학교 학생들이 일반학교 학생들보다 학업 소진의 세 가지 하위요인인 정서적 고갈, 냉소, 학업 무능감에서 통계적으로 유의미하게 높은 것으로 나타나고 있다(이선희, 2018). 특히, 혁신학교가 한국 공교육의 희망으로 자리매김하려면 미래 지향적 학력관과 교육과정 제시, 학교문화 재창조의 중요성에 초점을 두고 추진해야 한다고 강조하고 있다(이윤미 외, 2013).

즉, 혁신학교가 교사들의 직무만족도나 학생들의 학교만족도는 향상시킬 수 있을 것으로 예상되나 교육적 가치에 초점을 둔 학업성취도나 정서적인 면에서의 효과는 일반학교와 크게 다를 바 없으며 재정 분야의 특별투자 없이 성과를 도출할 수 있는지도 재고해 보아야 한다. 현재의 혁신학교 시스템으로는 기존의 공교육이 안고 있는 많은 문제점을 충분히 해소하기는 어려워 보인다.

공교육의 위기감이 고조되면서 학교 변화를 위한 노력이 이외에도 다방면에서 일어나고 있다. 교육재정 확충, 다양한 교육정책 투입, 교사 연수, 학교환경 개선, 우리마을교육공동체의 협력 등을 이끌어내고 있지만 이렇다 할 성과를 얻지 못하고 있는 실정이다. 시대는 엄청나게 빠른 속도로 변하고 있고 교육환경은 이를 선제적으로 대비하지 못하고 있다. 그 원인을 이정선(2007)은 교육개혁을 구조적 차원에서만 바라보고 규범적 차원 혹은 문화적 차원에서 접근하지 않은 결과라고 한다. 즉, 문화의 총체적인 특성 중에서 구조적 측면이 강조되고 규범적 측면이 간과되면 소기의 목적을 달성할 수 없게 되므로 학교문화 변화를 구조적 측면에서가 아니라 규범적 측면에서 변화를 시도해야 한다고 주장한다. 그리하여 학교교육을 문화적 맥락에서 재조명해 보자는 논의가 주목을 받고 있으며, 문화를 바꾸어서 학교를 바꾸자는 주장이 힘을 얻고 있다.

교육 개선에 적극적인 학교는 독특한 학교문화를 지녔고 학교 조직 문화가 뚜렷하게 정립되지 않은 학교는 교육 개선에 소극적이다(강명호, 1999). 단위학교에서의 교육 개혁이 이루어지려면 그 구성원들의 가치, 이념, 규범, 행동양식, 의식과 행사, 감정 및 태도의 복합체라고 할 수 있는 학교조직 문화가 많은 작용을 한다(김환수, 2004).

학교를 변화시키기 위해서는 학교문화를 변화시켜야 하고, 학교문화를 변화시키기 위해서는 학교장의 상징적 지도성과 교사의 연구를 통한 자기성찰과 변화가 요구된다(이정선, 2007). 교사의 대부분(70%)이 학교 교육의 질 재고를 위하여 학교장의 역할이 제일 중요하다고 강하게 인식하고 있다(정혜심, 2004). 학교에서의 학교장의 역할은 매우 다양하다. 학교 업무를 총괄하면서 필요한 대외 활동도 해야 하고, 교육적 목적 외의 학교 안팎의 관리 활동도 효율적으로 해야 한다. 이러한 일들보다 더 중요한 것은 학생, 교사, 학부모로 대변되는 '교육공동체'의 신뢰와 긍정을 이끌어내고 참여하는 문화를 창조하는 일이다. 즉, 성공적인 학교 변화를 이끌어내기 위해서 학교장은 교사들이 높게 기대하고 있는 상징적 대표자, 협의 촉진자, 교수 지도자, 지원·조정자, 교육활동 평가자로서의 새로운 역할에 대한 인식의 전환과 역할을 잘 수행하기 위해 더욱 강조되고 있는 교육적 리더십을 발휘하여야 한다(정혜심, 2004).

그러나, 기능론자들의 주장처럼 어떤 사회건 '항상성'이라는 사회적 메커니즘이 작동하기 때문에 소위 새로운 변화로 인하여 그것이 바람직한 변화든 바람직하지 않은 변화든 기존의 사회적 질서의 균형을 깨는 일이 쉽지 않다(이정선, 2007). 또한, 문화적으로 '불확실성의 수용'보다는 '회피' 성향이 강한 사회나 보수성향이 강한 직종에서는 더욱 변화가 쉽지 않다고 한다(Hostede, 1995). 따라서, 단위학교의 변화는 불가능하지는 않지만 그만큼 어려움이 따른다고 볼 수 있다.

또한, 학교 내 교사 관계와 학교장의 지도성도 중요하다. 교사 간 협동적이고 우호적인 문화는 보다 생산적이고 풍부한 학교를 만들게 되며, 물론 그러한 문화를 만들고 유지하며 잘 작동하게 하기 위해서는 학교장의 지도성과 교사들의 자발적인 협력이 필수적이다(이정선, 2007). 이러한 학교문화가 학교 구성원의 학교 만족도에 미치는 영향을 살펴본 결과, 학생과 학부모의 학교 만족도에는 학생의 교우관계와 교사의 협력문화가, 교사의 학교 만족도에는 학교장의 지도성과 교사의 협력문화가 통계적으로 유의미한 영향을 미치는 것으로 나타났다(박수정, 이준우, 2013).

이러한 연구 결과들을 종합하면, 단위학교의 긍정적인 변화를 이끌어내기 위해서는 구조적 차원이 아닌 문화적 맥락에서 학교 교육을 재조명하여야 한다. 즉, 학교를 변화시키기 위해서는 학교문화를 변화시켜야 하고(이정선, 2007), 학교문화를 변화시키기 위해서는 학교장의 지도력과 학교 교육의 주요 동력인 교사의 협력문화가 필요하다고 할 수 있다.

2. 맨발걷기와 학교문화의 관계

　미래의 우리사회가 함께 만들어가야 할 중요 가치는 협력이다. 미래 인재가 갖추어야 할 10가지 역량을 살펴보면 혼자 공부할 때보다 여럿이서 머리를 맞대고 함께 답을 찾아가는 협력과 관련된 역량을 강조하고 있다. 미래 사회의 학생들은 대부분 새롭고 불분명한 문제와 마주하게 되고, 같은 문제라도 서로 관점의 차이를 존중하며 공동의 답을 모색해 가는 인재로 성장하기 위해서는 협업 학습의 경험이 중요한 요소가 된다(류태호, 2017). 그러한 협력문화는 어릴 때부터, 더 나아가서 가정에서부터 이루어져야 한다. 그러기 위해서는 아이와 아이, 가정과 가정, 학교와 가정이 서로 협력하여 살아가는 총체적인 협력문화 조성이 필요하다. 그러한 협력문화 안에서 성장한 아이들은 '나 먼저'가 아닌 '함께'라는 가치를 체득하게 되고, 그 가치 안에서 공동이 함께 문제를 해결하고자 머리를 맞대게 될 것이다. 그러한 협력문화 조성의 중심에 학교가 있어야 한다. 학교는 아이와 아이, 가정과 가정, 학교와 가정, 학교와 지역사회를 연결하고 서로 협업할 수 있도록 허브 역할을 해야 한다.

　한편, 학교문화와 관련한 선행연구를 분석한 결과 학교문화의 바람직한 변화를 위해서는 교사의 협력문화와 헌신이 중요하며 교사의 직무만족도를 높이기 위한 방안도 필요할 것이다. 협동적 학교 조직문화 및 교사 임파워먼트는 학교 조직 효과성에 직접적인 효과가 있다고 하였다(박장웅, 2016). 이는, 주요 정책 입안 및 시행 시 반드시 학교문화의 주요인인 교사 요인과 학교 현장을 우선적으로 고려할 것을 시사하고 있다. 즉, 학교문화의 바람직한 변화를 위해서는 교사의 직무만족도와 교사 효능감 향상, 자율성 중시 등의 학교 조직문화 형성이 필수적이며 이를 위한 학교장의 교육적 리더십도 중요해 보인다.

학교를 변화시키려고 한다면, '제안된 변화가 개인에게 미치는 영향은 무엇인가? 제안된 변화가 다른 사람과의 관계에 미치는 영향은 무엇인가? 그리고 제안된 변화가 자신이 하는 일에 미치는 영향은 무엇인가?'를 고려하여야 한다고 한다(Sergiovanni, Starratt, 1998). 즉, 학교 변화를 위해서는 제안된 내용이 학교를 움직이는 교사 개개인에게 어떤 영향이 있는지, 타인과의 관계 및 자신의 일에 미치는 영향이 무엇인지 등이 고려되어야 할 것이다.

이런 관점에서 맨발걷기는 학교문화 주도자인 교사 개개인에게 미치는 영향, 다른 사람 즉 학생, 동료 교사, 학부모와의 관계에 미치는 영향, 교사 자신이 하는 일에 미치는 영향이 고려된다면 긍정적 파급력이 있다고 본다. 이는 교사뿐만 아니라 학교문화의 주체인 학생, 학부모에게도 동일하게 고려되고 적용 가능한 부분이다. 즉, 맨발걷기를 학생뿐만 아니라 교육공동체인 교사, 학부모가 적극 동참한다면 그들 개개인에게도 큰 의미가 있을 것이며 그 의미나 효과는 교사와 학부모도 학생 못지않게 주도적으로 참여하도록 하는 동력이 될 것이다. 나아가서 학생, 교사, 학부모가 서로 소통하고 협력하여 공동으로 이끄는 바람직한 학교문화가 자리 잡을 수 있을 것이다.

맨발걷기와 관련된 선행연구들은 맨발걷기가 학생들에게 매우 유익한 활동이라고 보고하고 있지만 구체적으로 학교에서 어떻게 실행하면 좋을지에 대한 방법적인 내용은 찾아보기 어렵다. 따라서, 이 책에서는 맨발걷기 체험활동 교육과정을 학교에서 구체적으로 실천하며 수정·보완해 나가는 실행과정을 통해 학교문화를 조금씩이나마 변화시켜 나간 과정을 소개하고자 한다.

2부

맨발걷기 교육과정 운영 사례

1. 우리들의 문제

　학교에 부임한 후 6개월 동안 등교시간에 교문에서 학생들을 맞으며 인상 깊었던 점은 학생들의 표정이 어둡고 무표정하다는 것이었다. 내가 먼저 밝고 큰 소리로 인사를 하며 악수를 청하거나 하이파이브를 하자고 손을 내밀어도 아이들은 피하거나 무표정하게 반응했다. 밝은 모습으로 먼저 인사를 하는 아이는 얼마 되지 않았다. 내가 서 있으면 저 멀리서 미리 피해서 들어오는 아이도 있었다. 처음에는 내가 낯설어서 그러려니 하고 계속 웃으면서 다가가 보았지만, 아이들은 달라지지 않았다. 가정에서 따뜻한 보살핌을 받지 못하고 있는 아이들이 갈수록 늘어난다고 하였다. 이 아이들은 각종 교육활동에도 소극적으로 참여하고 있었다.

　그러던 중, 학교장 수업이 계획되어 있어 교실에서 아이들을 가까이서 만날 기회가 있었다. 전 학급 수업을 하면서 우리 아이들 중에 마음이 아픈 아이들이 많다는 사실을 알게 되었다. 단순한 질문에도 무응답으로 일관하고 애써 유쾌하게 아이들의 처져 있는 마음을 일으켜 보려고 노력해 보지만 아이들은 적극적으로 반응하지 않았다. 혼자서 쉴 새 없이 지우개를 던지는 아이, 고개를 수그리고 아예 쳐다보지 않는 아이 등의 어려운 상황을 지켜보는 나의 마음도 안타까웠다. 같은 반 친구들은 이미 그 상황에 익숙해져 있어 별 반응이 없었다.

특히 한 학급은 비뚤어지고 비관적인 생각이 만연해 있어서 교장인 나도 자주 심호흡하고 마음을 다스리며 수업해야 하는 상황이었다. 그러자니 매일 만나는 담임교사와는 좋은 관계 형성이 어려울 수밖에 없었다. 학급마다 조금의 차이는 있었지만, 그 정도가 심한 학급의 담임교사는 너무 힘들어서 아이들과 다투는 일이 자주 발생하게 되었고 결국에는 그 아이들과 교장실에서 대화하게 되었다. 대화 시간은 자신들의 불량한 행동이나 태도는 아랑곳하지 않고 담임교사 성토의 장이 되어가고 있었다. 교장실에서도 삐딱하게 앉아 고개를 옆으로 돌려 노려보는 자세로 이야기하고, 험상궂은 언어로 담임교사를 성토하며 자기들끼리 떠들었다. 다음은 이 아이들과 교장실에서 이야기한 내용 중 일부이다.

교장	승태와 현준이는 바로 앉아서 이야기할까?
승태	(그대로 삐딱하게 옆으로 보며) 바로 앉았는데요.
현준	이게 뭐 어때서요?
교장	그래도 함께 대화하는 시간인데 자세도 중요하단다. 교실에서 왜 선생님과 사이가 좋지 않니?
수창	쌤이 문제예요, 문제. 맨날 소리 지르고….

교장	니들이 수업 잘 안 듣고 쌤 힘들게 해서 그런 거 같던데?
승태	수업하기 싫어요. 재미없어요.
영서	교실 드가면 짱나요.
수창	맞아요. 쌤과 말하기 싫어요. 맨날 화내요.
교장	선생님이 왜 그랬을까? 니들이 스스로 열심히 잘 하고 있는데 쌤이 그렇다고 자신 있게 이야기할 수 있는 사람?
모두들	(아무 말이 없다.)

(학생들과의 면담자료, 2017.4.25.)

아이들은 이미 군중심리로 서로 탄탄하게 연결되어 있는 듯했다. 최대한 교장의 권위를 내려놓고 아이들과 눈높이 대화를 하며 마음을 어루만져 주려고 분위기를 만들어 겨우 마무리를 한 후 교실로 돌려보냈다. 아이들의 대화에서 나온 담임교사의 모습도 안타까웠다. 사제지간의 아름다운 관계나 사명감은 가질 여유조차 없어 보였다. 뭔가 근본적인 대책이 필요함을 느꼈다.

내가 맨발걷기를 이러한 문제들에 대한 해답으로 접근한 이유는 경험에 의해서다. 건강이 좋지 않아 시작한 맨발걷기를 꾸준히 하면 할수록 신체 곳곳의 힘든 상황들이 조금씩 호전되기 시작하고 걷는 동안 마음이 밝고 편안해지는 것을 느끼게 되었다. 주변의 상황들에 대한 집착도 점점 놓아지면서 나도 모르게 무엇이든 긍정적으로 생각하고 있는 모습을 보게 되었다. 맨발걷기가 단순한 운동이 아니라는 것을 체험하게 되었다.

이 맨발걷기를 학교에서 학생들이 매일 꾸준히 한다면 무언가 학생들에게 좋은 일이 일어날 것만 같았다. 하버드대 존 레이티 교수는 운동과 뇌의 관계를 연구한 『운동화 신은 뇌(2014)』에서 운동이 뇌를 살리고 뇌를 젊어지게 한다고 하였는데 맨발로 걷는 운동을 꾸준히 한다면 건강과 정서적 안정뿐만 아니라 학습하는 뇌까지도 활성화될 것이라는 믿음이 생겼다. 또한, 많은 예산이나 대단한 시설이 필요하지도 않으면서 흙 운동장만 갖추고 있으면 쉽게 실천할 수 있고, 학교 안에 있는 운동장이라 접근성도 용이하기 때문에 적합한 방법이라고 생각되었다. 초등학교에는 2교시 후 학생들의 머리도 식힐 겸 전교생이 운동하는 시간인 '중간체육시간'이라는 시스템이 있기 때문에 별다른 시간을 확보하지 않아도 그 시간을 활용할 수 있다. 더구나, 학생들과 함께 지도하는 교사들도 참여하므로 효과도 같이 체험할 것이다. 맨발걷기가 그들의 신체 건강은 물론 정서적 안정까지 가져올 수 있으므로 구성원들이 좀 더 편안하고 행복한 학교생활을 할 수 있을 것이다. 그렇게 되면 함께 하는 학교문화도 좀 더 긍정적인 방향으로 나아갈 것이라는 희망을 갖게 되었다.

2. 학교의 여건과 분위기

먼저, 맨발걷기를 추진하기 위한 학교의 여건을 다음 〈그림 II-1〉과 같이 SWOT분석을 하였다.

강점(Strength)	약점(Weakness)
·소규모 학급으로 맞춤형 교육 가능 ·부드러운 흙 운동장 및 넓은 놀이터 보유 ·교사들의 긍정 마인드 ·학부모 학교교육 신뢰	·도심 공동화 및 지역의 노후화로 학생 수 감소 ·학부모 학교교육 의존도 높음 ·소규모 학교로 인한 교사들의 업무부담 과다 ·학교시설 개조 어려움

학교 여건 분석

기회(Opportunity)	위협(Threat)
·예술꽃 씨앗학교 운영으로 운용 가능한 예산 확보 ·'신체활동 7650+ 운동[4]' 선도학교 연계 가능 ·교육 및 복지를 위한 각종 공모사업 추진	·국내 맨발걷기 전교생 대상 추진 사례 전무 ·구성원의 안전과 청결에 대한 우려 만연 ·맨발걷기에 대한 교육적 성과 사례 부재

〈그림 Ⅱ-1〉 맨발걷기 도입을 위한 학교 여건 SWOT 분석

　처음 시작하려니 막막하고 두려웠지만, 막상 학교 여건을 분석해 보니 의외로 '강점'과 '기회'가 많아 필자에게 용기와 희망을 주었다. 많은 고민과 검토 끝에 다음 〈표 Ⅱ-1〉과 같이 '강점'과 '기회'는 최대한 활용하고 '약점'을 보완하며 '위협'을 감소시킬 수 있는 운영 전략을 마련하였다.

---

4)　1주일에 5일, 하루 60분 이상 운동하기

<표 II-1> SWOT 분석을 통한 맨발걷기 도입 전략

강점 (Strength) 활용	· 학급 수가 적어 전 학급 대상 맨발걷기 관련 교육 실시 용이 · 운동장의 흙이 부드러워 처음 시작하는 사람들의 접근 용이 · 긍정적인 마인드를 가진 교사들에게 사전에 실천해 보는 기회 제공하여 체험 효과 공유 가능 · 학부모회 중심 학부모 대상 홍보 활동 강화 · 교사 및 학부모 대상 인간적 래포 형성을 위한 노력 강화
약점 (Weakness) 보완	· 맨발걷기 교육의 성과 홍보로 오고 싶은 학교로 위상 구축 · 사전에 학부모 연수 실시 및 충분한 안내로 불안감 해소 · 선택과 집중으로 업무 통폐합 추진, 교사 업무 부담 해소 · 기존 학교 시설 활용하여 세족시설, 발 말리는 시설 구축
기회 (Opportunity) 활용	· 예술꽃 씨앗학교와 맨발걷기의 융합교육으로 예산 활용 및 각종 교육적 시너지 창출 · 새로운 교육정책 도입이 아닌 기존 정책인 '신체활동 7560+ 운동'의 한 방법으로 접근하여 추진 · 교육청 공모사업 신청으로 교육환경 및 교직원 복지를 위한 각종 사업비 확보, 쾌적한 환경 구축 및 복지 향상
위협 (Threat) 감소	· 처음으로 학교교육에 도입하는 만큼 인적 환경, 물적 환경을 체계적으로 안전하게 구축한 후 서서히 도입 · 안전하고 청결한 환경을 가장 우선적으로 고려 · 가정통신문으로 상세히 안내한 후 처음에는 동의하는 학생만 맨발로 걷고 그 외는 자율적 참여 추진 · 맨발걷기의 효과를 체험하는 학생, 교사들의 사례를 언론 및 교육공동체 구성원들에게 적극 홍보하여 신뢰 형성 노력

3. 시작을 위한 환경 만들기

맨발걷기를 추진해 나가는 기본 동력은 학생, 교사, 학부모의 마인드 즉, 인적 환경이다. 목표 달성의 성공 여부는 그들의 생각과 결심에 달려 있으며, 그중에서도 담임교사들의 신념과 의지가 중요하다.

담임교사의 지도력을 이끌어내기 위해서는 담임교사의 체험에서 우러난 적극적 참여가 필수요소라고 보았다. 담임교사가 확고한 신념을 갖고 적극적으로 학생들에게 지도하고 권유해 주어야만 학생들은 실천할 것이다.

또한, 학생들이 맨발걷기를 하는 안전하고 깨끗한 흙 운동장을 조성하는 것도 중요하다. 맨발걷기를 한 후 발을 씻고 말리는 시설, 신발을 벗고 신거나 가방도 놓을 수 있는 벤치도 필요했다. 이러한 물적 환경은 인적 환경을 구축해 나가면서 병행하기로 하였다. 나아가, 학부모들도 적극적으로 교육하고 설득해 나가기로 하였다. 특히, 맨발걷기는 학생의 안전과 건강에 밀접한 관계가 있어서 학부모의 우려를 해소하고 적극적 지지를 이끌어내지 않으면 장기적으로 추진해 나가는 데 어려움이 많을 것이다. 그리고, 그들 또한 학교문화의 중요한 구성원이므로 필수적으로 함께 어울려서 동참해야 했다.

이러한 인적, 물적 환경이 갖추어져야 시작을 할 수 있었다. 물적 환경은 단기간에 갖출 수 있다 하더라도 인적 환경은 하루아침에 갖추어질 수 없다. 교사들에게 그동안의 나의 경험과 효과, 학생 교육에 어떻게 도움이 되는지를 충분히 이야기하고 의견을 물어도 흔쾌히 해보자는 이야기는 아무도 하지 못했다.

교사 1	일단 선생님들의 의견부터 물어봐야 하지 않을까요?
교사 2	소규모학교라 일이 많아서 부담스러워 할 텐데요….
교사 3	건강에 좋다니 함 해보는 것도 괜찮겠네요.
교사 4	다른 업무를 줄여주고 시작하시는게….

(교사들과의 면담자료, 2016.12.26.)

처음 시작 단계에서는 부득이 맨발걷기에 대한 학교장의 신념과 의지로 시작되어야 했으며 교사연수 및 체험을 통한 맨발걷기의 효과 공유로 분위기가 조성이 된 후에 점진적으로 협력하여 실행해 나가기로 하였다. 맨발걷기가 단기간에 정착되기를 기대하지 말고 불협화음 없이 서서히 정착될 수 있도록 여유를 가지고 추진해 나가는 게 중요하였다.

이 연구는 3차년도까지 수정과 개선을 반복하였다. 학교 교육과정의 순환은 1개 학년도의 교육과정을 모두 지나야 각 분기별 특성에 적합한 운영을 할 수 있기 때문이다. 또한, 학년도가 바뀌면서 구성원의 전출입으로 인한 변화가 생기면 처음부터 다시 시작해야 하는 특성이 있기 때문이다. 학년도의 변화는 맨발걷기 교육과정을 수정하고 재실행하는 데에 중요한 역할을 하였다.

가. 인적 환경 구축

구성원들의 참여 의지는 하루아침에 끌어내기가 쉬운 일이 아니어서 맨발걷기를 꾸준히 하는 가운데 자신과 학생들의 변화를 지켜보고 서서히 참여 의지를 다져나가도록 하였다. 어느 정도 분위기가 형성될 때까지 인내하고 기다려야 했다. 본격적인 추진은 그 이후에야 가능하였다.

교사 환경과 업무경감

새 학년도 교육계획 수립을 위한 워크숍에서 '맨발걷기'에 대한 필자의 경험과 그간의 과정들을 소개하였다. 그리고 우리 아이들과 선생님이 함께 해 보지 않겠느냐고 제안을 하여 표면적으로는 동의를 이끌어 내었다(2017년 1월). 그리고 다음 달에 맨발걷기 연수를 실시하여 공감대를 형성하고 새 학년도에 본격적으로 추진하기 위한 준비를 해 나갔다.

새 학년도 시작하는 3월 첫날, 대구교육대학교 행복인성교육연구소와 '흙길 맨발걷기' MOU를 체결하고 전 교직원이 맨발걷기 첫 체험을 하였다. 양 기관은 흙길 맨발걷기 교육을 위한 교직원 및 학부모 연수, 학생 대상 맨발걷기 사전·사후 뇌파 검사 실시, 흙길 맨발걷기 사업 모니터링 실시 등에서 서로 협력하기로 하였다.

그날부터 3월 한 달 동안 매일 퇴근 후 전 직원이 40분 동안 운동장에서 맨발걷기를 하였다. 일단 꾸준히 체험만 하면 교사들은 각자 나름대로의 좋은 점을 몸소 체험할 것이다. 교장으로서의 바람은 교사들의 건강을 먼저 챙기고 싶었다. 교사가 행복해야 학생이 행복하기 때문이다. 다음은 3월 초, 운동장에서 맨발걷기를 하면서 교사들과 나눈 대화다.

박신혜 교사   3월 초에 매일 운동장에서 만나니 새로 오신 선생님들 얼굴을 빨리 익히겠네요.

이태희 교사   일단 (일하던 거) 덮고 나오니 운동하게 되네요.

(두 교사가 종이를 들고 무언가 이야기를 나누며 걷는다.)

백소희 교사   부장님, 공문 들고 나와서 업무 협의도 하고 일석이조네요.

권영식 교사   네, 여기 나오니 교실로 일일이 안 다녀도 되고 좋습니다.

이건승 교사   이것도 새로운 문화네요. 여기저기 다니면서 업무 협의 활발합니다.

교장   그런데, 권 선생님은 안 보이네요? 오늘 출장인가?

임규민 교사   운동장의 먼지가 싫다고 하더니, 안 나온 것 같습니다….

(퇴근시간 운동장 맨발걷기 중 대화기록, 2017.3.9.)

학년 초에는 바빠서 서로 얼굴도 제대로 마주 볼 시간이 없고, 낯설고 서먹서먹한 분위기까지 감도는데 우리는 운동장에서 만나 맨발로 걸으며 업무협의도 하고 서로 안부도 묻는 화기애애한 소통 분위기가 만들어졌다. 뜻밖의 결과였다. 컴퓨터가 보급된 이후로 각자의 업무와 교재연구로 교실에서 혼자 일에 파묻혀 있다가 퇴근하는 닫힌 학교분위기가 맨발걷기 덕분에 열린 분위기로 바뀐 것이다. 한편으로는, 건강관리를 위해 함께 운동하자고 해도 마음이 열리지 않는 교사도 보였고, 아직까지 건강에 큰 어려움이 없는 저 경력 교사들은 관리자의 눈에는 마지못해 나오는 분위기도 느껴졌다. 다양한 구성원의 개인적인 생각을 존중해 주어야겠지만 마음이 쓰일 수밖에 없었다.

하지 않던 맨발걷기를 하려니 교사들의 업무경감이 최우선 과제였다. 그래서 꼭 필요한 업무를 중심으로 선택과 집중 추진을 위한 '업무 통폐합 회의'를 열었다. 낱낱의 업무를 의제로 올려 난상토론을 하는 기나긴 회의가 열렸다. 일부 업무는 생각이 같아 쉽게 통폐합이 되었고, 일부는 서로의 생각이 달라 어려움도 있었다. 경우에 따라서는 교장의 시각으로 보면 폐지해도 좋을 것 같은 사업도 교사들의 시각에서는 그대로 두어야 할 것도 있었다. 이미 작년에 부임해 온 이후로 일부 통폐합한 사업들도 있어서 여러 업무가 조금씩 간소해지고 있다고 인지는 하고 있었다.

업무경감을 위해 고민하던 끝에 작년에도 추진하던 '신체활동

7560+ 운동'에 '맨발걷기'를 접목하여 추진하기로 하고 교육청에 응모하여 예산 지원을 받았다. '사제동행 흙길 맨발걷기 인증제'라는 프로젝트로 교실마다 인증기록표를 준비하여 매일의 걷는 기록을 관리하고 격려하도록 하였다.

또한, 월 1회 '문화가 있는 날'을 운영하여 가끔은 전 직원이 흙길 맨발걷기를 하러 나들이를 가기도 하였다. 이날은 모두가 맨발걷기라는 활동으로 하나가 되어 친목도 도모하며 함께 어울리는 소통의 날이 되었다.

다음 〈그림 II-2〉는 이러한 교사 환경 구축을 위한 노력들이다.

협약식 후 사전 맨발체험 시작 (2017.3.2.)　　매일 퇴근 후 전교사 맨발걷기 (2017.3.~4.)　　문화가 있는 날, 전 직원 맨발걷기 나들이 (2017.4.)

〈그림 II-2〉 교사 환경 구축을 위한 노력

학생 환경

퇴근시간에 전 교사가 맨발걷기를 할 때 운동장에서 놀던 아이들이 하나둘 동참하기 시작했다. 돌이나 휴지도 줍고 함께 어울리는 것을 좋아하면서 방과 후 시간에 맨발로 모이는 아이들이 점점 늘어났다. 아침 등교시간에는 일찍 오는 아이들이 자율적으로 걷도록 하였는데 담임교사와 반 아이들이 운동장에서 함박 웃음으로 아침 만남을 하고 자연스럽게 아침맨발이 이루어졌다. 일찍 출근하는 담임교사의 반 아이들도 덩달아 일찍 등교해서 아침맨발을 하고 있었다. 자율적 아침맨발 시간을 보더라도 담임교사의 의지에 따라 아이들의 참여 모습은 많은 차이를 보여주었다.

담임교사가 학급의 아이들에게 맨발걷기를 지도하도록 하였지만, 설득력 있게 지도하기에 한계가 있다고 도움을 요청해 왔다. 1학년을 제외한 전 학급에 수업을 들어갔다. 막상 수업을 들어가자니 아이들과 나누고 싶은 게 많아서 욕심을 좀 내었다. 먼저 독서의 중요성을 이야기하고 각자의 꿈을 발표해 보는 시간을 가졌다. 마지막으로 '맨발걷기'를 왜 매일 해야 되는지, 왜 맨발걷기가 두뇌활동에 좋은지, 건강에 좋은지, 교우관계를 좋게 하는지 등을 조목조목 설명하니 눈을 반짝이며 들어주었다. 과학적인 근거를 안내한 관련 책자도 보여주며 읽어보기를 권했다. 그리고 각자의 다짐을 적어서 게시하고 서로의 생각을 나누는 시간도 가졌다. 다음은 학교장 맨발 수업 후 학생들이 적은 소감이다.

> 이젠 맨발걷기를 꾸준히 하겠다. 맨발걷기를 하면 내 몸이 좋아지니까. 내 몸이 건강해야 부모님과 친구, 언니, 오빠랑 함께 오래오래 살 수 있으니까.
>
> (5학년, 김수영)

> 평소에 맨발걷기하는 이유를 생각도 안 하고 그냥 걸었는데 교장 선생님께서 설명해 주셔서 이유를 알게 되었다.
>
> (6학년, 조경수)
>
> (학생 소감 기록, 2017.4.18.)

수업시간에 만난 이후에 눈에 띄게 아침 운동장에 맨발 걸으러 나오는 아이들이 많이 보여서 반갑고 고마웠다. 수업을 한 교장의 입장에서는 전교생이 수업 후 모두 자발적으로 아침운동장에 나와 주면 좋겠지만, 아이들은 등교하여 운동장에서 걷는 것 보다 교실에 바로 들어가는 게 더 쉽고 편한 것 같았다. 그래도 기다리기로 하였다.

> 흙길 맨발걷기는 힘들지 않은 운동이다. 그래서 누구나 할 수 있지만 꾸준히 날마다 하는 것은 쉽지 않다. 하지만 우리 아이들은 반드시 실천할 것이다. 많은 학생이 막상 해보니 정말 좋더라는 소감을 이야기한다. 담임교사들도 의지를 갖고 함께하고 있다. 우리 학생들이 맨발걷기로 좀 더 행복한 학교생활을 했으면 좋겠다.
>
> (필자 저널, 2017.5.31.)

학부모 환경

학부모들에게 맨발걷기의 목적, 효과, 방법 등을 안내하고 이해와 동참을 구하기 위하여 '교육활동 설명회의 날'에 학부모 연수를 하였다. 맨발로 걸어본 경험이 별로 없는 도회지의 학부모들은 예상대로 걱정이 많았다.

학부모 1 유리조각이나 가시에 찔려서 다칠 수 있지 않나요?

교장   그 부분을 제일 신경 쓰고 있습니다. 한 달 가까이 전 교사와 함께 걸으면서 위험해 보이는 것들은 모두 주웠습니다. 지금도 매일 눈에 띄는 대로 줍고 있구요. 현재 운동장 상태는 안심하셔도 됩니다.

학부모 2	가끔 저녁에 운동하러 (운동장에) 오면 애완견을 데리고 오는 사람들이 있어요. 배설물이 있을 텐데요. 불결합니다.
교장	맨발로 활동하는 운동장이니 애완견을 데리고 오지 않도록 주민과 학부모님들에게 안내하겠습니다.
학부모	아이들 피부는 연해서 조금만 스쳐도 쉽게 까질 텐데요.
교장	우리학교 운동장은 오래되어서 흙이 매우 부드럽습니다. 오후에 함께 걷는 아이들이 있는데 그 아이들은 달리기도 하던데요 (웃음). 처음에는 조심해서 걷도록 지도하겠습니다.
학부모 4	앞으로 운동장을 어떻게 관리하실 건가요?
교장	제가 매일 아침 일찍 출근해서 아이들 등교하기 전에 운동장을 확인합니다. 오후에는 전 교사가 함께 걸으며 또 확인하며 관리하고 있습니다. 저녁에는 정해진 시간 이후에는 운동장을 폐쇄하여 야간에도 안전하게 관리하고 있습니다.

(학부모 연수회 시 질의응답 내용, 2017.3.22.)

　많은 걱정을 강사님과 함께 풀어가며 설득하였다. 하루 중에 흙을 밟을 수 있는 곳은 학교 운동장뿐이며, 온갖 전자기기 속에 살고 있는 우리 아이들이 맨발로 흙을 만나면서 체, 덕, 지가 골고루 발달할 수 있는 교육활동이라고 강조하였다. 그리고, 학부모들과 함께 맨발로 운동장을 한 바퀴 돌며 흙의 감촉과 운동장 바닥 상태 등을 직접 확인해 보도록 하였다. 시골에서 자란 학부모는 어린 시절 이후에 맨발로 흙을 밟는 것은 처음 해 보는 경험이라고 신기해하였다.

　그 후, 전 가정에 '맨발걷기 정책'과 교육적 의의를 안내하고 자녀들의 맨발걷기에 동의하는 학부모님은 동의서를 보내달라는 가정통신문을 발송하였다. 교육에 관한 학부모의 관심이 대단한 우리나라에서 국가 정책도 아닌, 공교육기관에 몸담고 있는 학교관리자 개인의 교육적 소신으로 전교생을 대상으로 처음으로 추진하려는 이 시도가 무모해 보일 수도 있었다. 그러나 나름대로 확신이 있었기에 사전에 충분하고도 체계적인 준비로 시행착오나 오해로 인한 잡음을 미리 예방하여 성공적으로 운영하고 싶었다. 100% 동의는 어렵더라도 최소한 이 정책을 이해하는 학부모들의 동의서를 받고 처음에는 희망하는 학생들 중심으로 실시하는 게 필요할 것 같았다. 일주일 기간을 두고 동의서를 받은 결과 75%의 학부모들이 동의해 주었다. 학교공개의 날 연수에 참여한 학부모 수에 비하면 대체로 양호한 성적표였다.

'교육활동 설명회의 날'이 지난 어느 날, 마무리할 일이 있어 늦은 시간에 퇴근하다가 운동장에서 학부모 세 분이 맨발로 걷고 있는 모습을 보고 깜짝 놀랐다. 아이들도 저만치서 맨발로 놀고 있었다.

교장	우와, 어머님들 뭐하셔요? 반갑습니다!
학부모 1	교장선생님, 해보니까 좋네요.
학부모 2	이 좋은 걷기를 알려주셔서 감사합니다~
교장	정말 보기 좋습니다! 아이들과 매일 해 보셔요.

(2017. 3월 말, 퇴근시간 운동장에서)

환한 표정을 지으며 걷고 있는 우리 어머니들을 만나니 가슴이 뭉클했다. 고맙고 힘이 났다. '교육활동 설명회의 날'에는 주로 어머니들이 참석하고 간혹 한두 분 아버지나 할머니도 참석하는 모습을 보인다. 가정에서 온 가족이 함께 하도록 하기 위해서는 아버지들에게도 맨발걷기를 알리는 게 필요했다. 그래서 직장에서 퇴근하고 올 수 있도록 저녁에 '행복한 아버지 교실 및 달빛 맨발걷기' 행사를 기획하였다. 자녀를 이해하고 소통하는 방법과 맨발걷기 연수를 함께 추진하였다. 이러한 활동을 거치면서 어느 정도 학부모들에게 맨발걷기에 대한 안내와 함께 조금씩 동참할 수 있는 분위기를 조성하였다.

다음 〈그림 II-3〉은 학생 및 학부모의 환경 구축을 위한 모습이다.

| 방과후 자율 학생 맨발 | '교육활동 설명회의 날'
학부모 맨발 체험 | '달빛맨발 아버지교실'
맨발 연수 |

〈그림 II-3〉 학생 및 학부모 환경 구축 모습

이렇게 1차년도 실행에서 학생, 교사, 학부모 관련 인적 환경을 구축한 내용을 정리하면 〈표 II-2〉와 같다.

〈표 II-2〉 인적 환경 구축 내용

구분	일자(기간)	대상	내용
교직원 사전 연수	2017.2.16.(목)	전 교직원	- 맨발걷기의 목적과 필요성 연수
맨발걷기 협약식	2017.3.2.(목)	대구교대	- 대구교대 행복인성교육연구소와 맨발걷기 상호 협약 체결
교직원 사전 체험	2017.3.2.(목) ~3.31.(금)	전 교직원	- 매일 16:00~16:40 맨발걷기 체험
학부모 교육 및 체험	2017.3.22.(수)	학부모	- 학교 공개의 날, 학부모 맨발걷기 연수 및 맨발걷기 체험
안내장 발송, 동의서 징구	2017.3.27.(월) ~3.31.(금)	전교생	- 맨발걷기 프로그램 참여 안내 및 학부모 동의서 징구
문화가 있는 날	매월 4주(수)	전 교직원	- 방과 후 교외 맨발걷기 체험
학교장 맨발수업	2017 4.~ 5.	2~6년	- 맨발걷기의 목적과 필요성 수업
달빛 맨발 아버지교실	2017.6.9.(금)	학부모, 전교직원	- 자녀 이해와 소통법 및 맨발연수 - 맨발걷기 체험

나. 물적 환경 구축

깨끗한 흙 운동장 관리

우리학교는 특히 거친 면이 없이 흙 입자가 골고루 부드러운 흙 운동장이다. 개교한 지 26년이나 되어 그동안 고운 흙 입자가 된 것이다. 어린 학생들이 처음 시작하기에는 알맞은 흙이었다. 그러나 발이 부드러운 아이들이 맨발로 걷는 운동장이라 걱정이 많이 되었다. 운동장을 걸으면서 잔돌이나 오래된 유리조각, 알 수 없는 플라스틱 파편을 주워 냈지만, 혹시나 눈에 띄지 않다가 우리 아이들을 다치게 할까 봐 늘 신경이 쓰였다. 방과 후에 교사들과 함께 운동장을 걸으면서 주워낸 돌이 큰 양동이로 2통이나 되었다. 운동장에서 놀던 아이들도 신나게 동참하며 맨발로 돌을 주워냈다. 이제는 없을 거라고 생각하고 다음 날 다니면서 보면 또 눈에 띄었다.

때마침 지자체에서 지원하는 시니어클럽 어르신 네 분이 주 3회 내교하여 환경봉사를 하시기로 되어 있었다. 그분들을 교장실에서 차를 대접하며 취지를 설명드리고 운동장 관리만 철저히 해달라고 요청하였다. 우리 아이들이 맨발로 놀고 활동하는 운동장이니 내 손주들 운동장이라고 생각하고 깨끗하고 안전하게 관리해 달라고 부탁을 드렸다.

중간체육시간에는 전교생이 한 줄로 앉아서 돌을 주웠다. 아이들이 생활하는 곳이니까 아이들이 직접 돌을 줍고 관리하는 활동도 교육적으로 필요하다고 생각하였다. 아이들은 맨발로 다니면서 돌을 줍는 것도 놀이로 생각하며 재미있어 하였다. 필자도 매일 아침, 눈에 보이는 돌이나 위험해 보이는 조각들을 정리한 후 아이들과 걸었다.

학교 운동장은 방과 후부터 일정하게 정해진 시간까지는 주민에게 개방해야 하므로 입구에 깨끗한 흙 운동장 관리를 당부하는 입간판도 설치하였다. 입간판 내용은 '이곳은 소중한 우리 아이들이 맨발로 걷고, 맨발로 놀고, 맨발로 달리는 깨끗한 흙 운동장입니다. 깨끗하게 유지될 수 있도록 협조하여 주시기 바랍니다.'라고 하였다. 또한, 가정통신문을 보내어 학부모들의 협조도 당부하였다. 인근 주민들에게도 아파트 관리실 등을 통하여 협조문을 보내어 우리학교 맨발걷기 운동장을 깨끗하게 사용해 달라고 요청하였다. 이러한 노력들을 본 학부모들도 어느 정도 안심이 되었다고 하였다.

다음 〈그림 II-4〉는 깨끗한 흙 운동장 관리를 위하여 노력한 모습들이다.

퇴근시간 맨발걷기 및
운동장 돌 줍기

운동장 관리 안내판

시니어 어르신들
운동장 관리 모습

〈그림 II-4〉 깨끗한 흙 운동장 관리를 위한 노력

발을 어디서 씻고 말릴까

다음은 발을 씻고 말릴 시설이 필요하였다. 교사들은 이에 대한 전 직원의 관심과 아이디어를 이끌어 내기 위하여 공모를 제안하였다. 그리하여 3월 8일 수요일부터 일주일간 전 직원을 대상으로 '흙길 맨발걷기 세족시설 설치 아이디어 공모'를 하였다. 발을 씻고 말리는 장소명과 대략적인 설계도를 그려서 제안하도록 하였다. 개인적으로 의견을 주어도 되고 학년별로 협의하여 제안해도 좋다고 하였다. 도서상품권을 지원하여 많은 참여를 유도하였다.

공모전은 교사들의 관심을 이끌어내는 데 큰 역할을 하였다. 처음에는 무덤덤하게 맨발걷기에 참여하던 교사도 동료교사와 함께 공모전에 관심을 보이며 재미있어 하였다. 학교에서 활용 가능한 장소를 다시 물어오기도 하였다.

학년별로 응모하였으며 그중에서 심사하여 최우수, 우수, 장려상을 선정하고 선정된 내용을 참고하면서 현장의 상황을 고려하여 몇 번의 협의를 거쳐 최종안을 확정하였다. 세족시설명은 맨발로 활동하는 장소의 성격이 잘 드러나도록 '행복맨발길'로 정하게 되었다.

공모에 선정된 내용은 〈그림 Ⅱ-5〉와 같다.

구분	대상	시설명(안)	설계도
최우수	6학년	행복 발벗길	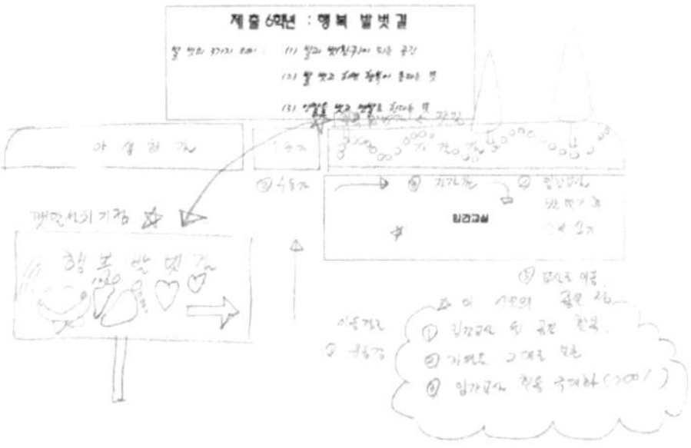
우수	3학년	별빛뜨락 햇발마당	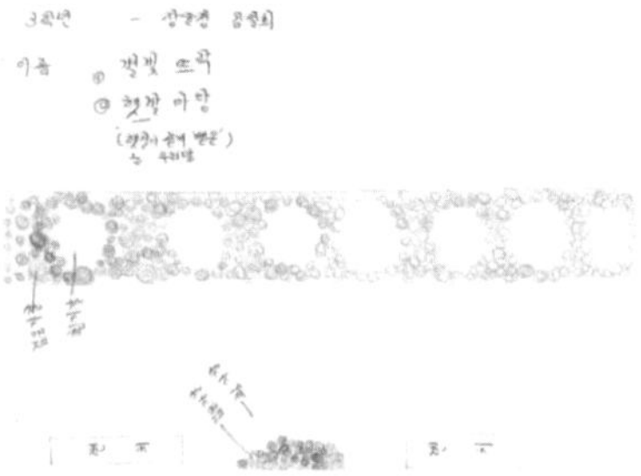
장려	4학년	별마음길	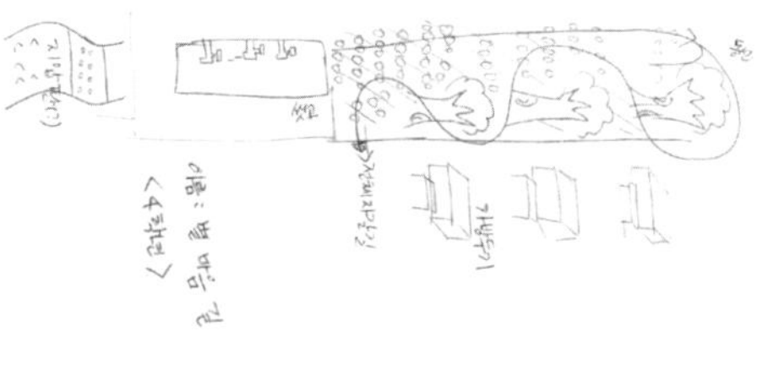

〈그림 Ⅱ-5〉 흙길 맨발걷기 세족시설 아이디어 공모전 심사 결과

관리자 혼자 혹은 주변의 몇몇 교사와 협의하고 결정하는 것보다 전 교사 대상 공모전의 형식을 빌어 다 함께 생각해 볼 기회를 가짐으로써 학교문화는 교육공동체가 함께 만들어간다는 의지를 갖게 해 주었고 함께 한다는 것의 가치를 다시 한번 생각해 보는 계기가 되었다. 대략적인 안은 정해졌지만, 구체적으로 공사하기까지는 세부적인 내용들이 결정되어야 했다.

다음은 교사 연구 협력자들과 세족시설 설치 방법에 대하여 협의한 내용이다.

백소희 교사	수도꼭지에 호스를 연결하여 바닥에서 씻도록 하면 어떨까요?
교장	좋은 생각이네요. 기존 학교시설을 바꾸지 않고도 가능하고....
행정실장	괜찮을 것 같은데... 물이 좀 낭비될 것 같은데요.
박신혜 교사	외관도 예뻤으면 좋겠습니다.
임규민 교사	공원에 가면 앉아서 발을 씻는 수도시설이 있던데, 학교 적당한 장소에 그런 시설을 구비하는 것도 방법인 것 같습니다.
이태희 교사	맞아요. 어디서 본 것 같아요.
행정실장	수도시설을 새로 하면 수도관도 내 와야 하고 많은 예산도 필요하고, 일이 많을 것 같습니다.
교장	후임 교장의 학교 경영 방침에 따라 새로 설치한 시설이 나중에는 불필요하면 안 될 거 같아요. 가급적 있는 시설을 지혜롭게 활용하는 방법을 찾아봅시다.
이태희 교사	커다란 양동이와 작은 바가지를 준비해서 사용하면 어떨까요?
이건승 교사	학교에 양동이와 바가지라... 음. 시골 동네 모습이 연상됩니다.
박신혜 교사	한 손에 바가지 들고 한 손으로 발을 씻기는 불편하겠는데요.

임규민 교사　　호스를 연결하는 방법이 그래도 제일 쉽겠습니다.

교장　　　　　모두가 좋은 생각입니다만 좀 더 생각해 보는 시간을 가집시다.

(교사연구팀 협의회자료, 2017.3.13.)

검토해 보니 여러 가지 어려움이 있어서 좀처럼 적절한 방법을 찾을 수가 없었다. 논의된 의견을 중심으로 행정실장과 머리를 맞대고 꼼꼼히 장단점을 검토해 보니 다음 〈표 II-3〉과 같이 단점이 더 많았다.

〈표 II-3〉 세족시설(안)의 장단점 비교

세족시설(안)	장점	단점
수도꼭지에 호수 연결	설치 용이	물 낭비, 외관상 문제, 사용 불편
낮은 수도 시설	사용 편리	설치비 과다, 위치 선정 어려움
양동이, 바가지 비치	설치 용이	외관상 문제, 사용 불편, 물 낭비

수도꼭지에 호수를 연결하자니 미관상 좋지 않을 것 같고 물 낭비도 많을 것 같았다. 그리고 기존 학교 시설을 가급적 바꾸지 않는 방법을 찾아야 했다.

어느 날, 아침 맨발걷기를 하고 수돗가에 발을 올려 씻다가 문득 떠오르는 생각이 있었다. 나는 아이들보다 키가 커서 수돗가에 발을 쉽게 올릴 수가 있는데 아이들은 이 앞에 나지막한 계단이 있다면 1학년 아이들도 쉽게 발을 올려서 씻을 수 있겠다는 생각이 들었다. 발 씻는 시설이 결정되지 않아 교사들이 아이들을 데리고 나오고 싶어도 일단 중지해 둔 상태라 간절한 마음으로 방법을 찾던 중이었다. 교사들과 생각을 공유하고 동의를 이끌어 내었다. 방부목으로 수돗가 앞에 안전하고 널찍한 계단을 만들기로 하고 공사에 들어갔다. 공사업자는 우리의 맨발걷기 활동에 관한 설명을 듣고 아이를 키우는 부모 입장에서 고무되어 적극적이었다. 계단을 놓을 자리에 정밀하게 치수를 재고 조금의 흔들림도 없도록 최선을 다하는 모습을 보여주었다. 수돗가 앞에 널찍하고 안전한 계단을 설치하여 학생들이 편안하게 발을 올려서 씻을 수 있는 시설이 완성되었다.

발을 말리는 방법도 문제였다. 발을 씻고 닦을 수건을 비치하자니 위생상, 미관상 문제가 있었고 개인 수건을 갖고 다니는 것도 덜 마른 수건의 보관이 어렵다고 했다. 다음은 교사연구팀과 발을 말리는 시설에 관하여 협의한 내용이다.

임규민 교사 등산하고 내려오면 에어스프레이 같은 것이 있는데, 그걸로 물기를 털어내도록 하면 어떨까요?

이건승 교사 와... 아이들이 매우 재미있어 하겠는데요.

백소희 교사 그건 장난꾸러기들이 친구의 눈에 대고 장난이라도 치면 매우 위험할 거 같습니다.

교장 안전상 걱정이 되네요..자갈길을 만드는 것도 방법이라고 하던데...

임규민 교사 아이들이 자갈로 던지고 놀기 시작하면 매우 위험할 거 같은데요.

이태희 교사 그 자갈을 고정하는 방법도 있잖아요. 공원에 흰 돌, 검은 돌로 예쁘게 길 만들어 놓은 거...

박신혜 교사 아, 그거 괜찮겠네요. 만들어 놓으면 길도 예쁘고...

행정실장	고정하려면 강력 본드가 필요할 렌데, 그런 부분은 환경호르몬 발생으로 학교 시설로는 문제가 될 수도 있습니다.
교장	그럼 당분간을 발 닦을 작은 수건을 갖고 다니도록 지도하고 발 말리는 시설도 좀 더 고민해 보도록 합시다.

(교사연구팀 협의회자료, 2017.3.13.)

하루아침에 좋은 방법이 나오지 않았다. 위생적이고 미관에도 좋으며 오래 유지할 수 있는 방법이 필요했다. 여러 가지로 고민하고 조언을 구하여 자갈 대신에 징검돌을 놓는 방법을 찾게 되었다. 발을 씻고 징검돌을 건너면서 바람에 발을 말리는 것이다. 자갈과 징검돌이 아이들의 안전 문제에 봉착하니 그 차이가 매우 크게 와 닿았다. 교사들도 수돗가의 징검돌은 참 어울리는 풍경이라며 모두가 찬성하였다.

공모작의 계획안대로 수돗가 옆에 거름을 쌓아두던 창고를 철거하고 그 자리와 곁의 화단을 연결하여 둥근 징검돌을 놓고 잔디를 심었다. 그 앞에는 벤치를 나란히 배치하여 가방도 두고, 신발을 벗고 신는 장소로 사용하도록 하였다. 또한 체, 덕, 지를 상징하는 빨강, 노랑, 파랑 파라솔 벤치도 준비했다. 물과 잔디와 예쁜 징검돌과 파라솔 벤치가 있는 아름다운 공원, '행복맨발길'이 탄생하였다. 그리고 〈그림 II-6〉과 같이 '행복맨발길' 판을 제작하여 '대한민국 맨발걷기 1호 학교'인 대구관천초등학교 맨발걷기의 출발점을 여기에 명시하였다.

| 행복맨발길표지판 | 행복맨발길 전경 | 수돗가 나무계단 | 발 말리는 징검돌 |

〈그림 II-6〉 세족 및 발 말리는 시설이 있는 '행복맨발길'

'행복맨발길'이 완성되었다. 아이들은 흙길을 걷고 온 발을 맨 먼저 물로 씻고 부목 계단을 내려와 징검돌에서 말리고 걸으면서 바람에 말릴 것이다. 마지막으로 벤치에 앉아서 양말을 신고 신발을 신을 것이다. 아이들의 발이 흙을 만났다가 물을 만나고 돌과 바람을 만난다. 하루에 몇 번씩이나 이렇게 골고루 자연과 촉감으로 만나는 우리 아이들, 이렇게 오늘이 행복한 우리 아이들의 미래도 밝을 것이다.

(필자 저널, 2017.4.7.)

한 달여 동안 고민하고 협의하고 이리저리 조언을 구한 끝에 드디어 모든 준비가 완료되었다. 이제 전교생이 중간체육시간에 함께 걸을 수 있는 것이다.

물적 환경 구축 내용을 정리하면 〈표 II-4〉와 같다.

〈표 II-4〉 물적 환경 구축 내용

구분	일자(기간)	장소	내용
운동장 자갈 줍기	2017.3.2.(목)~	운동장	- 걷는 시간에 자발적으로 줍기 - 자갈통을 조회대 옆 상시 비치
운동장 상시 관리	2017.3.2.(목)~	운동장	- 북구청 시니어클럽 환경 봉사 지원 - 운동장 관리(주 3회)
세족시설	2017.3.13.(월)~3.31.(금)	수돗가	- 수도시설 앞에 나무 계단 설치
발 말리는 시설	2017.4.3.(월)~4.7.(금)	수돗가 옆	- 수돗가 옆 거름창고를 철거 - 징검돌과 잔디 식재
파라솔 벤치	2017.3.27.(월)	수돗가 옆	- 빨강, 노랑, 파랑 파라솔과 원형 벤치 설치
깨끗한 운동장 사용 협조 안내장	2017.4.3.(월)	학부모, 주민	- 가정통신문 발송 - 인근주민 및 아파트 관리실
깨끗한 운동장 사용 협조 안내판	2017.4.5.(수)	교문 입구	- 본교 맨발 흙 운동장을 깨끗하게 사용해 달라는 협조 안내판 설치
행복맨발길 완공	2017.4.5.(수)	수돗가	- 발 씻는 시설: 방부목 계단 - 발 말리는 시설: 징검돌 잔디밭 - '행복맨발길' 명판 부착
현수막 설치	2017.6.9.(금) 2017.7.10.(월)	임간교실, 주차장 펜스	- 맨발걷기 인증제 현수막 - "얘들아, 신발 벗고 흙길 걷자" - "맨발걷기, 신체활동 7560+ 운동" 동참
운동장 전면 보수 공사	2017.7.27.(목)~10.15.(일)	운동장	- 스프링클러, 배수관 설치 - 흙을 체로 친 마사토로 교체 - 맨발놀이터 새 모래 교체 - 배수로 전면 정비 - 평 벤치 9개 설치
발 말리는 시설 추가 설치	2017.10.20.(금)	임간교실 옆	- 임간교실 옆 담장 안쪽으로 길게 징검돌과 잔디 식재

맨발걷기를 위한 흙 운동장 공사

내가 본교에 부임하기 직전에 문화체육관광부 지원 사업으로 운동장 생활체육시설 관련 우레탄 트랙공사가 예정되어 있었다. 그러던 중 우레탄 트랙의 유해성이 사회적 문제로 대두되면서 초등학교 운동장은 특별한 경우를 제외하고는 모두 마사토 운동장으로 계획이 수정되는 과정에 있었다. 2016년 9월에 부임한 후 마사토 운동장 조성 계획을 계속 수정, 보완해 나가는 가운데 여러 가지 이유로 착공 시기가 늦어지면서 결국 2017년 7월에 착공이 되었다.

준비하는 동안 우리는 맨발걷기를 할 수 있는 최적의 운동장을 만들어 나갈 아주 좋은 기회라고 생각하였다. 구성원들과 머리를 맞대고 맨발걷기를 할 최적의 환경을 구상해 나갔다. 처음에는 친환경 마사토 운동장 및 다목적 구장 구성, 야간 조명시설, 스프링클러 설치, 야외 운동 시설 및 운동장 트랙 포인트 설치 등으로 계획을 잡았다. 교육청과 몇 번의 협의 끝에 친환경 마사토는 구하기 어렵다고 하여 체로 친 마사토를 깔기로 하였다. 체로 친 마사토는 일반 마사토보다 가격이 비쌌지만 좀 더 안전할 것 같았다.

그리고, 다목적 구장은 바닥을 우레탄으로 시공해야 한다고 해서 운동장을 아무리 이리저리 살펴보아도 배구나 농구 등을 위한 다목적 구장 위치가 나오지 않았다. 더구나 초등학생들은 배구나 농구장 활용도가 높지 않은데 운동장의 일정 부분을 우레탄 다목적 구장이 차지한다면 평소의 많은 시간을 맨발걷기로 활용해야 하는 운동장의 활용도가 낮을 것으로 우려되었다. 다음은 흙 운동장 조성 사업과 관련하여 구성원들과 협의한 내용이다.

교장	운동장에 다목적 구장을 설치하면 거기서 주로 농구나 배구를 할 텐데. 우리 아이들이 배구나 농구를 그리 자주 하는 편은 아닌 것 같은데... 체육선생님 생각은 어떤가요?
체육전담 교사	(배구, 농구가) 교육과정에 나오긴 해도 우리아이들은 주로 축구를 많이 합니다. 특히, 축구는 풋살부 학생들이 매일같이 하고 있어요. 배구는 수업 시간외에는 거의 하지 않고 있고, 농구는 현재 농구장 위치에 그대로 흙 위에 세워도 충분히 활용가능합니다.
박신혜 교사	남학생들은 대부분 축구를 좋아하고 여학생들은 피구를 선호하는 편이니..다목적 구장 설치로 운동장이 좁아지는 것보다 설치를 하지 않는 게 좋을 거 같습니다. 활용도 면에서도.
행정실장	다목적구장의 우레탄 시공이 들어가면 공사기간도 더 길어야 된답니다. 양생하는 시간이 필요하다고 하는데..예산도 더 들어가겠지요.
교장	공사기간이나 예산부분은 활용도만 높다면 감수할 수 있지만 별로 활용도 안 되면서 운동장만 차지하면 장기적으로 봤을 때 비효율적일 것 같습니다. 그러면 다목적구장은 취소하는 걸로 할까요?
(모두)	그러는 게 좋겠습니다.

(임시회의 기록, 2017.4.17.)

한 번 조성한 운동장은 이 학교를 거쳐 가는 모든 학생의 놀이터가 될 것이다. 그런 차원에서 우리는 결정하기가 쉽지 않았다. 오랜 논의 끝에 다목적 구장은 바닥을 별도로 시공하지 않고 마사토 운동장에 오래되고 낡은 농구대를 철거하고 새 농구대만 설치하기로 결정하였다. 필요 시 농구장으로 사용하고 그 이외에는 흙 운동장으로 사용할 수 있도록 하였다. 그리고, 야외 운동 시설은 주로 성인용이며 설치하면 주민들은 많이 사용할 수 있지만 학생들은 오히려 안전상 위험할 수 있다는 의견 등 반대의견도 만만치 않았다. 그래서 운동시설은 제외하기로 결정하였다. 그 외 운동장 바닥에 스프링클러 및 대형 배수관을 설치하고 나무그늘 아래의 녹슨 벤치 교체, 하수도로 개보수, 조명시설 및 스피커 교체 등으로 공사 계획을 마무리하였다. 여름방학이 시작되자마자 곧바로 착공에 들어갔다.

공사 시작 전, 현장소장과 면담하여 우리학교 운동장은 아이들이 맨발로 걷고, 놀고, 운동하는 곳이기 때문에 특별히 섬세하게 신경 써 달라고 각별히 당부하였다. 대단한 대구의 한여름의 무더위 속에서 공사는 순조롭게 진행되었다. 공사기간이 2017년 7월 17일부터 10월 15일까지로 잡혀 있어서 처음에는 이렇게 오랜 시간 동안 우리 아이들이 운동장의 흙을 밟을 수 없다는 사실에 안타깝기만 하였다. 현장소장에게 끊임없이 공기를 단축할 수 있는 여지가 있는지를 물어보고 재촉하였지만, 기본적으로 양생을 하고 기다려야 하는 과정이 있었고 폭염에는 한낮에 작업 자체가 어려울 때도 있었다. 운동장 공사가 완료되기까지는 여름방학 개학을 하고도 한 달 보름이나 더 기다려야 했다.

운동장을 파헤쳐 맨 아래쪽에 스프링클러 6개소를 설치하고, 그 위에 운동장 전체를 연결하는 대형 유공관으로 배수로를 설치하였다. 겨울에 동파를 방지하기 위해 맨 아래쪽에 스프링클러를 설치한다고 한다. 실제로 운동장 공사가 진행되는 과정을 난생 처음 꼼꼼히 지켜보면서 학교마다 운동장의 물 빠짐 현상이 다른 것은 바로 이 배수로 차이도 있음을 알게 되었다. 마지막으로 배수로 위쪽으로 마사토를 깔았다. 마사토를 선택하는 과정도 여러 곳의 샘플을 채취하여 온 것을 맨발로 밟아보고 손으로 비벼보고 여러 사람이 모여서 품평을 하는 등 협의를 거듭하여 최종 선택하였다. 우리가 선택한 마사토와 같은 흙을 설치한 학교가 있다 하여 직접 찾아가서 맨발로 밟아보았더니 적당히 자극도 되고 배수도 아주 잘 될 것 같았다. 공사가 진행되는 동안은 2층 교장실에서 운동장 전면이 다 내려다보이기 때문에 수시로 공사 진행 상황을 확인할 수 있었다.

다음 〈그림 II-7〉은 흙 운동장 공사 모습이다.

〈그림 II-7〉 흙 운동장 공사 모습

하루는 3학년 학생들이 우르르 교장실로 들어와 미소를 지으며 편지를 주고 갔다. 펼쳐 보니 맨발걷기를 하고 싶어서 발이 근질근질한데 제발 운동장 공사가 빨리 끝나도록 해 달라는 내용들이었다. 아이들도 나 못지않게 운동장 공사가 완료되기를 고대하고 있었다.

공사기간은 3일 정도밖에 단축하지 못한 채 드디어 2017년 10월 12일 운동장 공사가 완료되었다. 중금속 검사와 기생충 검사 등 유해성분 검사결과 이상 없음이 확인되어 10월 13일 중간체육시간에 전교생이 새 운동장에서 맨발걷기를 하였다. 1학기에 비해 다소 입자가 굵어진 모래로 인해 학생들이 처음에는 조금 낯설어했지만 이내 적응하고 익숙해져 맨발걷기와 맨발달리기를 하기 시작했다. 맨발걷기를 하고 세족시설을 이용하는 데 걸리는 시간도 더욱 단축되고 있고, 중간체육시간이 충분히 확보되어 맨발걷기가 더 활성화될 것으로 기대하였다.

새로 조성된 흙 운동장은 정성을 들인 만큼 잘 마무리된 것 같다. 마사토의 입자가 적당하여 배수가 잘 될 뿐만 아니라 운동장 바닥에 거대한 유공관을 골고루 배치하였기 때문에 한여름에 억수로 쏟아지는 빗속에서 공사 마무리를 위해 거대한 차량이 운동장에서 종일 다녀도 바퀴 자국 하나 나지 않았다. 하루 종일 비가 쏟아져도 비 그친 후 잠시만 있으면 운동장에는 고인 물 없이 어느새 그냥 촉촉한 운동장으로 바뀌어 있었다.

4. 운영 내용

1차년도 실행에서는 맨발걷기 체험활동 교육과정을 풀어내기 위한 기반 조성, 즉 인적·물적 환경 구축에 초점을 두었다. 그리고, 구성원들이 맨발걷기에 수용적인 태도로 참여하는 것을 1차년도 목표로 정했다. 이와 병행하여 맨발걷기 관련 각종 안전사고에 대한 학부모의 우려를 해소하고 적극적 이해를 끌어내는 것도 중요한 선결과제였다. 이러한 교사 및 학부모의 지지기반을 갖추어 나가면서 학생들이 학교 교육과정 안에서 자발적으로 참여할 방안을 찾아나갔다.

3월부터 전 교직원이 매일 40분을 걸으면서 맨발걷기 효과를 체험해 보는 계획까지는 나의 주도로 이루어져 왔으나 본격적으로 전교생, 전 교직원이 맨발걷기를 실행할 계획들은 구성원의 협의와 그에 따른 합의가 선행되어야만 했다. 학생들과 함께 맨발걷기를 실제로 지도할 담임교사들의 의견이 무엇보다도 소중하고 추진해 가는 데 큰 도움이 될 것이기 때문이다.

환경 구축이 어느 정도 마무리되어 갈 즈음, 월 1회 개최되는 전 교직원이 참여하는 기획위원회의 시 '맨발걷기 실행을 위한 사전 협의회'를 열었다. 교사들이 한 달 동안 체험해 본 소감과 앞으로 전교생이 실시하기 전에 유의해야 할 점 등을 중심으로 의견을 나누었다. 무엇보다 교사들에게 새로운 업무로 부담이 되지 않도록 추진하는 것이 중요하였다. 교육청의 '신체활동 7560+운동 선도학교'에 공모하여 선정되었는데, 그 운동의 방법을 우리는 '맨발걷기'로 하기로 하였다. 구체적인 실천방법으로 '사제동행 흙길 맨발걷기 인증제'를 계획하여 매일의 운동 결과를 기록하는 '인증제'로 추진하기로 하였다. 그리고, 하루 중 전교생이 동시에 걷는 시간은 월, 목, 금요일 중간체육시간에 일제히 걷고, 그 외의 시간은 희망자들이 자율적으로 걷도록 하였다. 처음 시작하는 단계라 어느 정도는 자율적으로 운영하였다. 그 외의 세부적인 내용들은 〈표 Ⅱ-5〉와 같이 협의되었다.

〈표 II-5〉 맨발걷기 실행을 위한 사전 협의록

일시	2017. 3. 27. (월) 15:00
장소	회의실(본관 3층)
주제	맨발걷기 실행을 위한 사전 협의회
협의사항	세부 내용
운영방침	· 별도사업으로 추진하지 않고'신체활동 7560+ 운동 선도학교' 사업과 연계하여'사제동행 흙길 맨발걷기 인증제'로 추진 · 다양한 종류의 사업을 하지 않고 학교 역점 사업과 관련된 내용으로 선택과 집중 운영 · 맨발걷기와 관련된 새로운 사업은 가급적 지양하고, 기존의 학교 교육 활동에 맨발걷기를 접목하여 추진
기본 운영 시간	· 중간체육시간(매주 월, 화, 금요일): 전교생 및 전교사 참여 · 등교시간, 점심시간, 방과 후 시간(매일): 희망자 참여
동의 않는 학생 지도대책	· 신체활동 7560+운동의 한 방법으로 맨발걷기를 하는 것이니 만큼 신발을 신고라도 걷도록 지도 · 신발을 신고 걷는 학생에게 심리적 부담 주지 않도록 유의

학생 동기 유발 방안	· 50일, 100일 달성한 학생들에게 별도의 격려 방안 마련
	  - 50일 달성자: 교장실에서 간식과 축하 및 격려의 시간
	  - 100일 달성자: 학교장상 수상

전 교직원 동참을 위한 방안	· 교육공무직 등 교직원 전체: 중간체육시간 희망자 동참 · 학부모회 임원, 학교운영위원: 회의가 있는 날에 회의 마치고 운동장에서 맨발 체험하도록 안내 · 학생뿐만 아니라 교직원도 50일, 100일 달성자 격려 · 교직원 매월 마지막 주 수요일, 문화가 있는 날 행사 추진 시 현장 맨발걷기 체험일 포함
안전을 위한 노력	· 세족시설 및 발 말리는 시설 완공 시 학급별로 안전하고 질서 있게 사용하는 방법 지도 · 학부모의 우려를 해소하기 위한 세심한 안전 지도 필요 · 운동장 관리는 시니어클럽에서 하나, 걷는 동안 돌이나 위험한 것이 발견되면 누구나 줍도록 지도

고경력 교사나 평소 건강에 부담을 느끼고 있는 분들은 맨발걷기 정책을 어느 정도 환영하는 분위기다. 한 달 동안 매일 해 보니까 몸의 컨디션이 전보다 나아지고 있음을 느끼는 사람들은 등교 시간, 퇴근시간 모두 열심히 참여하고 있다. 그러나 현재 개인의 건강에 별다른 어려움이 없거나 저 경력 교사들에게는 맨발걷기 정책이 전폭적으로 지지를 이끌어 내지는 못하는 것 같다. 내심 또 다른 업무 부담으로 이어지지 않을까 우려하는 것 같다. 그래도 부담주지 말고 강요하지 않기로 하자. 급하게 서두르지 말고 여유를 가지고 기다려야 한다. 천천히 가자.

큰 틀에서 합의는 하였으나 추진하는 과정에서 교육활동에 대한 선택과 집중으로 부담을 줄이고, 새로운 업무가 발생하지 않도록 각별히 신경을 써야겠다.

(필자 저널, 2017.4.29.)

나는 늘 교사들의 태도에 마음을 썼다. 그들이 맨발걷기에 적극적으로 참여하는 모습을 보면 행복해지고, 귀찮아하거나 바빠서 참여가 소극적인 모습을 보면 자꾸만 조바심이 났다. 그럴수록 여유를 가지고 기다리면서 그들의 힘든 부분을 해소해 주고 도와주는 방법을 찾아보자고 마음을 다잡곤 하였다.

학년 초, 부서별 교육계획을 수립할 때 가능한 한 맨발걷기를 모든 교육활동 안에 접목하여 계획을 짜도록 하고 별도의 사업은 되도록 하지 않기로 하였으나 아무래도 맨발걷기와 관련하여 필요에 따라 추진해야 하는 일들이 생겨나게 되었다. 그런 일들이 발생할 때마다 사업의 성격에 따라 학년 부장 교사, 연구 협력 교사, 전직원회의 등을 통해 가급적 협의를 하고 진행하였다. 1차년도에 실행된 주요 내용을 영역별로 분류하면 다음 〈표 II-6〉과 같다.

〈표 II-6〉 1차년도 주요 실행 내용

인프라 구축사업	기존사업+맨발걷기	신규 사업	언론 보도
- 인적 환경 구축 - 물적 환경 구축 - 뇌파 검사 실시 - '맨드라미' 워크북 제작·활용 운동장 공사	- 사제동행 흙길 맨발걷기 인증제 프로그램 - 각종 교육활동 속 맨발걷기	- 아버지교실 및 달빛 맨발걷기 - 교직원 맨발 워크숍 - 학교장 맨발수업	- KBS '생로병사의 비밀' 방영 - 각종 일간지 언론 보도

가. 기본 운영 프로그램

기본 운영 시간

1차년도 실행을 위해서 학기 초에 맨발걷기 체험활동 교육과정 운영을 위한 시정을 〈표 II-7〉과 같이 미리 계획해 두었다. 학생 및 교사들이 자율적으로 등교시간, 중간체육시간에 맨발걷기를 하고는 있었으나 세족시설 등이 갖추어지지 않아 전교생이 중간체육시간에 일제히 시작할 수 없던 차에 드디어 세족시설과 발 말리는 시설이 완공되었다. 전 교사들이 모여 시설 이용 방법과 학년별 사용 순서 및 안전 지도 방법 등을 협의하고 실제로 사용하면서 주의할 점들을 찾아보았다. 그 내용들을 교실에서 철저히 지도하도록 하고 드디어 전교생이 걷기로 하였다.

〈표 II-7〉 1차년도 실행 시정표(3월 1일 이후-월, 목, 금요일)

구분	시간	내용	비고
등교시간 맨발걷기	08:00 ~ 08:30 (30분간)	- 교장 선생님과 맨발걷기 & 달리기 - 담임 선생님과 사제동행 맨발걷기	자율 활동
	08:30 ~ 08:40	- 사제존중 행복시간 운영	
	08:40 ~ 09:00	- 독서, 3·2·1 Happy Together English	
	09:00 ~ 09:40	- 1교시 교과학습활동	
	09:50 ~ 10:30	- 2교시 교과학습활동	
중간체육 맨발걷기	10:30~10:50 (20분간)	- 담임선생님과 사제동행 맨발걷기 - 친구들과 맨발걷기	전교생 활동
	10:50 ~ 11:30	- 3교시 교과학습활동	
	11:40 ~ 12:20	- 4교시 교과학습활동	
점심시간 맨발걷기	12:20 ~ 13:10	- 친구, 선후배와 함께하는 맨발걷기	자율 활동
	13:10 ~ 13:50	- 5교시 교과학습활동	
	14:00 ~ 14:40	- 6교시 교과학습활동	
체육시간 맨발걷기	체육수업시간	- 담임선생님과 함께하는 맨발체육시간 - 체육선생님과 함께하는 맨발체육시간	맨발 가능 차시 활동
방과후 맨발걷기	방과후	- 퇴근시간 교직원 맨발걷기 - 가족과 함께 맨발걷기	자율 활동

※ 화, 수요일은 중간체육시간이 없어서 아침시간만 자율 운영

1학기에는 아침 등교시간, 점심시간, 방과 후 자율 맨발걷기와 중간체육시간 20분 전교생 맨발걷기로 모두가 즐겁게 참여하였다. 아침 일찍 와서 맨발걷기를 하는 학생 및 교사의 수가 조금씩 늘어가고, 만나는 학생들마다 칭찬을 아낌없이 해 주었다. 비오는 날의 맨발걷기도 좋다는 교육이 되어 있어서 비가 와도 꾸준히 걸었다. 운동장 공사가 진행되면 오랜 기간 운동장을 사용하지 못한다는 안내도 되어 있어서 아이들은 더욱 열심이었다. 이른 더위가 찾아와 7월은 폭염으로 맨발걷기를 하지 못한 날도 많았다. 가급적 아침 등교시간 맨발걷기를 적극 권장할 수밖에 없었다. 여러 가지 학교 행사와 각종 교육활동을 맨발걷기와 연계하여 추진하면서 한 학기가 지나가고 2학기가 되었다.

개학을 해도 여름방학부터 시작한 운동장 공사는 한창 진행 중이라 우리 아이들은 등교하면 운동장만 바라보았다. 지루하게 기다리는 동안 10월이 되면서 아침, 저녁으로 제법 선선해지기 시작하였다. 운동장 공사가 마무리되면 잠시 걷다가 이른 추위로 또 걷지 못하게 될 것 같아, 교육과정 운영 시정을 보완해야 할 필요를 느끼게 되었다.

교장   곧 운동장 공사가 마무리 될 텐데, 오랜 기간 맨발걷기를 하지 못했고 11월이 되어 추워지면 그냥 겨울을 나야 할 것 같아요. 운동장 완공되면 아이들 열심히 걸을 건데 중간체육시간을 조정하는 게 어떨까요?

김지은 교사   조정하자는 건 현재 20분인 시간을 좀 더 늘리자는 말씀인가요?

박신혜 교사   6학년 교실은 4층이라 (교실에서) 나오는 시간, 들어가는 시간이 많이 걸리고... 그러다 보니 중간체육시간에 걸을 수 있는 시간이 별로 안 되는 거 같았어요.

강은성 교사	마치고 들어와서 우유도 먹이고 화장실 다녀오려면 바빠요, 바빠….
김지은 교사	1학년은 시간이 더 많이 걸립니다. 발 씻고 양말 신는 시간도 오래 걸리는데… 우유도 먹이려면….
교장	네, 그러다 보니 아이들이 걷는 시간이 너무 짧다는 생각이 들어서요.
박신혜 교사	중간체육시간을 30분으로 늘리고 뒤 시정을 조정하면 어떨까요?
이태희 교사	뒤 시정을 조정하면 하교시간이 10분 늦어질 건데. 마치고 바로 학원가야 하는 아이들은 혼란스러워할 거 같아요.
백소희 교사	그럼, 뒤 시간을 조정하지 말고 앞 시간을 조정하면… 1교시를 10분 당겨서 10분 확보하는 방법도 있습니다.
박신혜 교사	그럼 1교시를 현재 9시에서 8시 50분에 시작하고 중간체육시간을 30분 확보, 그 이후 시정은 전과 동일 운영… 이러는 방법이네요.
이태희 교사	그렇다면 뒤 시정이 동일하여 가정에서도 혼란이 없을 거 같네요.
강윤성 교사	좋아요. 아침 등교시간도 동일하네요.

(학년부장교사 회의 기록, 2017.10.10.)

그래서 다음과 같이 학년 부장 교사들과 시정 조정을 위한 협의를 하였다.

머리를 맞대고 고민하니 좋은 방법이 나와서 다행이었다. 중간체육시간 맨발걷기 활동을 안정적으로 하기 위한 최선의 결정이었다. 학교운영위원회에 변경된 시정을 심의 받고, 가정통신문으로 안내하여 운동장 공사가 마무리 된 10월 13일부터 다음 〈표 II-8〉과 같이 변경된 시정으로 운영하였다.

〈표 II-8〉 1차년도 실행 변경 시정표(10월 13일자 변경-월, 목, 금요일)

구분	시간	내용	비고
등교시간 맨발걷기	08:00 ~ 08:30 (30분간)	- 교장선생님과 맨발걷기 & 달리기 - 담임선생님과 사제동행 맨발걷기	자율 활동
	08:30 ~ 08:40	- 사제존중 행복시간 운영	
	08:40 ~ 08:50	- 독서, 3·2·1 Happy Together English	
	08:50 ~ 09:30	- 1교시 교과학습활동	
	09:40 ~ 10:20	- 2교시 교과학습활동	
중간체육 맨발걷기	10:20~10:50 (30분간)	- 담임선생님과 사제동행 맨발걷기 - 친구들과 맨발걷기	전교생 활동
	10:50 ~ 11:30	- 3교시 교과학습활동	
	11:40 ~ 12:20	- 4교시 교과학습활동	
점심시간 맨발걷기	12:20 ~ 13:10	- 친구, 선후배와 함께하는 맨발걷기	자율 활동
	13:10 ~ 13:50	- 5교시 교과학습활동	
	14:00 ~ 14:40	- 6교시 교과학습활동	
체육시간 맨발걷기	체육수업시간	- 담임선생님과 함께하는 맨발체육시간 - 체육선생님과 함께하는 맨발체육시간	맨발 기능 차시 활동
방과후 맨발걷기	방과후	- 방과후학교 프로그램 맨발걷기 ※돌봄교실, 수요뉴스포츠, 풋살부, 두드림 스포츠캠프 등 - 가족과 함께 맨발걷기	자율 활동

※ 화, 수요일은 중간체육시간이 없어서 아침시간만 자율 운영

중간체육시간의 프로그램은 처음부터 끝까지 맨발로 걷는 것이었다. 발바닥 자극과 걷기 운동 두 가지를 만족하기 위해서는 걷는 것이 최선이라고 생각하였다. 시간도 20분이라 아이들의 발이 흙과 만나는 시간이 얼마 되지 않고 운동시간도 짧아서 아쉬웠다. 수업 시작 5분 전에 예령이 울리면 모두가 발을 씻고 교실로 들어가도록 하였다.

사제동행 흙길 맨발걷기 인증제

맨발걷기를 '신체활동 7560+운동 선도학교'사업과 연계하여 '사제동행 흙길 맨발걷기 인증제'의 방법으로 추진하기로 협의하고 구체적인 실천방안을 구상하였다. 맨발걷기는 학생뿐만 아니라 가급적 전 교직원이 동참하고 담임교사는 학급 학생들과 함께 걷도록 하였다.

매일 맨발걷기를 한 학생 및 담임교사는 학급별 '맨발걷기 인증 기록표'에 누가 기록을 해 나가도록 하였다. 개인별, 학급별로 일정한 목표에 도달할 경우 단계별로 시상이나 격려행사를 진행하여 동기부여를 하였다. 그 방법으로 50일 되는 학생들은 교장실에서 맛있는 간식과 함께 대화의 시간을 갖고 학생들의 꿈을 응원하며, 100일이 되는 학생들에게는 학교장 상을 수여하기로 하였다. 그리고 200일이 되는 학생은 자신이 자신에게 상장을 수여하는 행사를 진행하기로 하고, 전 교직원도 이와 같은 방법으로 진행하기로 하였다.

처음에는 하루에 몇 분을 걸으면 그날 운동한 걸로 인증을 해 줄 것인가를 고민하다가 걷는 속도를 감안하여 운동장 10바퀴를 걸으면 인증해 주자고 결정되었다. 그렇게 하여 막상 걸어보니 문제가 생겼다. 초등학생 저학년과 고학년은 신체적으로 차이가 큰데 그 부분을 고려하지 않은 것이다. 저학년 담임교사들에게서 이의가 제기되었다.

아이들이 매일 스티커를 붙이고 싶어도 하루에 10바퀴를 다 채우기가 힘들어 불만이 많다는 것이다. 임시회의를 열어서 다시 협의하였다.

다음은 교직원 임시회의 내용 중 일부이다.

김지은 교사   1학년이 걸어야 할 바퀴 수는 5, 6학년과는 달라야 합니다. 어려서 10바퀴를 걷기가 많이 힘들어요.

교장   학년성을 고려하지 않고 목표를 정한 것이 잘못된 거 같아요. 이제 시작단계니 지금이라도 학년성에 맞는 목표를 정해 봅시다.

박신혜 교사   저학년, 고학년으로 구분하면 어떨까요?

강윤성 교사   저학년이면 1학년과 3학년 차이도 큰데... 저, 중, 고로 구분해도 좋을 거 같아요.

교장   그럼 1-2학년군, 3-4학년군, 5-6학년군 이렇게 정할까요? 그럼 해당 학년군에서 아이들 수준에 맞게 목표바퀴 수를 정해 보세요.

박신혜 교사   목표가 너무 높으면 아예 의욕상실입니다. 바퀴 수를 줄이고 누구나 성취하도록 해 주면 더 동기부여가 될 거 같은데요.

백소희 교사   그럼 확 줄여서 음...1-2학년군 2바퀴 이상, 3-4학년군 3바퀴, 5-6학년군 5바퀴 이렇게 정할까요?

서영이 교사   좋습니다. 2학년은 바퀴 수 헤아리는 것도 생각이 안 난다고 나한테 와서 물어요. 자기가 몇 바퀴 걸었냐고..(웃음) 바퀴 수를 확 줄이면 그런 걱정도 없겠네요.

박신혜 교사   음, 5-6학년도 5바퀴 좋습니다.

교장   시작하는 단계라 아이들에게 동기 부여하는데 목표를 두고 바퀴 수를 줄이도록 합시다. 등교시간, 중간시간, 점심시간, 방과 후 등 모두 모아서 그날 목표 채우면 되니 아이들에게 잘 안내해 주세요.

(임시회의 기록, 2017.4.13)

바퀴 수를 줄이는 것이 조금 아쉽기도 하였지만 시작단계의 동기부여를 위해서는 그것이 오히려 좋은 방법일 것 같았다.

계획을 안내한 후 조금씩 아침 등교시간에도 자율적으로 하는 학생들이 늘어나기 시작하였다. 필자는 8시까지 출근하여 8시 30분까지 아침 맨발걷기를 하였다. 아침에 일찍 등교하여 자발적으로 하는 학생들을 격려하고 함께하기 위함이었다. 교장의 칭찬에 아이들은 괜히 신나하며 일부러 멀리서 달려와서 인사하기도 하였다. 스스로 학년 구분 없이 어울려서 이어달리기도 하고 어깨동무도 하고 큰 소리로 노래하며 맨발로 걸었다. 나는 사진도 찍어주고 아이들에게 '멋지다'라고 칭찬하며 유쾌한 아침시간을 함께하였다. 함께 손에 손잡고 사진도 찍었다.

다음 〈그림 II-8〉은 아침 등교시간 운동장 맨발활동 모습이다.

어깨동무 맨발

무학년제 이어달리기

맨발달리기 후 한 컷

교장선생님과 맨발

담임선생님과 맨발

맨발달리기 시~작

〈그림 II-8〉 아침 등교시간 맨발활동 모습

다음은 아침 맨발 시간에 아이들과 만나 대화한 내용이다.

교장	맨발(걷기)하니까 재미있나?
박신영 학생	네. 맨발로 걸으니까 친구들과 많이 친해진 거 같아요.
윤재경 학생	음... 저는 성격이 더 활기차게 변한 거 같아요. 그러다 보니 마음도 되게 기뻐져요. 맨발(걷기)이 재밌어서 더 일찍 오게 되고 지각도 안 하게 되었어요.
정윤희 학생	자신감과 화를 참는 것이 많이 늘었어요. 조금만 건드려도 짜증이 잘 나는데 이제는 짜증을 많이 안 내는 거 같아요.
교장	우와. 훌륭하구나.
권혁재 학생	음...나는 맨날 급식(점심)을 많이 남겼는데 맨발걷기를 하고는 급식을 다 먹어요.
김상인 학생	저는 실컷 놀았는데 또 놀 힘이 있어졌어요.
교장	정말 멋지구나.

(아침 운동장 대화 기록, 2017.10.23.)

나는 아이들에게 맨발걷기를 하니 재미있는지 물었는데, 아이들은 친구 관계, 성격, 등교 시간, 점심 등 그들의 생활이 어떻게 달라졌는지를 서로 다투어 이야기한다. 그들은 맨발걷기를 통해 자신들의 생활이 달라진 부분이 생각났나 보다. 표정을 보면 한결같이 밝고 즐겁게 이야기한다. 이렇게 조금씩 생활 습관이 긍정적으로 달라지고 있는가보다. 아침맨발을 하러 나오지 않는 교실의 아이들은 어떻게 대답할까? 그들이 소극적으로 참여하는 원인을 해결해야만 활성화될 것이다. 나의 숙제이기도 하였다.

특히 한 학년은 담임교사와 학생들이 전원 나와서 맨발걷기를 하는 모습이 보였다. 저학년인데도 불구하고 학급회장을 중심으로 스스로 운동장에서 출석 체크도 하고 늦게 오는 친구들을 챙기는 모습이 보였다. 담임교사가 아침 일찍 운동장에서 아이들과 맨발걷기를 하려면 부지런해야 했다. 담임교사의 의지에 따라 아이들의 자라는 모습이 달라지고 있었다. 아이들은 혹시 담임 선생님이 늦게 오거나 교실에서 안 나오는 날은 왜 안 나오시냐고 큰 소리로 선생님을 나무라는 모습도 보여서 웃음이 나올 때도 있다.

등교시간은 자발적으로 하도록 되어 있어 매일 나오는 담임교사의 반 아이들은 운동장에서 많이 보이고 아예 나오지 않는 반 아이들은 띄엄띄엄 보인다. 나는 모두가 아침 시간에도 모여서 함께 하면 좋겠다는 마음 간절하지만 내색하지 않기로 한다. 일찍 출근하지 못함을 이해하면서 그래도 어쩌다가 아침 운동장에서 만나면 반색하게 됨은 어쩔 수 없는 것 같다.

저학년 신체활동 중심 즐거운 생활 시간과 3학년 이상 체육시간은 운동장에서 맨발 수업이 가능한 주제는 가급적 맨발로 활동하도록 하였다. 3학년 이상 체육시간은 담임 지도시간과 체육교과 전담시간이 혼재해 있어 체육교과 전담교사의 맨발수업이 자주 보였다. 담임교사 체육수업은 담임교사의 성향에 따라 자주 하는 모습이 보이거나 그렇지 않은 상황이었다. 다음 〈그림 II-9〉는 맨발 체육수업 장면이다.

〈그림 II-9〉 맨발 체육수업 장면

중간체육시간은 전교생이 동시에 나와서 맨발걷기를 하기 때문에 모두가 함께 걷는 시간이다. 조금 일찍 나오는 학급과 조금 늦게 나오는 학급의 차이는 있어도 일단 전교생의 발이 흙과 만나는 시간이다. 아이들은 걷거나 달리면서 친구들과 어울렸다. 남학생들은 친구와 어깨동무를 하며 걷기도 하고 여학생들은 친한 친구들과 무리지어 손을 잡고 걷기도 하였다. 잡기 놀이를 하며 달리기하는 아이들도 보였다. 모두가 표정은 밝았다.

학기 초에 맨발걷기 학부모 동의서를 받을 때 동의하지 않은 가정의 아이들은 신발을 신고 참여하도록 하였다. 그래서 1학기 운동장은 신발을 신은 아이들이 가끔 보였지만 2학기로 갈수록 신발을 신은 아이들이 눈에 띄게 줄어들었다. 추가로 동의서를 받기도 하였지만, 나중에는 그냥 자연스럽게 두기로 하였다.

저학년 아이들은 의무 바퀴 수만 다 채우면 냉큼 놀이터에 가서 놀기를 좋아했다. 나중에는 고학년 아이들도 덩달아서 걷기보다 놀이터 철봉과 구름사다리에 매달리는 수가 늘어나고 있었다. 나는 아이들의 발이 흙과 만나야 되는데 놀이터에 매달리는 모습이 안타까워 자꾸만 "애들아, 더 걸어야지~" 하는 소리를 하게 되었다. 아이들은 "(의무 바퀴 수만큼) 다 걸었는데요." 하면서 놀이터에서 내려오려하지 않았다.

중간체육시간의 참여 모습은 날씨 상황에 따라 매우 다르게 나타 났다. 날씨가 시원하거나 따뜻할 때는 모두가 즐거워하는 모습이 역 력하지만, 너무 덥거나 추울 때는 표정들이 즐거워 보이지 않았다. 너 무 추운 날은 옷을 따뜻하게 입고 나오도록 안내 방송을 하고, 운동 장이 건조하여 먼지가 날리거나 기온이 높을 때는 아이들이 나오기 직전에 스프링클러를 작동하여 물을 뿌려 운동장 온도를 끌어내리려 고 노력하였다. 폭염특보가 발령되었을 때는 실시하지 않고 실내에서 생활하였다. 비가 오는 날이나 금방 비가 개어 운동장에 물이 많아도 맨발걷기는 꾸준히 실시하였다. 비가 와도 아이들은 당연하게 우산 을 들고 운동장으로 나왔다.

다음은 비 오는 날, 맨발걷기를 하는 아이들 모습이다.

> 비 오는 날, 맨발걷기를 나간다고 하니 아이들이 환호를 한다. 원서가 와서 달 리고 싶은데 우산이 걸리적거린다고 우산을 쓰지 않고 달려도 되냐고 묻는다. 비를 맞으면 감기들 수 있다고 우산을 쓰라고 하니 '귀찮은데'라고 혼잣말하고는 우산을 들고 달린다. 정민, 호준은 아예 우산을 들지 않고 걷는다. 우산 때문에 달리거나 놀기가 힘들지만 호승이가 우산을 뒤집기를 하면서 보라고 하였다. 아 이들이 여기저기에서 우산 뒤집어쓰기 놀이를 이어간다. 아이들은 맑은 날보다 더 신기해하고 더 밝은 표정들이다.
>
> (교사 관찰자료, 2017.6.26.)

중간체육시간의 담임교사들은 동료 교사와 대화를 나누거나 학급 아이들과 손을 잡고 걸었다. 학급의 다른 아이들도 담임교사의 뒤로 따라가며 자기들끼리 재잘거린다. 그런 모습이 아름다워 그 자리에서 사진을 찍어주고 담임교사의 폰으로 전송해 주곤 했다.

다음 〈그림 II-10〉은 맨발의 담임교사와 아이들의 모습이다.

손잡고 걸으며 맨발상담

선생님과 손에 손잡고

선생님과 어깨동무

〈그림 II-10〉 맨발의 담임교사와 아이들

간혹 한 명의 아이와 오랜 대화를 하면서 걷는 교사도 있었다.

교장   신혜샘~ 아까 학생이랑 오래 이야기 하던데?...보기 좋드라.

박신혜 교사   네. 이야기할 일이 좀 있어서요. 맨발 걸으며 대화해서 그런지 친구가 잘 받아들이네요.

교장   다행이네요.

박신혜 교사   아이들이 교실에서는 민감하게 반응하던 이야기도 운동장에서 대화해 보면 좀 더 마음이 열리는 거 같아요.

(아침 운동장 일화기록, 2017.10.27.)

맨발로 걸으면서 하는 대화는 서로의 마음을 더 잘 열어주는 것 같다.

ADHD 약을 복용하는 재형이는 아침마다 필자의 맨발 단짝친구가 되었다. 운동장에서 만나 손을 잡고 걸으며 아침 먹은 이야기, 학교 생활에서 재미있었던 이야기, 친구 이야기 등으로 대화를 나눈다. 내가 조금 늦게 도착하면 벤치에 앉아서 나를 기다리고 있다.

교장	재형이 여기 앉아 있구나. 많이 기다렸니?
재형이	네…. (타박하듯이) 왜 이렇게 늦게 왔어요?
교장	우리 재형이 많이 기다렸구나. 미안…교장선생님 집이 멀잖니, 오늘은 차가 많이 막히네.
재형이	얼마나 멀어요?
교장	음…차 타고 40분 넘게 걸려.
재형이	(무심하게) 별로 안 머네요….
교장	교장 샘은 먼데…?(웃음) 자 재형아, 얼른 손 잡고 걷자.

(아침운동장 일화기록, 2017. 4.)

재형이는 복용하는 약을 조금 줄이면 교실에서 바로 효과가 드러난다. 담임교사는 도저히 수업을 진행할 수 없다고 교무실로 알려오면 나는 데리고 운동장으로 나간다. 재형이가 맨발걷기를 하러 가자고 하기 때문이다. 대화하면서 걷다가 종이 울리면 다시 교실로 들여보낸다. 나중에는 앉아있기가 어려우면 스스로 교장실로 와서 문을 빼꼼 열고 맨발걷기 하러 가자고 온다. 담임교사의 확인을 받고 데리고 나간다. 내가 바쁠 때에는 교감이 대신 데리고 나가기도 하였다. 재형이는 서서히 수업방해 행동이 줄어들고 학기 초부터 이 아이 때문에 너무 힘들어하던 담임교사도 조금씩 나아지고 있어서 다행이라고 하였다.

'맨드라미' 워크북 활용

학기 초에 인성교육 업무담당교사가 '맨드라미' 워크북을 만들었다고 출력물을 갖고 왔다. 본인이 지도하는 '인성동아리' 학생들과 활용할 워크북이라고 하였다. 자세히 들여다보니 맨발걷기 활동과 연결지어 활용할 수 있는 내용들이었다. '맨드라미'는 '맨발로 드리울 라온(즐거운) 미소 나눔'의 준말이라고 하였다. 아이디어도 좋았지만, 무엇보다도 자발적으로 제작하여 온 교사의 열정에 감동하였다. 분량은 많지 않지만 아이들이 맨발걷기를 하기 전, 후에 활용하면서 인성교육도 더불어 될 수 있는 알찬 내용들로 구성되어 있었다. 전 학급에 파일을 보내어 희망하는 학급도 모두 인쇄하여 주도록 하였는데, 내용도 좋고 부담도 적어서 1학년을 제외한 전 학급이 요청하였다. 맨발걷기가 활동으로 그치지 않고 활동하면서 생각한 점, 친구들과 나눈 이야기, 발과 관련된 각종 정보 등으로 내실있게 운영할 수 있는 계기가 되었다. '맨드라미' 워크북에 포함된 내용과 활용모습은 〈표 II-9〉, 〈그림 II-11〉과 같다.

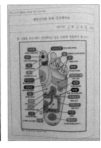

〈그림 II-11〉 '맨드라미' 워크북과 활용 모습

〈표 II-9〉 '맨드라미' 워크북 내용

연번	내용
1	맨발걷기는 왜 하나요?
2	맨발걷기 약속하기
3	맨발걷기하기 전에 내 발에게 편지를 써 보세요
4	맨발걷기를 하면서 내 발은 어떻게 생겼는지 살펴보세요
5	맨발걷기를 하고 난 느낌을 써 보세요
6	맨발걷기를 하고 난 후 내 발의 표정을 그려보세요
7	맨발로 해 보았던 놀이나 활동에 대해 써 보세요
8	발 그림을 보고 내가 건강해지고 싶은 부분에 색칠하여 봅시다
9	맨발걷기를 하고 난 느낌을 써 보세요
10	맨발걷기를 하면서 느낀 촉감을 떠오르는 대로 써 보세요
11	맨발걷기를 하며 찾은 꽃잎이나 나뭇잎을 주워 붙이거나 그려 보세요
12	맨발걷기를 하고 난 느낌을 써 보세요
13	맨발걷기를 하며 내 친구의 발을 그려 보세요
14	친구의 발을 닦아주고 난 후의 소감을 써 보세요
15	가족들과 맨발걷기를 하고 느낀 점을 써 보세요
16	맨발걷기하며 찍은 미소사진을 붙여 보고 느낀 점을 써 보세요
17	맨발걷기를 할 때 친구들에게 할 칭찬을 써 보세요
18	맨발걷기를 하며 맡은 냄새나 소리를 표현해 보세요
19	맨발걷기를 하며 본 친구들의 모습이나 풍경을 그려 보세요
20	맨발걷기를 하며 본 하늘을 표현해 보세요
21	맨발걷기를 잘한 친구를 칭찬해 보세요
22	맨발걷기를 하고 난 느낌을 써 보세요
23	맨발걷기를 하고 달라진 나의 모습에 대해 써 보세요

나. 주요 활성화 프로그램

교육활동 속에서 맨발을 만나다

학기 초에 협의된 대로 가급적 맨발걷기를 별도의 사업으로 추진하지 않고 학교의 모든 교육활동에 자연스럽게 녹여 추진하기로 하였다. 업무담당자가 본인이 추진해야 할 사업을 계획할 때 맨발걷기를 저절히 접목히여 계획을 수립하도록 하고 간혹 누락이 될 때는 반드시 짚어 주었다. 행사의 진행이나 정리 단계에서 맨발활동이 가능한 교육활동에는 크게 부담이 되지 않는 범위 내에서 맨발걷기 활동을 함께 하였다. 그리하여 수시로 학생들의 맨발이 흙과 만나도록 각별히 유의하였다. 모든 교육활동에 맨발걷기를 하니, 처음에는 의아해하던 학생들도 나중에는 당연히 맨발걷기가 늘 함께한다는 것을 이해하게 되었다. 각종 교육활동에서 맨발걷기를 함께 운영한 내용은 〈표 II-10〉과 같다.

〈표 II-10〉 1차년도 교육활동 속에서의 맨발걷기

교육활동	일자(기간)	내용
학교운영위원회	3.21.(화)	회의 종료 후 학교운영위원 맨발걷기 실시
교육활동 설명회	3.22.(수)	학부모 연수회 후 운동장에서 맨발체험
학교운영위원회	4.3.(월)	회의 종료 후 학교운영위원 맨발걷기 실시
돌봄교실	4.4.(화)	돌봄교실 학생들 맨발체험 시작
체육대회 연습	4.27.(목)	어울림 체육대회 대비 전교생 동시 맨발체험
합동선서식	4.28.(금)	청소년단체 합동선서식 후 맨발걷기
어울림 체육대회	5.1.(월)	준비운동, 정리운동 맨발걷기
사제동행 맨발걷기	5.15.(월) ~ 19.(금)	스승의 날 주간 행사 사제동행 맨발걷기
아침방송 맨발교육	5.22.(월)	맨발걷기와 맨발달리기의 효과, 외국사례 소개
맨발달리기 주간	5.25.(금) ~ 6.2.(금)	아침, 중간체육시간 등 자유롭게 활동
화재예방교육	6.15.(목)	화재예방교육 후 전교생 맨발걷기 실시
관천 맨발 음악회	7.7.(금), 7.14.(금)	연중 행사로 치러지는 '관천음악회'를 '관천 맨발 음악회'로 추진
운동장 공사 기간(7.27.(목) ~10.12.(목)) (70여 일간)		
운동장 공사 완공 기념 맨발걷기	10.13.(금)	운동장 공사 완공 기념 전교생 맨발걷기
개교기념 맨발전통놀이한마당	10.17.(화) ~ 19.(목)	개교기념 맨발 전통놀이 한마당 추진 학년군별로 계획하여 추진
화재 대피 훈련	10.31.(화)	운동장에서 화재 대피 훈련 후 맨발걷기
지진 대피 훈련	11.1.(수)	운동장에서 지진 대피 훈련 후 맨발걷기
2017 관천 예술꽃 축제	11.1.(수) ~3.(금)	2017 관천 예술꽃 축제 & 작품 전시회 후 야간 맨발걷기 축제

50일, 100일 달성 축하 기념행사

1차년도 실행이라 모두 세 차례에 걸쳐 학생 및 교사의 50일 달성 축하의 자리를 마련하였다. 학생들 사이에 맨발걷기 분위기를 조성하고 열심히 걷는 아이들을 격려하기 위함이었다. 운동장에서 만나는 아이들마다 "교장 선생님, 저는 며칠만 있으면 50일 돼요."라고 자랑스럽게 이야기하는 아이들이 늘어났다. 20여 명 내외로 학생 수가 모이면 중간체육시간에 〈표 II-11〉과 같이 교장실에서 축하해 주었다.

〈표 II-11〉 맨발걷기 50일 달성 축하 기념 행사

구분	1차	2차	3차
일시	2017.5.19.(금) 중간체육시간	2017.6.9.(금) 중간체육시간	2017.7.6.(목) 1,2교시 쉬는시간
인원	21명	21명	38명
공통 내용	· 꿈 응원 봉투(네잎클로버, 꿈 응원 메시지, 자신의 꿈 적은 카드) 증정 · 학생 소감 말하기 및 학교장과의 대화, 기념사진 촬영, 간식 먹기 등		
학생 소감	"50일 상 받으려고 더 열심히 했어요." "맨발걷기 하러 일찍 학교에 오게 돼요." "매일 아침 하니 상쾌했어요."	"여러 선생님들이 축하해 주고 간식을 준비해 주니 좋아요." "100일 걷기에 도전하고 열심히 할 거예요." "시원해요."	"맨발걷기로 건강해진 것 같고 흙을 맨발로 밟는 것이 재미있어요." "100일까지 걷는 것도 전혀 문제가 없어요."
모습 사진			
	50일 달성한 학생, 교사 기념 사진	네잎클로버와 꿈 응원봉투	

그리고 100일이 된 학생에 대한 1차 시상식은 맨발음악회가 열리는 장소에서 2017년 7월 14일 금요일에 실시하였다. 맨발음악회의 연주가 끝나고 100일 맨발걷기를 달성한 학생들과 맨발걷기 우수학급 4개 반에 대한 시상식을 가졌다. 100일 달성 2차와 3차 시상식은 1학기 수료식과 2학기 수료식에 방송실에서 방송조회로 시상하였다.

아버지교실 및 달빛 맨발걷기

3월 교육활동 설명회의 날 '맨발걷기 연수'를 청취한 학부모들은 대부분이 어머니들이었다. 아버지들도 꼭 그 연수를 들었으면 좋겠다는 요구가 많아 저녁시간에 아버지교실을 열었다. 자녀를 이해하고 소통하는 행복한 아버지가 되기 위한 '행복한 아버지 교실' 및 관천교육공동체 달빛 맨발걷기를 함께 기획하였다. 교직원들도 연수 및 맨발걷기에 동참했다.

음력 보름인 날을 맞추어 행사가 진행되어 '보름달을 보며 걷는다.' 하여 달빛 맨발걷기로 이름을 붙였다. 학부모역량개발부서가 주관하여 아버지를 대상으로 별빛 도서관에서 연수를 진행하고 달빛 맨발걷기를 실시하였다. 평소 학교 운영 전반에 대한 연수는 주로 오전이나 이른 오후에 진행하여 어머니들만 참여하는 경우가 많았는데 이번에는 아버지들의 퇴근시간을 고려하여 저녁시간에 연수를 개최하여 아버지들이 많이 참석할 수 있었다.

별빛 도서관에서 연수가 진행되는 동안에도 수많은 관천 학생들과 가족들은 운동장에 모여서 맨발걷기를 하였고 당초 예정보다 연수가 늦게 끝났지만 달빛 걷기에도 늦게까지 많은 학생과 학부모가 참여해 주었다. 행사를 마치고 이웃 가족과 저녁 식사를 하는 등 이웃 간의 유대관계를 돈독히 하는 자리도 되었다. 교사들은 학교의 연구학교 공개수업, 학기말 성취도 평가 등으로 인해 바쁜 와중에도 늦은 시간까지 전원 참석하여 행사를 함께 추진해 주었다. 다음은 행사에 참가한 학생 아버지의 소감을 적은 내용이다.

> 올해 중학생이 된 딸과 대화가 되지 않아 고민하던 중이었는데, 자녀와의 소통법 연수가 많은 도움이 되었다. 맨발걷기까지 알고 가게 되어 일석 이조이다. 좋은 행사 마련해 주어서 고맙다.
>
> (5학년 학생 아버지의 소감, 2017.6.9.)

사춘기를 맞은 중학생 자녀와의 소통 문제로 고민하던 아버지의 소감을 듣고 맨발걷기가 모든 학교에 전파되었으면 좋겠다는 생각을 또 하게 되었다.

관천 맨발 음악회

매주 금요일 창의적 체험활동 시간에 전교생 1인 1악기 교육의 일환으로 예술동아리 수업을 하고 있다. 자신이 선택한 악기로 동아리 시간마다 익혀 온 결과를 발표하는 '향상음악회'를 학기당 1회 개최하고 있는데, 해마다 중앙현관 앞에서 하였으나 올해는 '행복맨발길'에서 '맨발음악회'로 열기로 하였다. 부서별 맨발 연주가 끝나면 전교생이 맨발걷기를 하고 마치기로 하였다. 가급적 많은 수업시간을 할애하지 않고 중간 체육 시간을 포함하여 1시간씩, 저학년·고학년을 안배하여 2회에 걸쳐 추진하기로 하였다. 1학기에는 학교에서 맨발음악회를 열고, 2학기에는 인근 아트센터에서 학급별로 무대에서 공연하기로 하였다.

1차 맨발음악회는 2017년 7월 7일 금요일에 저학년 발표, 고학년 관람으로 운영되었다. 부서별로 멋진 연주를 끝마치고 가랑비가 내렸지만, 학생들은 개의치 않고 맨발걷기에 참여하였다. 맨발걷기를 더욱 즐겁고 신나게 할 수 있도록 3-4학년 타악기(난타)부에서 연주를 몇 차례 반복해 주었고, 자신의 연주가 끝나자마자 맨발걷기에 참여한다며 뛰어가는 모습이 인상적이었다. 신나는 음악, 그간의 무더위를 가라앉히는 가랑비가 더해져 모두 즐겁게 맨발걷기에 참여하였다.

　2차 맨발음악회는 2017년 7월 14일 금요일에 고학년 발표, 저학년 관람으로 운영되었다. 이날은 맨발걷기 우수사례를 취재하기 위해 KBS 방송국 '생로병사의 비밀' 팀이 아침 등교시간부터 학교를 방문하였다. 그동안 무더위로 맨발걷기를 실시하는 데 다소 어려움이 있었는데 다행히도 선선한 날 덕분에 아침 맨발걷기, 체육수업을 비롯하여 맨발음악회, 맨발걷기 시상식, 전교생 맨발걷기 행사가 무리 없이 진행되었다. 타악기(난타) 공연을 마지막으로 실시하면서 동시에 전교생과 교사들이 맨발걷기에 참여하였다. 2차에 걸친 맨발음악회에서 타악기 학생들은 마지막 순서로 전교생 맨발걷기 시 난타공연을 하면서 더욱 자신감과 긍지를 갖는 모습이 역력했다. 기존의 음악회 행사를 '맨발음악회'로 진행하면서 학생들은 한층 더 맨발과 친밀해지고 흥미 있어 했다. 다음 〈그림 II-12〉는 맨발음악회 모습이다.

〈그림 II-12〉 관천맨발음악회 모습

개교 기념 '맨발 전통놀이 한마당'

해마다 본교 개교기념일을 맞아 전통놀이 한마당을 열고 있었다. 전통놀이 종목들이 맨발로 할 수 있는 게 대다수라 담당자는 역시 맨발 전통놀이를 계획하여 왔다. 전교생이 학년군별로 적이한 날짜에 추진하며, 제기차기를 제외하고 모두 맨발로 실시하여 맨발걷기 및 맨발놀이의 즐거움을 느끼도록 하는 데 주안점을 두었다. 비석치기, 제기차기, 투호놀이, 굴렁쇠 굴리기, 씨름 등 5종목을 체험하며 씨름은 3-6학년 학생을 대상으로 실시하고 나머지 종목은 전교생이 참여하기로 하였다. 준비 운동 및 정리 운동은 맨발걷기로 하며 운동장에 각 종목별 장소를 지정하고 학반별로 이동하며 실시하도록 하였다. 10월 중순이었지만 날씨가 제법 쌀쌀하여 맨발로 활동하는 만큼 각별히 옷을 따뜻하게 입고 오도록 안내하였다. 이제 학생들은 운동장에서 하는 활동은 가급적 맨발로 한다는 것을 서서히 받아들이고 있었다.

굴렁쇠 굴리기

투호놀이

씨름

〈그림 II-13〉 맨발 전통놀이 한마당 활동 모습

교직원 맨발 워크숍

1차년도 실행에서 전교생이 맨발걷기에 적극 참여하도록 하기 위하여 가장 중요하게 신경 써야 할 부분이 교사 집단이었다. 필자는 4, 5

월 두 달 동안 전 학급에 들어가서 맨발걷기를 해야 하는 이유와 효과에 대하여 수업하고 학생들의 적극적인 참여를 유도하였다. 그럼에도 불구하고 담임교사가 의지를 갖고 아침 등교 시간, 수업 시간 등을 활용하여 학생들과 어떤 소통을 하느냐에 따라 맨발걷기 참여모습은 매우 다른 양상으로 나타났다. 한 해 동안 적극적인 의지를 갖고 지도한 학반의 아이들은 11월의 추운 날씨에도 불구하고 해맑은 모습으로 아침맨발도 즐겁게 하는 모습을 보였다.

교사들의 문화 예술적 소양 함양과 한 달을 즐겁게 만드는 하루를 위하여 매월 마지막 주 수요일, '문화가 있는 날'을 운영하였다. 격월로 맨발로 걸을 수 있는 장소에서 맨발체험을 하였다. 전 직원이 함께 같은 장소에서 갈 때도 있고 학년군별로 갈 때도 있었다. 일단 야외에 나가는 것 자체가 이미 마음을 행복하게 하는 데다 맨발체험을 하면서 서로 관계도 돈독해지는 계기가 될 것을 기대하였다. 학교의 각종 교육활동과 여러 상황으로 인해 마지막 주 수요일에 '문화가 있는 날'을 운영할 수 없을 때도 있었다. 그럴 때는 다른 날로 정하여 가급적 월1회 운영하도록 노력하였다. 교사들은 매우 바쁘게 하루하루를 지내면서도 그날만큼은 동료들과 어울리는 시간을 가졌다.

〈그림 II-14〉 '문화가 있는 날' 전 직원 맨발 체험

한편으로는 전 교직원의 맨발워크숍을 추진하였다. 부담을 주지 않기 위하여 전 교직원 의무 참여를 강요하지 않고 희망자 중심으로 1차 워크숍을 창녕 우포늪으로 다녀왔다. 금요일 방과 후에 출발하여 우포늪 주변에서 맨발걷기를 하면서 동료 간에 편안한 휴식 시간을 가졌다. 우포늪 주변도로는 매우 거친 흙이어서 맨발로 걷기에는 적합하지 않았다. 사전답사를 다녀온 교사는 흙길만 확인한 모양이었다. 교사들은 나에게 벌주려고 여기 데리고 왔냐며 우스갯소리로 엄살이 대단했지만 표정들은 밝았다. 저녁에는 한 자리에 모여 그동안의 맨발걷기 중간 점검을 하고 개선점을 찾아서 협의하는 시간을 가졌다. 맨발걷기를 구심점으로 출발한 워크숍이지만 교육과정 운영 전반에 대한 협의도 함께 가졌다. 가급적 편안한 분위기에서 협의는 짧고 굵게 하고 교사들의 친목 도모시간을 많이 가지도록 하였다. 어렵게 마음을 내고 온 교사도 이런 워크숍은 참 오기를 잘했다고 스스로 말할 정도로 우리는 맨발로 함께 한다는 좋은 느낌을 공유할 수 있었다. 1차 워크숍 협의 결과 맨발걷기 관련 내용만 제시하면 〈표 II-12〉와 같다.

〈표 II-12〉 1차 맨발 워크숍 협의 결과

1차 맨발 워크숍 협의 결과

일시	2017. 5. 19. (금) ~5. 20. (토) 1박 2일간
장소	우포 생태촌 (경남 창녕군 이방면 우포 2로 330)
주제	맨발걷기 실행 중간 점검
협의사항	세부 내용
운영 면	· 신발을 신고 걷는 학생들이 조금씩 줄어들고 있음 · 학교스포츠 클럽에 등록하여 운영하는 만큼 습관화 되도록 지속적으로 지도 필요 · 곧 운동장 공사가 시작되면 운동장을 사용할 수 없음을 안내
환경 면	· 개인별 맨발걷기 누가 기록표를 일괄 제작하여 학급에 배부 - 창문 쪽 중간벽면이나 복도 쪽 중간벽면에 게시하여 시각적으로 쉽게 확인 및 누가 기록해 나가도록 지도 · 운동장에 횟가루를 사용하지 않고 물, 나무로 선을 그어 활동 · 세족시설은 학년별로 시차를 두고 사용하니 질서있게 운영됨 · 운동장을 걸으면서 자발적으로 돌이나 휴지 등을 줍는 학생들이 보여 매우 바람직함

활성화 방안	· 학급별 맨발걷기가 등교시간, 중간체육시간, 점심시간 등에서 활성화 될 수 있도록 담임교사의 관심과 격려 중요
	  - 수업 중이라도 학생들이 답답해하면 운동장에 나가서 맨발로 1~2바퀴 걷거나 달리고 들어와서 수업 진행
	  - 1교시 수업 전에 등교시간 맨발걷기 한 학생 찾아서 격려
	· 50일, 100일 기념행사의 지속적 홍보 필요
	· 5. 22. (월) 아침방송시간에 맨발걷기 관련 교육 및 홍보
	  - 일본의 맨발유치원 및 맨발보육원의 맨발활동 사례 소개
	  - 맨발걷기의 효과 안내

맨발걷기 중간 점검과 친목 도모라는 두 가지 목적을 갖고 워크숍을 왔는데 협의회를 진행해 보니 역시 진지하고 의미 있는 이야기들이 많이 나왔다. 이미 시작했으니 최선을 다하려는 교직원들의 모습이 아름답게 보였다.

다음 〈그림 II-15〉는 우포늪을 다녀온 1차 맨발 워크숍 모습이다.

〈그림 II-15〉 1차 맨발 워크숍(우포늪)

2차 맨발 워크숍은 부산 해운대로 갔다. 이날은 여름방학 직전이라 직원 친목회와 함께 추진되었다. 버스를 타고 멀리 부산 해운대로 갔지만, 사람도 많고 바람도 많이 불어서 생각보다 맨발걷기를 그리 많이 하지 못하였다. 저녁식사를 하고 대구로 돌아오는 시간은 많이 피곤하여서 당일로 멀리까지 가는 행사는 가급적 지양해야겠다는 생각을 하였다. 버스 안에서 맨발 관련 당부할 사항들을 몇 가지 안내하고, 자유롭게 협의할 사항들을 이야기하였다. 모든 교사들의 소감을 듣고 싶었지만 부담을 주는 것 같아 하지 않았다. 맨발걷기를 하러 해운대까지 함께 왔다는 사실만으로도 의미가 있을 것이라고 생각하였다. 2차 워크숍에서 논의된 내용은 〈표 II-13〉과 같다.

〈표 II-13〉 2차 맨발 워크숍 협의 결과

2차 맨발 워크숍 협의 결과

일시	2017. 7. 26. (수) 15:00 ~
장소	부산 해운대
참석	전 교직원
주제	여름방학 중 맨발걷기 지도 관련 협의 및 직원 친목 도모

세부 내용	
협의사항	· 여름방학 중 운동장 공사로 인해 학교 운동장을 사용할 수 없으므로 여름방학 중 맨발걷기 실천지도 방안 협의 - 지나치게 강요할 경우 혹서기 안전사고 발생 우려가 있으므로 가급적 희망자 중심으로 실천하도록 지도 - 아침, 저녁 시원한 시간에 동네놀이터나 인근학교 운동장에서 맨발걷기 할 수 있도록 안내 -개인별 맨발걷기 실천 확인표 배부 -맨발걷기 워크북인 '맨드라미'활용 지도
기타	· 한 학기 동안 맨발걷기를 꾸준히 실천할 수 있도록 지도해 준 담임교사를 비롯한 전 교사 격려 · 전 교직원도 방학 중 가까운 학교 운동장이나 공원, 산 등지에서 매일 맨발걷기를 하도록 안내

3차 맨발 워크숍은 학년말 교육과정 워크숍과 함께 진행되었다. 사전에 학년별 워크숍 및 업무부서별 워크숍을 2주간에 걸쳐 학교에서 진행하고 전체 워크숍을 2017년 12월 15일 금요일 방과 후부터 12월 16일 토요일까지 1박 2일간 인근호텔에서 진행하였다. 각 학년별, 부서별 협의회에서 나온 안건 중에서 토의를 거쳐 중지를 모아 결정해야 할 중요 안건 중심으로 발표한 후 협의를 심도 있게 하였다. 그중에서 맨발걷기와 관련하여 협의된 내용을 정리하면 〈표 II-14〉와 같다.

〈표 II-14〉 3차 맨발 워크숍 협의 결과

3차 맨발 워크숍 협의 결과

기간	2017.12.15. (금) 15:00 ~ 12.16.(토) 12:00, 1박 2일간
장소	팔공 에밀리아 호텔
참석	전 교원
주제	2017학년도 운영 반성 및 2018학년도 계획 수립을 위한 의견 수렴
협의사항	세부 내용
운영 반성	· 아침 맨발걷기로 1교시 시작 전 학습 분위기 조성에 어려움 · 수업 시작 전에는 독서 등의 여유 있는 활동으로 시간 확보 필요 · 봄에 황사, 미세먼지 등으로 인해 맨발걷기가 여의치 않음 · 효과적인 맨발걷기에 대한 협의 필요 · 2학기부터 월,목,금 1교시 시작 시각이 오전 8시 50분으로 변동되면서 혼란도 있고 수업 준비 시작이 부족함 　→ 논의 결과 현행 시정 유지 · 맨발걷기만 하니 일부 학생들은 지겨워 함. 놀고 싶어함 · 한 해 동안 맨발걷기 우수실천학급 시상, 전학생 양말 지급 · 맨발걷기 관련 학생 설문조사 결과 79%의 학생들이 대체로 '그렇다', '매우 그렇다'의 긍정적 응답을 함 · 맨드라미 워크북의 활용도가 대체로 낮음
내년도 추진을 위한 의견 수렴	· 아침 걷기시간이 종료되면 교실에 들어가도록 약속한 음악 틀어 줌 · 황사 등으로 인해 공기 질이 좋지 않을 때에는 사전에 교문 입구에 공기 질 상황판으로 안내를 해 주기로 함 · 기상 상황에 따라 탄력적으로 운영해 온 시정이 일부 혼란을 야기한다는 의견에 따라 동절기 및 하절기로 이원화하는 것을 고정하기로 함 · 맨발걷기 관련 설문조사에 20% 학생들 외에는 대체로 긍정적으로 응답이 나왔으나, 가급적 강요하지 않고 자발적으로 참여할 수 있도록 계기 부여 필요 　→ 학년별 바퀴 수만큼 맨발걷기나 달리기를 한 후, 맨발로 하고 싶은 놀이를 할 수 있도록 운영방향을 변경 · 맨드라미 워크북은 올해처럼 희망하는 학년만 활용

5. 운영 결과

1차년도 실행의 과정에서 나타난 구성원들의 반응은 어느 정도 고무적이었다. 학생들은 눈에 띄게 밝아졌고 자발적으로 매일 꾸준히 걷는 교사들도 생겼다. 초기에 우려를 나타내던 학부모들도 이제는 그 목소리가 사라져 갔다. 1차년도 실행 기간 내내 걱정이 되었던 것은 학생들이 맨발걷기를 꾸준히 할 수 있는 여건이 부족하다는 것이었다. 초기에는 시행착오를 줄이기 위해 제반 여건을 꼼꼼하게 준비하느라 준비기간이 길었으며, 때 이른 더위가 찾아와 초여름부터 걷기를 줄여야 했고, 여름방학부터 시작한 운동장 공사가 10월 중순까지 이어져 하염없는 기다림이 이어졌다.

운동장 공사가 마무리된 10월 중순부터 맨발걷기를 본격적으로 하는데 11월 초부터 이른 추위가 찾아왔다. 필자의 경험으로는 겨울 맨발걷기가 효과가 좋은 것을 알지만 학생들에게는 추운 날 맨발로 걷자고 할 수가 없었다. 매우 추운 날을 피해 가끔은 하였지만, 11월 한 달을 하는 둥 마는 둥 하고 12월이 찾아왔다.

나의 입장에서는 많은 조바심으로 보낸 1년이지만, 그래도 전 구성원들이 맨발걷기와의 첫 만남을 무난히 잘 해 낸 것 같아 희망이 보였다.

가. 학생들의 변화

"감기를 이겨내고 있어요."

운동장에서 맨발걷기하며 만난 아이들과 자연스럽게 대화하게 된다. 열심히 의욕적으로 나온 아이들은 나를 보면 '평소에는 감기에 잘 걸리는데 올해는 잘 걸리지 않았다.', '일찍 일어나게 된다.' 등의 이야기를 한다. 가끔씩 만나는 학부모들도 아이가 많이 건강해 진 것 같다고 한다.

다음은 담임교사들이 아이들의 소감을 보내 준 내용 중 건강과 관련된 내용이다.

> 맨발걷기를 해 보니 아토피와 감기에 안 걸려서 좋다. 이번 겨울에는 한 번도
> 병원을 가지 않았다.
>
> (2학년, 송다빈)

> 작년에는 감기에 몇 번씩 걸렸는데 맨발걷기를 하고 나서 1, 2번 정도만 걸렸다.
>
> (5학년, 이서영)

> 예전에 독감에 걸렸을 때는 토하고 열도 많이 나고 목도 아팠었는데 최근에
> 걸린 독감은 많이 아프지 않아 좋았다.
>
> (2학년, 오하영)

> 나는 평소에 감기와 장염에 자주 걸렸는데 맨발걷기를 하고부터 잘 안 걸렸다.
>
> (6학년, 천혜수)

맨발걷기 덕분에 아침에 일찍 일어나는 습관이 생겼다. 감기 같은 병도 잘 이겨낼 수 있게 되었다.

(4학년, 김민주)

(학생 설문자료, 2017.10.27.)

　많은 아이가 스스로 맨발걷기를 한 후부터 감기에 잘 걸리지 않게 되었다고 한다. 걸리더라도 쉽게 이겨내고 건강해 진 것 같다고 이야기한다.

　해마다 환절기가 되면 학생들은 감기 등으로 인해 결석하는 학생 수가 늘어난다. NEIS 통계를 보니 질병으로 인한 결석 학생 수가 제일 많은 달이 환절기인 4~5월과 10~11월이다. 그래서 보건교사에게 몸이 불편하여 보건실에 오는 학생 수의 추이가 어떤지 물어보니 올해 이 학교가 처음이라 전후 비교는 자료를 보아야 한다고 하였다. 그렇지만 그렇게 많이 오지는 않는 편이라고 하였다. 담임교사들에게 다시 확인해 보니 확실히 올해는 감기로 인한 결석생 수가 줄어든 것 같다고 하였다. 그래서 NEIS에 탑재된 최근 5년간의 병으로 인한 결석생 수를 파악하여 전교생 대비 백분율로 비교해 보았다. 이 결석생 수는 상해를 입는 등 불가피하게 장기결석하는 학생 수를 제외한, 질병으로 5일 이내 결석한 학생 수로 파악하였다. 그랬더니 다음 〈표 II-15〉와 같이 최근 4년 동안은 병결학생 수가 계속 20%를 웃돌다가 맨발걷기를 시행한 2017년부터는 10%대로 떨어졌다. 학생들이 맨발걷기를 한 이후로 감기를 덜하게 되었다고 이구동성으로 말한 내용을 뒷받침하는 자료가 나온 것이다. 맨발걷기가 학생들의 건강에 도움이 된다는 것이 객관적인 자료로 증명이 된 셈이었다.

<표 II-15> 최근 5년간 질병결석 일수 비율(2013~2017년) 10.1자 기준

구분	총 학생 수	질병 결석 일수	비율 (학생수 대비)
2013학년도	429	101	23.5 %
2014학년도	359	97	27.0 %
2015학년도	340	101	29.7 %
2016학년도	279	59	21.1 %
2017학년도	272	41	15.1 %

또한, 작년에 부임해 온 이후 6개월 동안 등교시간에 교문에서 아이들을 맞이할 때 유난히도 눈에 띄는 아이가 있었다. 항상 검은 마스크를 끼고 등교하는데 표정도 어두웠다. 무언가 마음이 쓰이는 학생이었다. 1차년도 실행 중에 전교생 어울림 체육대회가 있었는데 마침 맨발걷기를 취재 나온 일간신문 기자가 학부모 인터뷰를 하고 싶다고 하자 곁에서 듣고 있던 학부모가 자기가 하고 싶다고 하였다. 이야기를 들어보니 검은 마스크를 끼고 등교하던 그 학생의 어머니였다.

아이가 숨쉬기가 불편해 학교생활에 의기소침해 했다. 그러다 흙 운동장을 맨발로 매일 걸으면서 증상이 한결 나아지고 표정이 무척 밝아졌다. 초등학교에 입학한 후 체육시간에는 늘 벤치에 앉아서 수업참관만 했는데 오늘은 운동회에도 직접 참여하는 모습을 보니 너무 기쁘다.

(매일신문사 학부모 인터뷰 내용, 2017.5.8.)

이야기를 들어보니 그 어머니의 마음이 이해되었다. 학부모는 직접 자녀의 건강이 좋아지니 맨발걷기를 이해하는 결정적인 계기가 되는 것 같다. 이제 두 달 정도 했을 뿐인데 맨발걷기로 인한 긍정적 변화가 서서히 나타나고 있었다.

"밝고 당당해 졌어요."

학생들의 소감을 들어보면 가장 많은 이야기가 정서적인 부분에서 나왔다. 아마 학생들에게는 건강보다 심리적인 변화가 더 크게 와 닿았던 것 같다. 담임교사나 학부모들도 아이들의 변화를 정서적인 부분에서 가장 많은 이야기들을 해 주었다. 지난해 첫 부임해서 6개월 동안 교문에서 등교 시간에 아이들을 마주했을 때의 표정보다는 눈에 띄게 밝아졌다는 것을 확인할 수 있었다. 더구나, 1차년도 실행 때는 연구학교 수업공개가 있었던 해라 교실에서 아이들의 수업을 자주 볼 기회가 있었는데, 정말 눈에 띄게 밝고 자신 있는 모습을 볼 수 있었다.

다음은 담임교사들에게 맨발걷기 이후 아이들의 변화 모습을 들어본 내용이다.

> 아이들이 전반적으로 수업과 그 외 학교생활에서 활기차고 즐겁게 생활한다.
> 학교 오는 것을 좋아하고 일찍 오며 지각을 하지 않는다. 지난 학년 때 1년 내내
> 지각하던 학생 3~4명이 있었으나 요즘은 거의 지각을 하지 않고 아침마다 맨발
> 걷기에 참여하고 있다.
>
> (김영희 교사 면담자료, 2017.11.16.)

지은이는 외동이라 다소 이기적이고 친구와 친하게 지내는 것을 힘들어하였다. 부모님이 교우관계 때문에 늘 걱정을 하였으나 아침 일찍 와서 맨발걷기를 하면서부터 자연스럽게 친구들과 어울리고 사이좋게 지내게 되었다. 특히 우리 반의 특정 학생과 사이가 많이 좋지 않았으나 요즘은 두 학생이 함께 맨발걷기를 하는 모습을 자주 본다.

(권영숙 교사 면담자료, 2017.11.16.)

영희는 새엄마의 관심이 동생에게만 있다고 생각하여 마음의 상처가 있었다. 학년 초에 공부 및 생활 전반에 자신감이 없고 얼굴에 항상 그늘이 있었는데 맨발걷기를 한 이후부터 밝고 활기찬 학교생활을 하는 모습이 눈에 띄었다. 성적도 중위권이었으나 기말고사에서 최상위권의 높은 성적을 받아서 놀라웠다.

(손은숙 교사 면담자료, 2017.11.16.)

아이들의 학교생활이 활기차고 다툼이 줄어들었다고 한다. 예민하고 상대방에게 쉽게 공격성을 나타내던 아이들이 조금씩 부드러워지고 나아가서는 학급에서 착한 학생으로 지목되기도 한다. 1년에 두 차례 조사하는 학교폭력 실태조사에서도 한 건도 신고가 없어서 '학교폭력 제로학교'에 선정되기도 하였다. 맨발걷기가 학생들의 마음을 안정되고 편안하게 해 주고 닫힌 마음을 열어주는 역할을 하고 있었다.

성현이와 민성이는 학기 초부터 예민하고 공격성이 심해서 친구들의 불만이 끊이질 않았는데 맨발걷기를 한 이후에는 많이 부드러워졌다. 가정에서도 많이 좋아졌다고 하는데 맨발걷기를 많이 하는 날에는 특히 더 원만한 모습을 보인다.

성현이는 이제는 친구들의 일도 도와주어 착한 학생으로 뽑히기도 하였다.

(김영이 교사 면담자료, 2017.11.16.)

학생들과 의사소통이 더 잘 되는 것 같다. 특히, ADHD약을 복용하는 학생의 변화가 눈에 띈다. 그전에는 자신의 마음에 들지 않는 것이 있으면 느닷없이 화를 내거나 수업 중이라도 그 공간을 벗어나는 경우가 종종 있었는데, 맨발걷기 이후에는 자신이 화가 난 경우에는 '내가 지금 화가 난다. 그렇지만 참을 수 있을 것 같다.'라고 자신의 심정을 말로 표현하면서 감정을 조절하고 있다.

(김은희 교사 면담자료, 2017.11.16.)

자신감이 없는 아이들이 자신감 있고 당당하게 생활하게 되었다고 한다. 아이들은 발표할 때 덜 떨게 되었고 낯선 친구들이나 선생님 앞에서 수줍어하지 않게 되었다고 한다. 6학년 학생들이 학생수련원에 야영하러 가서 타 학교 학생들과 모여서 캠파이어를 할 때, 우리 학생들이 가장 자신 있고 당당하게 끼를 펼쳤다고 담임교사들이 이야기하였다. 소규모 학교라서 대규모 학교에서 온 학생들에게 수적으로 의기소침해 할 만도 한데 그런 모습 없이 오히려 제일 당당하고 에너지가 넘쳤다고 하였다.

다음은 아이들의 소감 중 정서적인 부분과 관련된 내용이다.

옆반 친구들과 어울리지 못하였는데 같이 이야기할 수 있게 되었다. 여러 사람과 걸으며 자신감도 생기고 친구도 더욱 많아졌다.

(2학년, 김주민)

맨발걷기를 하고 용기, 자신감이 마구마구 쏟아졌다. 선생님께 칭찬도 많이 받고 친구들과 사이가 좋아졌다.

(2학년, 박영서)

무엇보다 성격이 많이 좋아졌다. 까칠했던 성격이 부드러워지고 친구와 친하게 지내게 되고 선생님과도 많이 친해졌다. 떨렸던 마음이 가라앉고 힘들었던 마음이 좋아지고 즐거워졌다. 기분도 활기차고 상쾌하고 개운하다.

(3학년, 정수현)

발표를 할 때는 떨리고 부끄러웠지만 맨발을 하니 떨리는 것은 별로 없어지고 부끄러운 것도 괜찮아졌다.

(5학년, 윤아영)

긴장을 많이 했는데 이젠 긴장도 없어지고 자신감이 생겼다. 성격도 더 활기차게 변했다. 친구와도 쉽게 친해지고 더 행복한 것 같다.

(6학년, 윤서경)

짜증을 조금 덜 내게 되었다. 전에는 마음을 조금 안 폈었는데 맨발걷기를 한 이후로 마음을 많이 펴게 되었다.

(2학년, 임종혁)

많이 웃게 되었다. 친구에게 내가 먼저 말을 걸 때가 많다.

(3학년, 김영락)

(학생 설문자료, 2017.11.16.)

아이들은 용기와 자신감이 생기고 짜증을 덜 내게 되었다고 하였다. 성격이 좋아지고 주변 친구들과 더 잘 지내고 더 많이 웃게 되었으며, 기분이 활기차고 상쾌하고 개운하다고 하였다. 마음의 근육이 단단해져 가고 있었다.

다음은 학부모의 소감을 들어보았다.

> 아이가 맨발걷기를 하면서 공부나 친구관계를 힘들어하던 모습이 많이 없어지고, 성격이 굉장히 많이 밝아졌다. 지금은 맨발걷기를 조금이라도 더 하려고 스스로 일찍 일어나서 등교를 하고 집중력도 좋아져서 예전보다 성적도 더 향상되었다.
>
> (학부모 면담자료, 2017.11.17.)

열심히 맨발걷기를 하는 학생의 부모는 자녀의 이런 모습을 발견하고 있었다. 친구 관계도 좋아지고 성격이 밝아지며 성적도 향상되었다고 하였다.

그리고 담임교사와의 심층면담에서 새로운 사실을 발견했다. 맨발걷기로 청소년기의 비정상적인 성적 욕구를 조절할 수도 있는 것 같았다. 다음은 담임교사의 이야기를 정리한 내용이다.

> 학기 초부터 수업 중 자위행위를 하는 학생이 있어 학생지도가 매우 곤란하였다. 평소 에너지가 많고 영리한 학생이었는데 하루 2-3회 정도 수업 시간에 시도하기에 학부모와 상담한 후, 구체적으로 학생의 행동을 지적하고 공공장소에서 해서는 안 되는 행동이라고 지도하였다. 수업 중에는 다른 곳에 신경을 쓰도록 클레이를 주고 딴 생각이 날 때마다 클레이를 만지라고 하였다.

그로부터 일주일 뒤 학교에서 전체적으로 맨발걷기가 시작되었는데 맨발걷기를 즐거워하고 열심히 참여하고 있다. 클레이는 맨발걷기를 하고부터는 만지지 않았다. 맨발걷기 신체활동을 통해서 에너지를 발산하고 감각이 만족되어 그런지 현재는 그런 행동을 하지 않는다.

(강은교 교사 심층면담자료, 2017.11.16.)

"집중하는 시간이 길어졌어요."

초등학생들은 집중하는 시간이 길지 않다. 저학년일 경우에는 더더욱 그러하다. 그런데, 아이들의 맨발걷기 소감을 들어보면 의외로 집중이 잘 된다고 이야기한다. 담임교사들도 맨발걷기를 하고 들어온 날은 확실히 집중을 더 잘 하는 것 같다고 입을 모은다. 아이들이나 교사들이 외적으로 인지할 수 있는 부분이 집중력인 것 같다.

공부를 할 때 선생님 하시는 말씀이 귀에 쏙쏙 들어온다.

(2학년, 윤기영)

자신감이 더 많이 생기고 집중력도 더 오래 유지되었다.

(4학년, 이지연)

3교시쯤 집중이 잘 안 됐는데 맨발걷기를 하고 나서 집중력도 많이 길러지고 학교 올 때도 늘 기쁘고 행복하고 즐거운 마음으로 올 수 있었다.

(5학년, 이규민)

원래는 공부 집중을 잘 못했는데 맨발걷기를 하고 나서는 공부에 집중도 잘 한다. 그리고 발표도 더 자신 있게 한다.

(2학년, 김수혁)

(학생 설문자료, 2017.11.16.)

학생들 스스로가 학습에 집중이 잘 된다고 인식하는 부분은 중요한 발견이었다. 실제로, 담임교사가 학급 학생들의 성적이 많이 좋아져서 6월에 실시한 중간고사 성적과 12월에 실시한 기말고사 성적을 비교 분석하였더니 전체적으로 많이 향상된 결과가 나왔다고 놀라워하였다. 담임교사들도 맨발걷기를 하고 들어온 직후에는 유난히 학습 집중력이 더 좋아진다고 밝혔다.

"우리들에게 운동장은 소중해요."

운동장 공사가 두 달 반가량 진행된 후 드디어 아이들이 완공된 운동장을 사용하던 중, 6학년 담임교사가 걱정스러운 표정으로 교장실로 들어왔다. 운동장을 사용하지 못한 기간에 아이들은 하교 후 어디서 주로 시간을 보냈을지를 뒤늦게야 생각해 보게 하는 사건이 생겼다. 주로 운동장에서 축구를 하던 스포츠동아리 학생들 사이에 문제가 생긴 것이다. 지금까지는 이런 문제들이 전혀 없었던 터라 우리는 매우 긴장하였다.

방과 후에 주로 운동장에서 축구를 하고 놀던 아이들이 운동장이 공사 중이라 놀 곳이 없어서 하교 후 인근 PC방에서 주로 시간을 보냈던 것이다. 그러니 당연히 용돈이 필요했다. 서로 빌려주고 받고 하는 과정에서 오해와 문제가 생기고, 그로 인해 집중적으로 돈을 빌리는 학생에 대해 친구들이 반기를 들고 왕따로까지 이어지게 되었다. 결국, 교장실에서 대상 학생 6명을 중심으로 4차례의 상담과 학부모 면담을 한 후 11월 중순경 원만하게 일이 마무리 되었다. 유심히 보니 운동장에서도 평소와 같이 함께 어울리며 축구하는 모습을 보고 안심이 되었다. 생활교육 담당교사에게 전교생 대상 '학교폭력예방교육'을 다시 한번 하도록 하고 담임교사 중심으로 촘촘히 재지도를 하도록 하였다.

오랜 시간 운동장을 잃어버린 아이들은 자신들도 모르는 사이에 힘들게 살아가고 있었다. 이번 일로 우리들은 학교 운동장이 얼마나 학생들에게 소중한 장소인지를 다시 한번 실감하게 되었다.

나. 교사들의 변화

맨발걷기를 위해 학기 초에 전교사 연수를 하고 3월 2일 첫날부터 매일 40분씩 함께 걸으면서 초기에는 맨발걷기 하는 분위기가 조성되었다. 교사들은 매일 퇴근시간 30분 전에 운동장에서 만나 바빠서 미처 하지 못한 업무협의도 하고 사적인 이야기도 나누면서 이전에 경험해 보지 못한 새로운 문화에 신기해하기도 하였다. 급한 업무로 도저히 바빠서 못 나올 때도 있고, 출장을 가서 동참하지 못하는 교사들도 가끔씩 있었지만, 3월 한 달은 꾸준히 전 교사들이 함께 맨발걷기에 참여하였다. 친목회가 있는 날이나 '문화가 있는 날'에는 나가기 전에 운동장에서 40분 맨발걷기를 하고 나가도록 하였다. 필자의 의도는 교사들이 가급적 꾸준히 맨발걷기를 함으로써 스스로 그 효과를 체험하고 필요성을 알았으면 했다. 건강이 유난히 좋지 않은 몇몇 교사와 고 경력 교사들은 의욕적으로 참여하였다.

그렇게 한 달을 꾸준히 체험하면서 조금씩 맨발걷기가 주는 신체적, 정서적 변화를 이야기하기 시작하였다. 숙면을 했다거나 두통이 사라졌다거나 3월 초에 늘 하던 몸살을 하지 않고 지나갔다는 등 다양한 이야기들이 나왔다. 크게 변화가 없더라도 컨디션이 조금씩 좋아지고 무언가 몸 상태가 편안해지는 것을 체험하면서 교사들은 맨발걷기의 효과를 서서히 인정하는 분위기였다.

> 어제는 너무 피곤하고 머리가 아파서 병조퇴하고 병원을 가려고 했는데, 맨발걷기 시간이 아까워 걷고 병원가려고 운동장으로 나와서 걸었다. 걷는 동안 머리가 맑아지고 몸이 개운해져서 병원에 가지 않았다.
>
> (이태희 교사 면담자료, 2017.3.24.)

> 현재 호르몬 치료 중으로 치료를 시작하면서 배란통이 찾아왔는데, 배란통이 매우 심해서 2-3일간 아플 때도 있고 저녁에는 거의 누워있을 때가 많았다. 맨발걷기를 한 달 정도 꾸준히 하였는데 배란통이 없어서 아주 신기해하고 있다.
>
> (정은주 교사 면담자료, 2017.5.20.)

그렇게 초기에는 열성을 보이던 교사들도 한 두 달이 지나고 연구학교 수업 공개와 소규모 학교의 과다한 업무로 매일 퇴근시간에 하던 열의는 조금씩 식기 시작하였다. 날씨가 점점 더워지면서 퇴근시간은 하루 중 최고기온이 되는 시점이라 서서히 참여자 수가 줄어들었다. 나는 무엇보다도 교사들이 바쁜 업무로 힘든 상황을 잘 알기에 매일 하도록 강요할 수도 없었다. 다만, 교육활동 과정마다 가급적 맨 발로 흙과 만날 기회를 자주 가지도록 노력을 할 수밖에 없었다.

그런 상황에서 아침 등교시간에 자발적으로 일찍 출근하여 맨발걷 기를 하는 참여자들이 생기기 시작하였다. 나가 매일 8시까지 출근 하여 30분 동안 아이들과 아침맨발걷기를 하는 동안 그 아이들의 담 임교사 몇 분이 고정적으로 참여하게 되었다. 아이들은 아침 운동장 에서 담임교사를 만나 신나게 달리고 뛰어놀았다. 그리고, 비담임 교 사 중에서 고경력 교사 몇 명이 매일 아침 운동장에서 만나게 되었 다. 그분들은 건강에 대한 걱정이 있었던 터라 직접 해 보니 컨디션 이 많이 좋아지고 있어 꾸준히 하고 있다고 했다. 1차년도 실행 시기 의 교사들의 변화 모습은 초기에는 적극적으로 참여하다가 날씨가 더워지고 업무가 바빠지면서 전체적인 참여율은 서서히 떨어지기 시 작하였다. 그렇지만 학교에서 공통적으로 실시하는 각종 맨발 프로 그램에는 학생들과 함께 적극적으로 참여하고 있었다. 그러나 이때부 터 자발적으로 눈에 띄게 열심히 하는 교사들도 생기기 시작하였다.

다. 학부모들의 변화

학기 초에 학부모 연수를 실시하고 동의서를 받고 시작했지만 연수 에 참여하지 않은 학부모 중에 우려하거나 거부하는 학부모도 더러 있었다. 그런 학부모에게는 자녀에게 신발을 신고 참여하도록 하겠다 고 안내하고 절대 강요하지 않았다. 그렇게 실행해 나가면서 서서히 거부하는 학부모가 더 이상 나오지 않게 되고 아이들도 자연스럽게 전교생이 참여하게 되었다.

그러던 중 지역의 일간지에서 본교의 맨발교육에 대한 보도가 크게 나면서 학부모회 임원들 중심으로 호의적인 이야기들이 조금씩 나오기 시작하였다. 학교의 정책이 사회적 인정을 받으면서 학교가 널리 알려지게 되었다고 좋아하였다. 조금씩 탄력을 받으며 실행해 나가던 중 KBS 방송국에서 본교의 맨발교육을 취재하고 전국에 방영된 사실도 학부모들이 학교의 맨발걷기 교육을 신뢰하게 된 계기가 되었다.

우리학교가 너무 자랑스러워요. 맨날 이웃학교보다 오래되고 학생 수도 적어서 기가 죽었는데 이젠 당당히 우리학교를 자랑하고 있습니다.

(김희애 학부모 면담자료, 2017.10.17.)

아이가 자꾸 (맨발걷기)하자 해서 저녁에 가끔 해보니 시원하고 좋아서 자주 하게 됩니다. 아이랑 대화하는 시간도 자연스럽게 생겨서 그것도 좋은 거 같아요.

(이서진 학부모 면담자료, 2017.10.17.)

처음에는 전국 어느 학교에서도 하지 않는 맨발걷기를 왜 우리학교가 먼저 하느냐고 우려 섞인 이야기들을 하던 분위기에서 이제는 이 좋은 맨발걷기를 우리학교에서 먼저 하고 있다는 자부심으로 바뀌어가고 있었다.

라. 사회적 응원과 소통

"우리학교가 '생로병사의 비밀'에 나왔어요!"

6월 어느날, KBS방송국 '생로병사의 비밀' 팀에서 연락이 왔다. 맨발 걷기를 하는 학교를 인터넷에서 찾아보고 우리학교를 알게 되었다고 한다. 기자는 학교에서 전교생이 하게 된 이유와 그동안의 추진 과정, 반응 등을 자세하게 물어왔다. '생로병사의 비밀' 프로그램에서 '맨발이면 청춘이다'라는 주제를 준비하고 있다고 하였다. 그들은 오랜 시간 맨발걷기를 꾸준히 해 온 분들의 건강 개선 정도를 객관적인 데이터로 제시하고자 하며, 학생들을 대상으로 추진해 온 전반적인 모습들을 취재하고 싶다고 하였다. 학교의 여러 가지 여건을 고려하여 취재 일자는 '맨발음악회'가 열리는 2017년 7월 14일로 정하였다.

'KBS 생로병사의 비밀' 팀은 아침 8시부터 오후 2시까지 취재를 하였다. PD, 작가, 사진기자의 3명으로 구성된 취재팀은 하루 전에 대구로 내려와서 당일 아침 등교시간부터 나타나서 취재하였다. 아이들은 평소보다 더 즐겁게 더 열심히 맨발걷기에 참여하는 것 같았다. 취재팀은 연방 대단하다는 말로 놀라움을 표시하고 오전의 학교 곳곳에서 이루어지는 교육활동을 밀착 취재하였다. '맨발음악회'가 진행되는 '행복맨발길'에서의 전교생의 활동모습도 취재하였다. 학교 전 교육과정에 자연스럽게 융합된 맨발걷기 활동과 아이들의 밝은 표정, 학생·학부모·교사의 인터뷰 내용 등을 접하면서 매우 놀랍다고 하였다. 이날 취재한 내용은 2017년 8월 23일 수요일 저녁 10시에 KBS 1TV 생로병사의 비밀 '맨발이면 청춘이다'에 방영되었다. 다음은 이때 인터뷰한 모습이 방영된 학생과 교사의 이야기이다.

친구들과 함께 (맨발로) 뛰어놀고 하니까 기분도 좋아지고, 맨발로 달리기 시합도 하면서 재미있게 노니까 학교생활이 더 즐거워진 것 같아요.

(2학년 윤채경 학생)

맨발로 흙길을 밟으면서 서로 대화를 나누며 관계가 열린 것 같습니다. 관계가 풀리니까 친구들이 서로 싸울 일도 안 싸우게 되고 그래서 학교폭력이 줄어들고…

(교사 이진화)

(생로병사의 비밀, "맨발이면 청춘이다" 방영 내용, 2017.8.23.)

방영된 다음 날, 학부모회장은 전화를 걸어 와 다음과 같이 이야기해 주었다.

우리학교가 맨발걷기로 전국 방송에 나오니까 자랑스러워요. 엄마들이 모두 너무 좋아하고 있어요. 그동안은 사실 이 맨발걷기가 진짜 우리 아이들에게 그렇게 도움이 되나? 뭐 그런 생각이 좀 들기는 했는데, 그 방송 내용을 보니 진짜 좋은 활동이라는 생각도 들고…

(학부모와의 통화내용, 2017.8.24.)

방송국에서 취재를 오고 그 내용이 전국에 방영됨으로써 학부모들이 이 정책에 대한 신뢰를 다지게 된 계기가 되었다. 그들은 우리학교의 교육정책이 사회적으로 인정을 받은 것으로 생각하고 있었다.

공중파 방송의 위력은 대단하다. 이 프로그램의 방영으로 그동안 반신반의하던 일부 학부모들도 '맨발걷기' 교육을 신뢰하는 분위기다.

학교 교육에 처음 도입하는 맨발걷기라 많은 고민을 안고 조심스럽게 진행해왔다. 다치지는 않을까, 추진하다가 불미스러운 일이 생기지는 않을까, 그런 상황들이 부정적인 기사로 나와 우리 아이들이 영원히 맨발걷기를 하지 못하게 되지는 않을까. 안전이 최우선으로 중요시되는 상황이라 이런 저런 걱정을 하지 않을 수 없었다.

매일 출근하면서 우리 교육공동체가 맨발걷기로 평화롭고 행복한 학교생활이 되고 단합되는 공동체가 되기를 기도하며 하루를 시작했다. 어떤 학부모가 전국에 어느 학교도 하지 않는 맨발걷기를 왜 굳이 우리학교가 맨 처음으로 해야 하느냐고 이야기할 때는 정말 이 길이 옳은지 나 자신에게 끝없이 질문하기도 했다. 그럴 때마다 가슴에 손을 얹고 내가 진정 하고 싶은 이유를 찾으면 그건 아이들의 '오늘과 내일의 행복'이었다. 아이들이 맨발걷기를 꾸준히 하는 동안 현재도 행복하게 살아가고, 미래도 행복하게 살아갈 힘을 갖추어 나갈 수 있다는 확신이 있었다. 이런 상황에서 우리학교의 맨발걷기 교육이 방송에서 나왔다는 건 구성원들이 느끼기에 사회적 인정을 받은 것으로 생각하는 것 같다.

(필자 저널, 2017.9.7.)

맨발걷기 교육 사례가 전국 방송으로 나가면서 필자에게는 앞으로 추진해 나갈 수 있는 힘이 생기게 되었고 뭔지도 모를 자신감을 갖게 되었다. 또한, 처음 시작하면서부터 늘 마음속에 갖고 있던 불확실함과 두려움들이 조금씩 내려지는 계기가 되었다. 다음 〈그림 II-16〉은 취재 모습과 방영 모습이다.

〈그림 II-16〉 KBS '생로병사의 비밀' 취재모습과 방영모습

언론 보도 현황

맨발걷기를 학교에 도입하던 첫 학기는 매우 조심스러웠다. 처음이기 때문에 학부모들의 우려, 일부 교사들의 반신반의하는 분위기, 학생들의 적극적 참여 결여 등이 모두가 해결해야 할 숙제였다. 그렇지만 모두를 위한 유익한 길이라는 확신이 있었기 때문에 하나하나씩 풀어나가고자 하였다. 그런 상황일 때 언론에서의 관심과 보도는 필자에게 매우 큰 힘이 되어 주었다. 사회적 인정이자 응원인 셈이었다. 보도가 나오는 횟수가 거듭될수록 구성원들의 신뢰와 참여도가 높아지고 있었다. 또한, 본교의 맨발걷기 교육활동 중에서 사회와 공유할 가치가 있는 내용을 동영상으로 제작하여 유튜브에 탑재하였다. 1차년도 실행시 언론 보도 및 유튜브 탑재 현황은 〈그림 II-17〉과 같다.

영남일보 (2017.3.6.)
관천초, 흙길 맨발걷기 교육

매일신문 (2017.3.6.)
학교 운동장 맨발걷기 프로젝트

대구신문 (2017.3.16.)
"친구야, 신발 벗고 흙길 걷자."

매일신문 (2017.3.20.)
관천초, 뇌파·두뇌활용검사,
학업·생활지도에 활용하기로

매일신문 (2017.5.8.)
맨발로 운동장 흙길 매일 40분…
"공부가 더 잘돼요. 신기하죠."

대구신문 (2017.6.29.)
학부모도 사로잡은 '흙길 맨발걷기'

KBS (2017.8.23.)
생로병사의 비밀, '맨발이면 청춘이다'
관천초 맨발걷기 현황 및 인터뷰

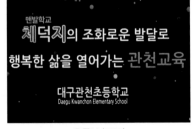

유튜브 (2017)
2017 관천초 맨발걷기 1년의 기록

〈그림 Ⅱ-17〉 1차년도 언론보도 현황

6. 운영에 대한 반성

처음 준비하는 과정에서는 학교교육에 적용해 보니 이런 결과가 나왔더라는 선례가 없어서 불안하기도 하였다. 1차년도 추진과정은 늘 조심스러웠고 자주 모임을 가져 활동에 대한 반성과 개선방안을 협의해 나갔다. 이미 운영되고 있는 학교 교육과정에 맨발교육을 접목시켜 나가면서 수시로 전체 교사들에게 끼칠 업무 부담을 검토하고 대책을 강구하고 수정해 나갔다. 또한, 개인적으로는 관리자로서 혼자 최종 판단이 필요할 때마다 주위에 끊임없이 조언을 구했다. 밤마다 1시간씩 혼자 맨발걷기를 하는 시간에 스스로와의 대화에서 위로와 새로운 아이디어도 구할 수 있었다.

1차년도 실행에서는 구성원들이 맨발로 흙 위에서 활동하는 것에 대한 거부감을 없애고, 필요한 시설 및 환경을 안전하게 구축하는 것을 중요한 목표로 추진하였다. 여기에서는 1차년도 전반적인 활동에 대한 반성과 2차년도의 실행을 위한 주요 목표를 수립하는 것에 초점을 맞추고자 한다.

가. 거부감 해소 측면

교사 연구팀에게 1차년도 과정에서 구성원들의 맨발걷기에 대한 거부감 해소 정도를 물어보았다.

백소희 교사　맨발로 흙을 밟는 것을 싫어하는 학생은 없는 것 같아요. 특별한 경험이라 대부분이 재미있어하고 우리학교가 텔레비전에 나온 것도 자랑스러워하고 있어요. 내년에는 별 어려움 없이 진행될 거 같아요.

이태희 교사   맞아요. 특히, 저학년 아이들은 너무너무 좋아합니다. 가끔은 쉬고 싶어도 아이들 성화에 맨발 하러 나가야 될 때도 있어요.

박신혜 교사   네. 전반적으로 그렇긴 한데... 고학년 아이들은 날씨가 춥거나 더워서 움직이기 싫은 날에는 거부하는 학생들도 꽤 나오고 있어요. 특히 남학생들이 더 심합니다.

임규민 교사   6학년은 아무래도 저학년하고는 다르겠지요. 일부 학생들이 귀찮아하긴 해도 대부분의 아이들은 맨발걷기에 대한 호감도가 높은 편입니다.

박신혜 교사   그건 맞습니다. 교육과정 시스템을 끊임없이 맨발걷기에 집중하도록 한 것이 도움이 된 것 같습니다. 내년에는 고학년 학생들의 마음을 움직일 수 있는 뭔가가 있다면 좀 더 활발하게 추진될 거 같아요. 아이들이다 보니 그냥 걷기보다는 맨발로 놀 수 있는 여건을 만들어 주는 것도 필요할 듯해요.

백소희 교사   맞아요. 맨발로 걷는 것 외에 놀이도 할 수 있다는 걸 허용해 주면 아이들이 좀 더 즐겁게 참여할 겁니다.

교장   그래요. 나도 곰곰이 생각해보니 어른은 걷기만 해도 되는데, 아이들은 놀이와 함께할 수 있도록 개선해 나가야 할 거 같습니다. 그리고, 여러분들 보기에 선생님들의 모습은 어떤가요?

이태희 교사   제가 보기에는 두 부류인 것 같아요. 본인 건강상의 이유나 학생지도 차원에서 열심히 참여하는 분들과 그냥 일반적인 학교 정책처럼 의무적으로 주어진 시간에만 참여하는 분들.

이건승 교사   제가 보기에도 그렇습니다. 그러나, 학기 초에 연수를 하고 매일

                  40분 함께 걸었던 과정들이 선생님들의 거부감을 해소하는 데

                  는 큰 몫을 했다고 생각합니다. 저 역시도 그렇고요.

박신혜 교사   첫해부터 100% 지지와 동참을 끌어내기에는 힘들다고 봅니다.

이태희 교사   선생님들은 우리학교가 작아서 업무 부담이 큰데 이 맨발걷기

                  가 새로운 업무가 될까 봐 걱정하는 사람도 있었습니다. 내년에

                  는 이 부분을 좀 더 신경 써야 할 거 같아요.

(교사연구팀 협의자료, 2017.12.22.)

    1차년도에 처음 도입하면서 학생들은 고학년 일부 학생들은 제외하고는 대부분 맨발걷기를 비교적 잘 받아들이고 있었으며, 내년에는 학생들이 즐겨 참여할 수 있는 맨발놀이를 할 수 있는 여건 조성이 필요할 것 같았다. 교사들도 어느 정도 거부감은 해소되어 가지만 업무 부담이 되지 않도록 꾸준히 고민하고 대책을 강구해야 할 것이다.

    다만, 학부모들은 시간이 필요해 보였다. 맨발걷기를 꾸준히 하지도 않을뿐더러 가정에서 생각만으로 걱정만 하고 있었다. 연수를 수강한 학부모회장까지도 병원에 가니 애완견 분비물이나 곰팡이 균 등등으로 인한 불결함 때문에 하지 말라는 이야기를 들었다며 걱정을 갖고 오셨다. 학기 초에 어떤 학부모는 담임교사를 통해 위험한 맨발걷기를 하지 말아 달라는 항의까지 들었다고 했다. 그러나 정작 그 학부모의 자녀는 친구들과 함께하고 싶다면서 맨발걷기를 스스로 하고 있었다. 다행히, 시간이 지날수록 자녀들이 맨발걷기로 조금씩 달라지는 모습을 보고 서서히 학부모들도 이해하는 쪽으로 분위기가 만들어지고 있었다.

맨발걷기에 대한 거부감은 조금씩 해소되어 가고 있지만 선생님들이 적극적으로 참여하는 모습을 보기 위해서는 끝없는 대화와 기다림이 필요하다. 새로운 업무가 되어 선생님들을 더 힘들게 할지도 모른다는 두려움이 그들을 소극적으로 만드는 것 같다. 학기 초부터 학교 업무를 과감히 통폐합하고 가급적 요구를 수용하고 앞서서 불편함을 해소해 주려고 노력해 왔다. 자발성이 결여된, 학교장의 지시로 이루어지는 교육활동은 바람직하지도 않을뿐더러 효과도 장담할 수 없다.

학교장이 정성 들여 추진하는 정책이라고 전적으로 전 교사가 올인하는 분위기는 기대하지 않았지만, 그냥 무덤덤하게 여타의 업무나 정책처럼 주어진 시간에 의무처럼 참여하는 분위기는 안타까웠다. 구성원의 100%의 지지는 아니더라도 단 한 명이라도 거부하는 모습을 보이면 걱정이 앞선다. 마음을 졸이고 분위기를 살피며 한 걸음씩 또는 반걸음씩 나아가자. 시간이 지나면서 그 진심이 조금씩 전해질 것이다.

내년도 실행에서도 가장 신경을 써야 할 부분이 선생님들의 자발적 참여일 것이다. 올해 열심히 참여하던 담임교사 일부가 전근을 가게 되어 많이 아쉽다. 그분들의 헌신이 정말 큰 역할을 해 주었는데,, 새 구성원이 생기면 처음부터 시작해야 할 것이다. 1차년도 실행에서처럼 차근차근 과정을 밟아서 맨발걷기를 받아들일 수 있도록 분위기를 만들어 나가야 할 것이다.

(필자 저널, 2017.12.24.)

나. 안전한 환경 구축면

시작하는 단계이다 보니 관련 시설을 구축하는 것은 학생들이 불편함 없이 맨발걷기에 참여할 수 있도록, 학부모들이 안심하고 지켜볼 수 있도록 철저하고도 세심하게 준비해야 할 부분이었다.

다음은 1차년도에 구축한 물적 환경에 관하여 교사연구팀과 협의한 내용이다.

이건승 교사　처음 전교생이 동시에 발을 씻을 때 혼잡할까 봐 걱정을 좀 했지만 저학년부터 자연스럽게 시차를 두고 씻도록 한 것이 도움이 된 것 같습니다. 세족시설은 나름 잘 설치된 것 같아요.

박신혜 교사　징검돌에서 발을 말리는 시설도 예쁘고 편안해 보여서 아이들이 좋아하는 장소가 된 거 같아요. 다만, 가끔 여학생들이 징검돌에 흙이 묻어 있어서 오히려 말리면서 더 흙이 묻는다고 합니다.

교장　그 이야기를 나도 들었는데... 정주사님이 자주 물로 씻기는 하지만 한두 학생이 신발을 신고 올라가면 금방 더러워지기 때문에 우리가 깨끗하게 사용하도록 지도할 필요도 있어요. 학교에서 관리는 자주 하도록 하지요.

행정실장　행복맨발길의 파라솔 벤치를 살 때 인터넷으로 사다 보니까 견고성과 관리면에서 조금 문제가 있습니다. 주사님이 의자를 일일이 바닥에 고정시키는 수고를 하셨지만 자주 흔들려서 늘 불안합니다.

교장　그렇지요. 나도 갈 때마다 수시로 흔들어 보지만 걱정이 됩니다. 흙 위가 아닌 인도 블록에 설치하다 보니 안전하지가 않네요.

행정실장	다행히 운동장 공사하면서 새로 설치한 운동장의 파라솔 벤치는 튼튼합니다. 시공할 때 지켜보니 매우 안전하게 설치가 되었고 벤치 자체도 튼튼하여 절대로 흔들거리거나 넘어질 염려가 없어요.
박신혜 교사	운동장 들어서면서 예쁜 파라솔이 세워져 있으니 공원에 온 기분이 들어요. 관리 때문에 매일 파라솔을 펼쳐 놓지 못하는 것이 아쉽기는 합니다.
이태희 교사	지붕이 있는 씨름장을 상설 맨발놀이터로 정하고 아이들이 맨발로 놀수 있도록 한 것도 좋았어요. 거기서 우리 아이들은 두꺼비집 만들기, 성 쌓기를 하며 재미있게 놀고 있습니다. 물을 자주 뿌려주어서 먼지도 나지 않고 지붕이 있어서 시원해 활용도가 높습니다.
백소희 교사	맞아요. 우리 반 아이들은 거기서 씨름도 자주 합니다.
이건승 교사	새로 넣은 마사토는 이전의 흙보다 입자가 거칠어서 아이들이 처음에는 많이 따갑다고 했어요, 저도 처음에는 좀 따갑다고 느꼈는데 이제 조금 적응이 되어 갑니다.
교장	그렇지요. 날씨가 추울 때는 나도 따갑다는 걸 느껴서 걱정이 되었어요. 새 마사토가 너무 부드러우면 배수도 잘 되지 않을뿐더러 발바닥 자극이 약해 장기적으로는 문제가 있어 보여서 어쩔 수 없는 선택이었습니다.
임규민 교사	물적 환경 구축은 이 정도면 충분하다고 생각합니다. 다만, 날씨가 매우 더울 때 시원한 나무 그늘이 많지 않아서 아쉽기는 합니다.
교장	내년에는 학생들이 놀이할 수 있는 여건을 마련하는 데 신경을

좀 써야 할 것 같아요. 맨발걷기만 하자 하니 아이들이라 놀고
싶어 하는 건 당연한데 미처 그 생각을 못 했어요.

(교사연구팀 협의자료, 2017.12.22.)

교사들은 물적 환경 구축에 관해서는 비교적 만족하는 분위기였
다. 일부 미진한 부분은 차츰 보완해야 할 필요가 있었다. 2차년도
실행에서는 1차년도에 설치한 맨발시설들을 안전하게 유지하면서 교
육과정을 알차게 운영하는 데 필요한 부분을 찾아 보완해 나가야 할
것이다. 1차년도 실행에서는 기본적으로 필요한 시설들을 구비하는
데 초점을 두었다면 2차년도 실행에서는 아이들이 좀 더 즐겁게 맨발
체험에 참여할 수 있도록 필요한 시설들을 보완해 나가기로 하였다.

> 맨발시설을 구비하는 과정을 돌이켜보면 하나하나 고민하고 협의하고 시공해
> 서 완성해 가는 과정에는 끊임없는 기도가 함께 있었다. 무엇보다도 학생들의
> 안전을 최우선으로 하였다. 정말 우리 아이들이 이 맨발걷기를 꾸준히 해서 평
> 생의 소중한 자산을 초등학생때 굳건히 안고 갈 수 있도록 해 주고 싶다. 그 간
> 절함으로 매일 출근시간의 기도는 자연스레 일상이 되었다.
>
> 우리학교의 '맨발걷기'는 나의 확신과 의지로 시작하였기에 준비하고 추진해
> 나가는 과정에서 한두 사람의 우려와 거부의 분위기가 보여도, 크고 작은 일로
> 벽에 부딪힐 때마다 '그만 내려놓아야 되나'하며 자주 고민하게 된다. 불안한 생
> 각이 현실로 나타나는 꿈을 꾸기도 하고, 아이가 자잘한 돌에 연약한 발의 피부
> 가 스쳐서 피가 났다는 보건교사의 소리만 들어도 마음이 무거웠다. 그럴 때마
> 다 '이건 모두를 위한 길이다. 크게 멀리 내다보자' 하며 마음을 굳게 가졌다.

(필자 저널, 2017.12.24.)

제2장
2차년도_편안함, 성장

　1차년도의 실행 결과를 분석하고 해석하는 절차는 실행과 동시에 진행하였다. 또한, 세 차례에 걸친 맨발워크숍에서의 전 교사 의견과 연구팀과의 심층면담 내용을 2차년도에 반영하였다. 1차년도에 대대적인 흙 운동장 공사로 기반을 다져놓아 전 교사들은 학년도가 바뀌어도 지속적으로 추진할 것임을 알고 있었다. 1차년도에는 '환경 구축'에 초점을 두었다면, 2차년도부터는 1차년도에 도출된 문제점을 중심으로 개선방안을 찾아 좀 더 발전할 수 있는 여건 조성을 위한 '개선과 발전'에 중점을 두었다.

1. 운영 방향 보완

　새 학년도가 되면서 구성원의 변화가 생겼다. 아침 등교시간에도 아이들과 열심히 맨발걷기를 하던 교사도 전근가게 되는 등 변화가 생겼다. 다행히 2차년도에는 소폭의 인사이동이라 새 구성원에 대한 맨발정책 안내는 별도로 가지고, 그동안 학생들의 변화를 안내하고 협조와 동참을 당부하였다.

학기 초에 연구팀과 모여서 지난해 맨발워크숍에서의 의견을 반영하여 2차년도 추진 방향을 협의하였다. 1, 2차 맨발워크숍에서의 의견은 당해 연도 운영에 반영되었다. 12월에 개최한 3차 워크숍에서는 1차년도 실행 전반에서 나온 문제점들을 중심으로 2차년도 실행을 위한 개선 방향을 논의하였다. 그 내용들과 연구팀과의 심층 협의 내용을 바탕으로 다음 〈표 II-16〉과 같이 실행 방향을 일부 변경하기로 하였다. 그 외의 영역은 1차년도와 동일하게 운영하였다.

〈표 II-16〉 2차년도 실행방향 변경 내용

영역	1차년도 실행 내용	2차년도 변경 내용
운영내용	·맨발걷기, 맨발달리기 중심	·맨발걷기, 맨발달리기에 더하여 맨발놀이 권장
등교시간 맨발걷기	·자율운영이긴 하나 아침운동 차원에서 적극 권장	·1교시 수업에 지장이 없는 범위 내에서 자율운영
교육과정 시정변경	·동절기, 하절기 등 기상상황에 따라 변경 운영	·동절기, 하절기 시정으로 고정 운영
공기 질 관련	·상황에 따라 방송으로 안내 교실에서 별도 활동	·공기 질 상황 안내판 설치 실내놀이 지도
50일, 100일 격려	·50일, 100일 격려행사 추진	·100일 학교장상만 수여
맨드라미 워크북	·1학년 제외, 전 학급 활용	·희망하는 학급만 활용

2. 환경 보완

기본적인 환경 구축은 1차년도에 마무리되었지만 실행해 나가면서 필요에 따라 새로운 환경이 필요하게 되었다. 1차년도에는 추진 전에 기본 환경 구축이 선행되었지만 2차년도에는 실행 과정에서 필요한 환경을 보완해 나갔다.

가. 인적 환경 보완

교사 환경과 직무 연수

1차년도 초에 한 번 추진한 연수로 전 교사가 지속적으로 맨발걷기에 대한 의지를 갖고 가기에는 한계가 있었다. 학년도가 바뀌면서 교사들의 담당 학년, 동학년 구성원, 담당 업무 등이 바뀌면서 학기 초에는 맨발걷기 분위기가 다소 침체되어 보였다. 학교장의 입장에서 전입교사들에게는 맨발걷기에 대한 기초 연수가 필요하였고, 기존교사들에게는 맨발걷기에 대한 인식 재고가 필요하였다.

그러던 중, 교육연수원의 '수요자 설계 맞춤형 직무연수'를 운영한다는 공문이 왔다. 이 사업은 단위학교 구성원들의 요구에 맞는 현장 중심 연수를 지원함으로써 교실 변화와 행복한 학교문화를 창출하는 데 그 목적이 있었다. 15시간 직무연수 형태로 운영되며 연수경비는 전액 연수원에서 지원한다고 하였다. 나는 맨발걷기로 생활교육에 초점을 맞추어 본교에서 연수를 추진하면 교사들이 멀리까지 연수받으러 갈 수고와 시간을 아낄 수 있다고 판단되어 전 교원의 의견을 물었다. 희망을 받은 결과 23명의 교원 중에서 21명이 희망하여 신청하기로 하였다.

업무담당자의 부담을 덜어주기 위하여 필자가 직접 담당자와 연구팀의 의견을 수렴하여 연수계획을 수립하고 〈표 II-17〉과 같이 '2018 맨발걷기와 자연지능 회복교육 직무연수'라는 주제로 연수를 신청하여 선정되었다. 교육과정 일정이 유일하게 오전에 종료되는 수요일에 3시간의 연수시간 확보가 수월하여 계획하였으나 더러 수요일에 출장이 있는 교사는 빠질 수밖에 없었다.

다음은 연수 중에 교사들에게서 나온 반응이다.

강윤희 교사   이런 연수는 얼마든지 부담 없이 받을 수 있겠어요. 이번 연수가 제 건강을 돌아보는 데도 좋은 계기가 되었어요.

임규민 교사   맨발걷기와 뇌교육의 연결은 이해가 가는 대목이었습니다. 신선한 내용이었습니다.

서은이 교사   처음 맨발걷기 할 때 발바닥이 굉장히 아팠던 이유를 조금은 알 것 같아요. 이제부터 내 몸도 돌봐야겠다는 생각이 들었어요.

박신혜 교사   평소에 맨발걷기를 인성교육과 생활지도에 활용하였는데 그 방법이 적절했던 거 같아요. 교사든 학생이든 건강과 정서적 안정이 되어야 공부도 수업도 가능할 거 같아요.

김수정 교사   3월부터 맨발걷기를 하기는 했지만 학생들과 함께하는 시간 외에는 별도로 해야 할 필요성을 느끼지 못했어요. 이제는 왜 그렇게 강조하는지 조금은 이해가 되는 거 같아요.

백소희 교사   모두 만족합니다. 우리학교에서 하는 연수라 더 좋았어요.

(연수 중 일화기록, 2018.5.2.~ 5.30.)

이처럼 자발적 참여와 이론과 실행이 융합된 연수방법으로 교사들에게 호응을 얻었고 새롭게 맨발걷기에 대한 의지를 다지는 계기가 되었다. 또한, 전입교사들에게도 체계적인 맨발연수가 되었다.

다음 〈표 II-17〉은 연수 과정 내용이며, 〈그림 II-18〉은 연수 장면이다.

〈표 II-17〉 2018 맨발걷기와 자연지능 회복교육 직무연수(15시간) 교육과정

일시(시간)	연수내용	강사명 (직위)	연수 방법	장소
5.2.(수) 13:50~ 16:50 (3시간)	· 인공지능시대와 맨발걷기 - 인공지능시대 자연지능 - 자연지능 회복 방법	권○○ (교수)	강의(2) 실습(1)	회의실 운동장
5.9.(수) 13:50~ 16:50 (3시간)	· 맨발걷기와 뇌교육 - 맨발걷기와 두뇌활성화 - 맨발걷기와 뇌교육 방법	장○○ (교수)	강의(2) 실습(1)	회의실 운동장
5.16.(수) 13:50~ 16:50 (3시간)	· 맨발걷기와 인성교육 - 맨발걷기와 뇌파 관계 - 뇌파 측정과 결과 해석 - 맨발걷기와 인성교육 방법	신○○ (교수)	강의(2) 실습(1)	컴퓨터실 운동장
5.23.(수) 13:50~ 16:50 (3시간)	· 맨발걷기와 행복교육 방법 - 맨발걷기와 정서적 안정 - 맨발걷기를 통한 생활교육	이○○ (교장)	강의(2) 실습(1)	회의실, 팔공산
5.30.(수) 13:50~ 16:50 (3시간)	· 맨발걷기와 건강관리 - 발과 오장육부와의 관계 - 맨발걷기와 건강관리 방법	김○○ (교수)	강의(1) 실습(2)	다목적실

맨발걷기와 인성교육　　　　　맨발걷기 팔공산 체험　　　　　맨발걷기 팔공산 체험

〈그림 II-18〉 맨발걷기와 자연지능 회복교육 직무연수 장면

또한, 교직원들에게 지속적인 맨발연수가 아쉬웠는데 2학기 첫날부터 교무통신에 주 2회 맨발 연수 자료를 첨부하였다. 매일 아침 교무부장이 전 교직원에게 주간 및 일간 교육 활동과 각종 안내 자료를 '교무통신'이라는 한글파일로 발송한다. 인터넷에 올라온 맨발치유사례나 전문가들의 의견을 인터뷰한 기사, 관련 동영상 등을 다운받아 인터넷 링크를 걸어 교무통신에 올려두면 교직원들은 개인의 상황에 맞추어 적이한 시간에 자유롭게 읽어보기를 희망하면서 진행하였다. 다음 〈표 II-18〉은 2차년도에 안내한 맨발 연수 자료 목록이다.

〈표 II-18〉 2018 교무통신 맨발 연수 자료 목록

번호	일자	제목	출처	링크
1	2018-08-29	맨발걷기로 당뇨를 잡은 경찰관 이야기	유튜브	https://www.youtube.com/watch?v=81ZQVEWr7rU
2	2018-08-30	TV전자파(양이온)로 인한 혈액 산화 실험	유튜브	https://www.youtube.com/watch?v=KuSoQBP6OpQ
3	2018-08-31	맨발걷기는 21세기 자연 웰빙 건강법이다.	블로그	https://bit.ly/2C1rEZU
4	2018-09-03	제2의 심장 '발바닥' 건강? 맨발 걷기의 장점	카페	https://bit.ly/2Nb1wAd
5	2018-09-06	인생은 맨발이다? 아픈사람은 어느 질병을 막론하고 흙을 밟아라	카페	https://b12144.blog.me/20185269530
6	2018-09-11	시간을 내서 맨발로 걸어라, 그러면 대지와 우주의 기를 느끼며, 건강해진다	카페	https://bit.ly/2PCrkT4
7	2018-09-13	〈기고〉 명상맨발등산이 최고의 건강법인 이유	신문	http://www.newscj.com/news/articleView.html?idxno=294070
8	2018-09-17	맨발로 걷기와 두뇌와의 관계	블로그	https://blog.naver.com/uth119/220449252230
9	2018-09-20	맨발 건강법과 자연 치유력	카페	https://bit.ly/2MKSfPD
10	2018-09-27	시나트라 박사의 맨땅요법	유튜브	https://www.youtube.com
11	2018-10-01	맨발걷기의 효능_SBS스페셜, 걸음아 날 살려라	블로그	https://bit.ly/2oHfRGr
12	2018-10-04	걷기(어씽-맨땅걷기)와 체형교정	블로그	https://bit.ly/2wIyjSO
13	2018-10-11	맨땅을 걷는 사람들, 왜?	웹사이트	http://kunkang.co.kr/mag/?p=44990
14	2018-10-15	만병통치 맨발등산	카페	https://bit.ly/2wHD0My
15	2018-10-18	맨발걷기는 수면 연장의 길 (내 몸 사용 설명서)	웹사이트	https://tv.naver.com/v/515212
16	2018-10-22	맨발로 자갈밭을 걸어라	웹사이트	http://www.iadi.or.kr/news/articleView.html?idxno=1498

17	2018-10-25	원인 모를 질병의 충격적 원인	뉴스	https://bit.ly/2wIJYSi
18	2018-10-29	위대한 성현과 천재들의 맨땅요법	카페	https://bit.ly/2wGTrbV
19	2018-11-01	충담관암 이겨내고 80세 장수인으로	웹사이트	http://www.ikunkang.com/news/articleView.html?idxno=21575
20	2018-11-05	신장을 좋게 하는 용천혈 자극하기	블로그	https://bit.ly/2CBXEDa
21	2018-11-08	노화 방지 건강 장수 배결 맨발로 달려라	블로그	https://bit.ly/2CEwxr0
22	2018-11-12	발가락 지압의 효과	블로그	https://bit.ly/2OTdr6t
23	2018-11-15	평발을 고치는 운동 맨발걷기	블로그	https://bit.ly/2yxkxDs
24	2018-11-19	한식과 맨발 산책이 건강의 비결	웹사이트	https://bit.ly/2lOiRKp
25	2018-11-22	맨땅요법과 암	카페	https://bit.ly/2OVoVX8
26	2018-11-26	발 건강 상식	신문	https://bit.ly/2ORsNlt
27	2018-11-29	제3의 눈(송과체)를 활성화시키는 맨발걷기	블로그	https://bit.ly/2pMLVJA
28	2018-12-06	통증 제거, 숙면까지! 맨발걷기 놀라운 효능	블로그	http://blog.daum.net/22-quf/919
29	2018-12-10	맨발은 건강의 지름길	카페	https://bit.ly/2EjE2Wa
30	2018-12-13	맨발산행의 장점	카페	https://bit.ly/2pQnmeM
31	2018-12-17	맨발로 걸어 본 기억이 언제이신가요?	블로그	https://bit.ly/2lS1zw6
32	2018-12-20	쉬운 발지압으로 발 관리 시작~ 발지압점 10군데 따라하자	블로그	https://bit.ly/2Cl1Cu3
33	2018-12-24	맨발로 맨땅을 밟아 봅시다.	카페	https://bit.ly/2PG8VoS
34	2018-12-27	병을 이긴 의사들의 건강처방전	카페	https://bit.ly/2UdeVID

학생 환경

학생들도 교사와 마찬가지로 이동이 있었다. 맨발걷기를 일부 거북해하던 6학년이 졸업하고 하루 종일 흙에서 놀게 해도 지겨운 줄 모르는 1학년이 입학하였다. 1학년은 담임교사가 지도하여 맨발걷기를 좋아하는 아이들로 쉽게 바뀌었다. 그런데, 5학년이 6학년이 되면서 작년에 맨발걷기를 처음 접했던 졸업생들보다는 덜하지만, 또 조금씩 신발을 벗기 싫어하는 아이들이 보이기 시작했다. 담임교사들이 지속적으로 지도하겠지만 나는 고민 끝에 두 가지 방법을 생각해 내었다. 1차년도에 이어 전교생 대상 학교장 수업을 진행하는 것과 전교학생회장단과 주기적으로 면담을 실시하여 학교생활 전반과 맨발걷기 활동에 대한 생각을 들어보기로 하였다.

학교장 맨발 수업은 담임교사들의 동의를 얻어 창의적 체험활동 시간에 진행하기로 하고 〈표 II-19〉와 같이 2학년 이상, 학급별 희망하는 시간에 진행하였다. 이번에는 1차년도 수업처럼 다양한 내용으로 욕심을 내지 않고 '맨발걷기' 관련 내용만 집중 수업하였다. 관련 이론적 지식과 해외 교육현장 사례를 학년별 특성에 맞게 가감하여 소개하고 왜 맨발걷기를 해야 하는지를 강조하였다. 특별히 5, 6학년 몇몇 아이들 외에는 긍정적으로 생각하고 있었다. 수업하고 나오면 저학년 아이들은 나의 주변을 둘러싸고 수업이 재미있었다고 이야기하기도 하고 다가와 안기기도 하였다. 학급별 수업을 하면서 아이들과 더 가까워지는 계기가 되기도 하였다.

〈표 II-19〉 2018 학교장 맨발수업 시정표

2-1	2-2	3-1	3-2	4-1	4-2	5-1	5-2	6-1	6-2
5.7. (월)	5.3. (목)	5.8. (화)	5.11. (금)	4.30. (월)	4.26. (목)	5.1. (화)	4.19. (목)	4.25. (수)	5.2. (수)
3교시	2교시	3교시	3교시	2교시	3교시	2교시	3교시	2교시	2교시

또한, 전교 학생회장단과 매월 면담을 가졌다. 회장단으로서 나름대로 역할을 하는 부분을 경청하고 학교생활 전반에 걸친 건의사항이나 맨발걷기 관련 생각도 들어보았다. 학교장으로서 왜 이 활동을 해야 하는지를 설명하고 전교학생회의 시 학급회장단을 중심으로 앞장서서 해 줄 것을 당부하였다.

다음은 전교학생회장단과의 면담 내용이다.

교장   맨발걷기와 관련해서 학교에 건의할 사항들이 있으면 이야기해 볼까?

김효경 학생   운동장 흙이 작년에 공사한 이후에는 좀 아픈 거 같아요.

임수정 학생   맞아요. 처음에는 아파서 뒤뚱거리며 걸었는데 날씨가 좀 따뜻해지고 자꾸 걸으니까 이제 좀 괜찮아졌어요.

성현재 학생   교문 입구 주차장 펜스 쪽에 벤치가 있으면 등교하면서 가방을 두고 맨발하면 좋을 거 같아요. 파라솔 벤치만으로는 자리가 모자라요.

교장   아주 좋은 생각이다. 그 내용을 선생님들과 의논했었는데 앞에 축구 골대가 있어서 축구하다가 세게 달려 나오면 위험하다고 설치하지 않았단다.

성현재 학생   축구는 골대에 공을 세게 차 넣지 거기까지 달려가면서 공을 찰 일은 없는 거 같아요. 저희가 조심하면 아무 문제 없을 거 같은데요....

교장   이야기를 들어보니 일리가 있구나. 다시 한번 의논해 보고 가급적 설치할 수 있도록 노력해 볼게. 그리고 학급에서 친구들과 맨발걷기도 솔선수범해 주면 좋겠구나. 회장단이 앞장서서 한다면 다른 학생들도 모두 더 열심히 참여할 거 같은데?

학생들   네, 알겠습니다.

(전교회장단 면담 기록, 2018.4.28.)

학생들과 면담한 이후에는 눈에 띄게 고학년들의 참여 모습이 편안해졌다. 함께 어깨동무하고 노래하며 걷기도 하고, 서로 업어주고 업히기도 한다. 내가 곁에 가면 큰 소리로 인사를 하며 잘하고 있다는 무언의 보고를 한다. 전교회장단이 5, 6학년 학급에 골고루 분포되어 있기 때문에 파급력이 있어 보였다. 건의한 벤치는 협의하여 바로 설치해 주었다. 학생들이 자신들의 의견이 존중되고 건의가 받아들여진다는 것을 알고 주인정신으로 학교생활을 해 주었으면 했다.

6학년 남학생들, 업어주고 업히고   추가 설치한 벤치

〈그림 II-19〉 고학년 학생들의 맨발모습과 학생건의로 설치한 벤치

학부모 환경

1차년도 실행으로 학부모들은 맨발걷기에 대한 기본 인식은 갖고 있으나 1학년 학부모들에 대한 지원이 필요하였다. 3월 입학식 날, 1학년 학부모들을 대상으로 학교의 역점사업 설명회를 함께 가졌다. 기존 학부모들은 어느 정도 학교문화에 익숙해져 있지만 첫 아이가 입학하는 1학년 학부모들은 모든 것이 생소할 수밖에 없기 때문이다. 지난 1년간의 추진내용과 아이들의 변화 모습 등을 소개하고 1학년 학부모들의 이해와 동참을 당부하였다. 그리고, 아이들이 맨발걷기를 편하게 할 수 있도록 편안하고 따뜻한 복장을 입혀 보내달라고 하였다. 파악해 보니 1/3 가량의 학부모는 다른 학부모에게 듣거나 상급학년에 자녀가 있어 이미 알고 있어서 1차년도보다는 수월하게 연수가 이루어졌다. 그 외 궁금한 부분은 질의응답 시간을 가져 편안하게 받아들일 수 있도록 하였다.

그리고, 5월에 다녀온 일본의 맨발학교 방문 내용을 학부모를 대상으로 별도의 보고회를 가졌다. 학부모회의 학교교육 참여 지원사업의 하나로 학생들에게 수업할 자료 제작을 위해 7월 7일 토요일 10시부터 도서관에서 40여 명이 모인다고 하여 그 자리에서 설명하기로 하였다. 그간 다녀온 과정을 설명하고 PPT 자료로 자세하게 일본의 맨발학교 운영 모습을 소개하였다. 개교하면서부터 38년간 전교생이 화장실을 제외한 전 공간에서 맨발로 생활하는 모습을 접한 학부모들은 놀라워하였다. 연수를 마친 후 학부모 연구 협력자가 소감을 이야기한 내용이다.

전효민 학부모 처음 학교에서 맨발걷기를 한다고 했을 때 다치면 어떡하나?

양말이며 옷이 더러워지면 어쩌나? 하면서 반대도 하였습니다.

그런데 일본의 미카사노모리 학교 아이들을 영상으로 보고, 아

이들이 행복해하는 모습들을 보면서 나의 이기적인 생각이었

다는 걸 알았습니다. 우리학교도 미카사노모리 초등학교처럼

(맨발교육이) 10년, 20년 자리 잡아서 우리 아이의 아이도 보낼

수 있는 학교가 되길 바라봅니다.

(학부모 연구 협력자 소감 기록, 2018.7.7.)

2차년도에는 학부모회의 적극적인 활동이 있었다. 스스로 맨발관
련 행사를 기획하고 추진하면서 많은 학부모가 동참하였고 그 과정
에 학교 측도 적극적으로 참여하였다. 2차년도에 학부모회가 주관한
대표적인 행사는 계족산 맨발걷기, 문경새재 맨발페스티벌 참가 및
부스 운영, 맨발사진전이다. 이와 관련한 자세한 내용은 '다. 실행편'
에 소개 되어 있다.

나. 물적 환경 보완

1차년도에 기본적인 시설을 완비하여 운영에는 별 지장이 없었지
만, 추가로 필요한 시설이 맨발놀이시설이었다. 특히, 일본의 맨발학
교를 참관한 이후에는 각별히 그 부분을 신경 쓰게 되었다.

먼저, 운동장에서 맨발로 할 수 있는 공놀이를 위해 부드러운 탱탱
볼을 전 학급에 제공하였다. 아이들은 그 공으로 축구도 하고 농구

도 하고 심지어는 럭비도 하였다.

　운동장 바닥은 횟가루를 쓰지 않기 때문에 놀이를 하더라도 그때마다 그려야 했다. 그래서 바닥에 고무 재질의 편편한 조각으로 선을 박아놓은 학교 운동장이 있다고 하여 체육전담 교사가 현장에 다녀왔다. 2개교를 참관하며 안전성, 활용도 등을 검토하여 최선의 방법으로 운동장에 설치하기로 하였다. 학년부장회의를 거쳐 저학년에서는 8자 모양의 놀이터, 고학년은 사방치기 놀이터와 상설 피구장이 있으면 좋겠다고 하였다. 나무 그늘과 운동장 활용도를 감안하여 적절한 장소를 선정하여 시공하였다. 그리고 그곳을 '맨발전통놀이터'라고 안내판을 붙였다. 아침마다 1학년 아이들이 자발적으로 바닥에 삐뚤삐뚤하게 선을 긋고 맨발 피구나 축구를 하는 모습이 보였다. 대견하고 보기 좋았다. 그래서 그 장소에 저학년용 상설 피구장을 작게 만들어 주었다. 나무 그늘 아래에 자리 잡은 맨발전통놀이터는 인기가 있어서 아이들이 자주 찾는 명소가 되었다.

　다음 〈그림 Ⅱ-20〉은 맨발전통놀이터의 모습입니다.

사방치기　　　　　　　8자놀이　　　　　맨발전통놀이터 표지판

〈그림 Ⅱ-20〉 맨발전통놀이터 모습

또한, '맨발 티셔츠'를 제작하여 전교생이 활동할 때 함께 입었다. 학년군별 희망하는 색상을 받아서 1-2학년군은 노랑, 3-4학년군은 빨강, 5-6학년군은 파랑으로 제작하고 가슴 쪽에 '맨발로 걷자'라는 글자와 교명을 인쇄하였다. 매주 금요일을 '맨발티셔츠 입는 날'로 정하여 함께 입고 공동체 의식을 갖도록 하였으며, 교외의 현장체험학습 시에도 단체복으로 입고 학생 관리에 활용하였다. 아이들은 학교의 단체 티셔츠가 있는 것을 매우 좋아하고 자랑스러워하였다.

다음 〈그림 II-21〉은 맨발 티셔츠 모습이다.

〈그림 II-21〉 맨발 티셔츠 모습

3. 운영 내용

2차년도에는 1차년도 실행내용 가운데 유지해야 할 것, 폐지해야 할 것, 수정하여 추진할 것 등으로 정리해서 실행해 나가고 가급적 새로운 사업을 지양하고 내실을 다지기로 하였다. 그렇게 학기 초에 협의하였지만 실행해 나가는 과정에서 새롭게 필요한 사업들은 심도 있게 협의하여 업무 부담이 되지 않도록 최소의 규모로 진행하였다. 2차년도에 실행한 주요 내용을 영역별로 분류하면 〈표 II-20〉과 같다.

〈표 II-20〉 2차년도 주요 사업 현황

유지사업	'맨드라미' 워크북 제작·활용 / 사제동행 흙길 맨발걷기 인증제 / 뇌파 검사 / 학교장 맨발수업 / 100일 상장 수여 / 교육활동 속 맨발걷기* * 교육활동 속 맨발걷기: 맨발어울림 체육대회, 재난대비훈련 및 맨발걷기, 교복 우 맨발걷기 프로그램, 맨발음악회, 학교폭력예방 맨발 캠페인, 맨발전통놀이한마당, 예술꽃발표회 및 맨발축제
폐지사업	50일 행사 / 청소년단체 합동선서식 맨발걷기 / 아버지교실 및 달빛 맨발걷기
신규사업	맨발걷기 플래시몹 / 별빛벚꽃 맨발축제 / 국제교류(일본방문) / 맨발걷기 슬로건 공모 / (학)계족산 황톳길 맨발체험 / (학)문경새재 맨발 페스티벌 참가 / 교무통신 맨발연수자료 / (학)맨발사진전 / (학)맨발티셔츠 프린팅 및 세족식
수정 유지사업	교직원 맨발 워크숍

※ (학): 학부모회 주관사업

1차년도 실행 결과, 그대로 유지해야 할 '유지사업', 일부 수정해서 추진해야 할 '수정유지사업', 1차년도에는 필요했던 사업이지만 환경 구축이 어느 정도 된 이후에는 폐지해도 좋을 '폐지사업'으로 분류하였다. '유지사업' 중에는 약간의 수정이 된 사업들도 있었지만 대부분 별다른 수정 없이 운영되었다. '신규사업'은 2차년도 실행 과정에서 그때의 환경과 상황에 필요한 사업이 발생하여 협의를 거쳐 추진한 사업이다.

교직원 맨발 워크숍은 실행 첫해에 활발한 의견 수렴과 분위기 조성을 위하여 세 차례 실시하였으나, 2차년도부터는 학기별 1회 추진하는 교육과정 워크숍과 통합하여 운영하였다.

가. 기본 운영 프로그램

기본 운영 시간

2차년도에는 불가피하게 시정변경이 잦았다. 기본 교육활동 시정으로 운영하다가 하절기 시정으로 변경하였고, 하절기 시정 운영 중에 이른 폭염이 찾아와 운동장에서 활동하기가 어려운 상황이 되어서 여름방학 때까지 중간체육시간을 운영하지 못하게 되었다. 2학기부터 다시 하절기 시정으로 운영하다가 가을로 접어들면서 다시 기본 시정으로 운영하게 되었다. 맨발걷기 교육과정이 운동장에서 이루어지고, 어린 학생들의 건강과 밀접한 연관이 있기 때문에 날씨 상황을 민감하게 고려하였다. 2차년도의 교육활동 시정 변경 운영 과정은 〈그림 II-22〉와 같으며, 맨발걷기 활동 시간을 탄력적으로 운영하였다.

1. 기본 시정	2. 하절기 시정	3. 폭염대비 시정	4. 하절기 시정	5. 기본 시정
2교시 후 30분간	등교시간 40분간	실시하지 않음	등교시간 40분간	2교시 후 30분간

〈그림 II-22〉 교육활동 시정 변경 운영 과정

이러한 시정 변경은 학년부장교사들과 사전 협의를 거쳐 결정하였으며, 하교 이후 시간은 변경되지 않도록 하였다. 학생들의 방과 후 일정이 모두 다르기 때문에 학부모들의 혼란을 막기 위함이었다.

2차년도 각 시정별 중간체육시간 운영 현황은 〈표 II-21〉과 같다.

〈표 II-21〉 2차년도 시정별 중간체육시간 운영 현황

교육활동 시정	운영기간	중간체육시간	비고
기본시정	2018.3.2.~ 2019.2.28.	10:20~10:50(30분간)	2교시 후
하절기시정	2018.6.1.~ 2018.9.28.	08:30~09:10(40분간)	1교시 전, 등교시간 포함
폭염대비시정	2018.7.16.~ 2018.7.27.	운영하지 않음	

운영 방법은 1차년도에는 주로 맨발걷기만 하였으나, 학생들이 좀 더 즐겁게 참여할 수 있도록 학생 요구를 반영한 협의를 거쳐 학년군별로 정해진 바퀴 수만큼 걷고 나면 맨발로 놀 수 있도록 하였다.

다음 〈표 II-22〉는 2차년도 중간체육시간 운영 프로그램이다.

〈표 II-22〉 2차년도 중간체육시간 운영 프로그램

순서	방법
맨발걷기 후 맨발놀이 권장	· 학년군별로 정해진 바퀴 수만큼 운동장을 맨발로 걷기 · 학생 개인별로 자유롭게 걷기 · 놀고 싶은 아이들은 맨발걷기 후 맨발로 놀기
⇩	
예령 울리면 교실로 들어가기	· 수업시작 예령(10분 전) 울리면 발 씻고 교실로 들어가기
수업 준비 하기	· 우유 마시기, 화장실 다녀오기, 수업 준비하기

인증제를 운영하므로 아이들에게 자율적으로 걷도록 해도 열심히 걸을 것이라고 생각하여 기준만 정해주고 자유롭게 걷도록 하였다. 3교시 수업 준비할 시간이 필요하여 10분전에 예령이 울리는데 종이 치면 아이들은 우유를 마시고 화장실도 다녀오고 수업 준비를 한다.

다음은 연구 협력 교사가 관찰한 중간 체육 시간의 아이들 모습이다.

[관찰 내용]

1교시 후 쉬는 시간에 인예는 벌써 나가려고 양말을 벗고 준비한다. 아직 한 시간 더 마치고 나간다고 하자 힝~ 빨리 걷고 싶다고 한다. 다른 친구 몇 명도 따라서 양말을 벗다가 같이 실망하고는 2교시 후에는 종이 울리자 설명도 안 했는데 뛰어나가 버린다. 운동장을 두 바퀴 걷고 땅따먹기를 하기 시작한다. 규대는

2반에 섞여서 사방치기를 했다. 헌재가 깁스를 해서 맨발걷기를 할 수 없다고 윤지가 안타까워했다. 헌재는 땅따먹기라도 하고 걷기는 안 하겠다고 했다.

종이 치자 호승이가 땅따먹기에 1등, 우선이가 2등, 신유가 3등, 섭민이가 4등이라고 쪼르르 달려와서 자랑한다. 윤지와 예인이가 땅따먹기 하는데 2반 친구가 방해했다고 속상해하며 일러준다. 그 외 친구들은 8자 놀이터에서 놀거나 붙잡기 놀이를 하다가 달려온다. 모두 웃는 얼굴이다.

[관찰자 코멘트]

어지간히 맨발걷기를 기다렸나 보다. 아침부터 맨발티셔츠를 입으면서 벌써 양말을 벗고 종 칠 때만 기다렸나 보다. 양말을 벗고 달리면 시원하다고 지원이가 표현하는데 그건 자유롭다는 표현이었다. 다리를 다친 친구는 불편하겠다는 걱정보다는 맨발을 못 걷겠다고 표현했다.

놀다가 들어올 때면 덥다고 한다. 종 치면 교실에서 바로 옷을 훌렁 벗는데 얼굴이 모두 발그레하다. 체온이 올라가서 그런가 보다. 춥다고 웅크리는 아이들이 없는 걸 보니 다들 제대로 걸었나 보다.

(교사 관찰자료, 2018.11.16. 10:20~11:00)

담임교사의 관찰자료를 읽고 아이들이 얼마나 이 시간을 기다리고 좋아하는지 알게 되었다. '야호~ 놀아도 된다.'며 매우 즐겁게 놀이에 참여하는 것을 보고 어른의 입장에서 '맨발걷기'만 강요한 지난해가 떠올라 아이들에게 미안해졌다.

맨발걷기 후 공부마음 갖기

운동장에서 맨발걷기 중 우연히 담임교사와 이야기를 나누다가 아이들이 맨발걷기를 하고 교실로 들어간 후 수업에 들어가기까지는 시간이 걸린다고 하였다. 그래서 학년부장 교사들과 잠시 협의회를 가졌다.

백소희 교사	실제로 맨발걷기 하고 교실로 들어온 아이들이 바로 수업에 집중하려면 시간이 필요합니다. 좀 어수선해요...
장윤정 교사	맞아요. 앉아라 책펴라..등 맨날 큰 소리로 이야기해야 자리에 앉고.
이태희 교사	그렇지요. 그래서 우리 반은 호흡하기를 하니 효과가 있던데.
교장	복식호흡 말인가요?
이태희 교사	네, 저는 오래전부터 아이들에게 호흡을 시켜왔는데, 집중하고 차분하게 하는 데는 효과가 있었습니다.
박신혜 교사	지난번에 뇌활용 행복교육 연수를 받아 보니 호흡과 함께 명상, 뇌체조 등이 있던데, 그런 방법을 도입하는 건 어떨지....
교장	그럼, 그 부분 연수를 알아볼까요?

(학년부장회의 시 일화기록, 2018.3.20.)

학년 부장 교사이면서 연구팀 교사인 이태희 선생님이 이미 그런 분주한 시간을 별도로 지도한 사례가 있어서 다행이었다. 뇌활용 강사를 초빙하여 전 교원 연수를 하였다. 교실에 들어 온 아이들의 뇌를 바로 공부머리 상태로 만들고 차분하게 수업에 집중하도록 하는 뇌 체조, 명상 등에 대한 지도방법을 연수하였다. 명상음악도 각 교실로 파일을 보내어 활용하도록 하였다.

〈그림 II-23〉은 교사연수 모습과 교실에서 맨발걷기 후 뇌 체조 지도 모습이다.

공부 마음 갖기 지도방법 교사연수　　　　　　맨발걷기 후 뇌체조

〈그림 Ⅱ-23〉 공부마음 갖기 연수 및 지도 모습

　　다음은 중간체육시간 맨발을 마치고 3교시 수업을 들어가기 전에 심호흡하는 아이들을 관찰한 내용이다.

> 　　종이 치자 S자 놀이터에서 놀던 신유, 성유, 우선이가 조금만 더 놀면 안 되냐고 물었다. 윤지가 종 쳤다고 외치자 모두 후다닥 뛰어서 교실로 들어왔다. 명상음악을 틀어서 심호흡하고 차분해진 후 줄을 세웠다. 요즈음은 진명, 민보, 빈수가 줄을 설 때도 눈을 감고 심호흡하기 시작했다.

> 　　이젠 심호흡할 때 아이들이 손가락으로 횟수를 세어가며 한다. 일찍 다했다고 하는 아이들도 있고 약속대로 느긋하게 하는 아이들도 있다. 연서, 원지, 윤지, 영혜는 특히 편안하게 깊게 호흡을 잘하였다. 모두 조용해진 후 교과전담실로 갔다.

> (교사 관찰자료, 2018.12.6.)

　　놀이터에서 신나게 놀다가 종소리 듣고 후다닥 교실로 뛰어 들어와 눈을 감고 심호흡하는 아이들이 대견하다. 이렇게 습관이 되도록 지도해 준 담임교사에게는 말할 수 없는 고마움을 느낀다. 다시 공부 마음을 만들어서 아이들은 다시 3교시 수업을 하러 간다.

나. 주요 활성화 프로그램

맨발 어울림 체육대회

해마다 봄에는 체육대회를 개최하는데 최근에는 공기 질 악화로 어려움이 많았다. 교육과정에 체육대회 날짜를 정해놓으면 학부모도 대부분 참여하기 때문에 공기 질이 나빠도 강행할 수밖에 없었다. 그래서, 2018학년도 교육계획 수립을 위한 학부모 설문 조사 시 이 부분에 대한 의견을 물으니 학년군별로 탄력 있게 운영하자는 의견이 69.95%가 나왔다. 학년말 전 직원 워크숍에서 최종 협의하여 체육대회는 학년군별로 적이한 시간에 운영하기로 결정하였다.

1차년도에는 맨발걷기 첫해라 준비운동, 정리운동 시 맨발걷기를 하였으나 올해는 전 체육대회를 맨발로 실시하였다. 1-2학년군, 3-4학년군, 5-6학년군으로 나누어 일정을 잡고 공기 질 악화나 우천 시에는 연기하기로 하였다. 맨발티셔츠를 입고 참여하며 교육과정의 정상화를 위하여 특별한 연습 시간을 할애하지 않고 학생들이 어우러져서 활동할 수 있는 종목으로 실시함을 원칙으로 하였다. 점수 기록 및 우승팀 시상은 없으며 어울림으로 추진하되 공책 및 간식은 지원하였다. 맨발달리기도 등수를 산정하지 않고 끝까지 달리는 데 중점을 두었다. 다음 〈표 II-23〉은 학년군별 맨발 어울림 체육대회 실시 종목이며, 〈그림 II-24〉는 맨발 어울림 체육대회 모습이다.

〈표 II-23〉 학년군별 맨발 어울림 체육대회 실시 종목

구분	실시 종목
사전 활동	맨발 어울림 체육대회 실시 내용 오리엔테이션 안전사고 관련 사전교육 실시
여는 마당	맨발걷기 및 맨발 체조로 준비 운동하기
공통 프로그램	맨발 개인 달리기(50M), 맨발 이어달리기
1-2학년군	맨발 공 나르기
	맨발로 주사위를 던져라!
3-4학년군	맨발 카드 뒤집기
	맨발 장애물 달리기
5-6학년군	행운의 맨발 깃발 달리기
	맨발 민속놀이 한마당(비석치기, 투호던지기, 제기차기, 굴렁쇠 굴리기) - 학반별로 코너별 민속놀이 체험을 순환하며 체험한다. - 부스별 체험을 모두 완료한 경우 긴 줄넘기를 하도록 한다.
닫는 마당	맨발걷기 및 맨발 체조로 정리 운동하기
사후 활동	소감문 쓰기 및 생각 나눔 시간 운영

〈그림 II-24〉 맨발 어울림 체육대회 모습

별빛벚꽃 맨발축제

봄이면 학교 앞 도로에 벚꽃이 장관을 이룬다. 학생, 학부모, 교사의 교육공동체가 벚꽃이 만개한 아름다운 봄날에 맨발걷기로 소통하고 하나 되는 시간을 갖고자 야간에 맨발축제를 추진하였다.

희망하는 가정 중심으로 진행하기로 결정하고 1학년 학부모들을 대상으로 맨발연수도 추진하였다. 맨발걷기를 할 때는 음악을 틀어주었다. 저녁 식사를 못 하고 오는 학부모들을 위하여 떡과 생수를 준비하고 전 교사가 남아서 학부모, 학생들과 함께 대화하고 걷는 시간을 가졌다. 다행히 많은 가족이 모여 성황을 이루었다. 다만, 운동장 조명이 어두워 전 교실에 불을 다 켜두어야 했고 운동장 스피커를 작년에 새로 설치하여 성능은 좋았지만, 음악 소리가 크지 않아 좀 아쉬웠다.

행사 후 반성회를 가졌는데 참석한 교사들은 전 교육공동체가 하나되는 소중한 기회가 되었다고 하였다. 행사 준비 기간에 조바심하던 마음이 가시는 기분이었다. 다만, 연수에 참석 희망을 한 일부 학부모들이 참석하지 않아서 준비를 철저히 한 담당자들은 아쉬워하였고 다음부터는 등록부를 준비하기로 하였다. 음악 소리가 작아서 흩어져 있는 참가자들의 마음을 하나로 모으는 계기가 필요하다고 하였으며, 삼삼오오 모여 서서 이야기하는 학부모들이 걸으면서 대화했으면 좋겠다는 이야기도 나왔다. 이런 내용들을 참고하여 다음 행사는 보완하여 추진하기로 하였다. 다음 〈그림 Ⅱ-25〉는 별빛벚꽃 맨발축제의 모습이다.

안내장　　　　　　　반성회의록　　　　　　　　　참가자 사진

〈그림 Ⅱ-25〉 별빛벚꽃 맨발축제 모습

　가족 축제이니만큼 학부모연구팀과 사후 협의회를 가졌다. 다음은
개인별 의견 중 주요 내용을 요약한 부분이다.

김인영 학부모 제목만으로도 설레는 축제였다. 사전에 듣고 싶은 노래도 신청
　　　　　받아 틀어주셔서 더 즐거웠다. 모든 선생님, 학부모, 관천초 학
　　　　　생들이 하나가 되어 맨발로 다 같이 게임도 하고... 우리 아이들
　　　　　에게 잊지 못할 추억의 한 페이지를 선물해 주셨다.

이서진 학부모 맨발활동을 온 가족, 주변 이웃들의 참여까지 이끌어 낼 수 있었
　　　　　던 시간이었고, 학교의 맨발교육을 이해하는 시간이 된 거 같다.

전효민 학부모 재미있게 축제를 즐기는 가운데 주민 한 분이 민원을 넣으셔서
　　　　　좀 일찍 마쳤는데... 그분에게 한번 나와서 동참해 보시라고 얘
　　　　　기하고 싶을 정도로 아쉬웠다.

(학부모연구팀 소감 기록, 2018.5.4.)

맨발 축제가 온 가족, 이웃 주민까지 참여하는 동네 축제가 되어가고 있었다. 다만, 야간이라 주민이 시끄럽다는 전화를 걸어와 조금 일찍 마쳤는데, 다음에는 시작시간을 조금 당겨 늦은 시간까지 진행하지 않도록 신경을 쓰기로 하였다.

맨발걷기 플래시몹

전교생이 맨발 티셔츠를 처음 입는 날을 맞아 '맨발걷기 플래시몹'을 기획하였다. 중간체육시간에 맨발 티셔츠를 입고 학급별로 맨발로 걸으면서 나름대로 준비한 동작을 취하는 행사였는데 마침 교육청에서 학교행사 드론 촬영 지원 사업이 있어 신청해 두었다고 한다. 초등학생 나름의 귀여운 동작과 어설픈 움직임이었지만 모두가 한마음으로 즐겁게 웃고 참여하는 의미 있는 행사였다. 드론이 낮은 곳까지 내려오며 아이들 가까이 가니 함성과 함께 즐거운 비명이 이어졌다.

다음은 행사 후 담임교사의 소감을 적은 글이며, 〈그림 II-26〉은 학생들의 맨발걷기 플래시몹 활동 모습이다.

박신혜 교사   업무부담도 없으면서 맨발과 빨노파 티셔츠와 드론이 함께하는 감동적인 시간이었어요. 아이들은 맨발(걷기)하니까 드론도 보내준다면서 흥분하는 모습이었고... 짧은 시간에 준비하여 우리학교가 하나되는 멋진 시간이 된 거 같아요.

(담임교사 소감 기록, 2018.5.3.)

〈그림 II-26〉 맨발걷기 플래시몹

맨발걷기 슬로건 공모

학생들이 맨발걷기를 어떻게 생각하고 있는지 궁금하여 작은 종이에 발바닥 모양을 그려 주고 적어보라고 했더니 다양한 생각이 나왔다. 교사들은 짧은 시간에 재미있게 아이들의 생각을 나타낼 수 있는 좋은 기회였다고 말하였다. 이참에 맨발걷기에 대한 아이들의 생각을 알 수 있었는데 교사들은 적은 내용을 보고 감탄하였다. 그중에서 1학년 학생이 적은 '맨발걷기는 나에게 주는 선물이다'를 최우수작으로 선정하였다. 〈그림 II-27〉은 아이들의 작품을 일부 모은 것이다.

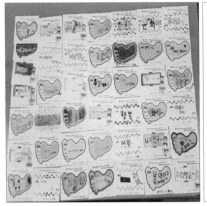

맨발은 나에게 주는 선물이다 / 뇌 조종장치이다 / 하늘을 나는 새같이 자유로운 것이다 / 러브다 / 보약이고 친구와의 우정이다 / 행복이다 / 자유다 / 꽃이다 / 평화다 / 문화다 / 성장이다 / 우리학교의 자랑이다 / 예방접종이다 / 꽃길이다 / 집중이다 / 함께하는 자유다 / 친구와 얘기할 수 있는 것이다 / 달콤한 휴식이다 / 나의 인생이다 / 무지개다 / 약값이 들지 않는 것이다 / 100세 시대의 출발점이다 / 매일 먹는 비타민이다 / 자연을 만나는 악수이다 / 행복이다 / 박하사탕이다 / 관천의 중심이다 / 사랑이다 / 나의 친구다

〈그림 Ⅱ-27〉 맨발걷기 슬로건 학생작품

예술꽃축제, 맨발 예술꽃길 걷다

작년에 이어 2차년도에도 예술꽃 축제를 개최하였다. 학교마다 가을에 하는 예술제 행사에 맨발걷기를 접목한 것이다. 인근 아트센터를 대여하여 1부에는 전교생이 학급별, 동아리별로 무대에서 공연하였다. 한 명도 빠짐없이 큰 무대에서 공연하는 경험은 우리 아이들에게 소중한 경험이 될 것이다. 2부에는 우드윈드오케스트라 정기연주회를 갖고, 3,4부는 저녁에 학교 운동장에서 맨발걷기와 작품 및 사진 전시회를 가졌다. 1부에는 자녀들의 공연 모습을 보기 위하여 대부분의 학부모가 참여한다. '맨발, 예술꽃길 걷다'라는 부제로 진행된 3, 4부 야간 맨발축제에는 학생, 학부모, 교직원이 함께 운동장에서 맨발로 레크리에이션을 즐긴 후 통기타 공연을 즐기면서 맨발걷기를 하였다.

다음 〈그림 Ⅱ-28〉은 예술꽃 축제 팜플릿과 맨발축제 시 맨발공연 모습이다.

예술꽃축제 팜플릿

우드윈드오케스트라 맨발축제 오프닝 공연 모습

〈그림 II-28〉 2018 예술꽃축제 팜플릿과 맨발공연 모습

학부모연구팀들과 사후 반성회를 하는 자리에서 나는 축제 시 여러 가지로 도움을 주어서 고맙다는 인사를 하였다. 학부모회는 우리 학교 축제라고 전 학생들에게 야광 팔찌, 간식 등을 기부해 주었으며 행사 진행 시 방명록 현수막을 관리해 주는 등 적극적인 모습이었다.

김인영 학부모 맨발사진전시회를 겸한 작은 콘서트에 온 느낌이었고 어느 지역 축제보다 볼거리, 즐길 거리가 많은 알찬 맨발축제였다. 어린아이부터 3대까지 모두 오셔서 맨발로 걷고, 눈으로 보고, 몸으로 음악과 하나 되는 모습은 대한민국에서 유일무이 우리학교의 자랑거리이다. 약간 추운 날씨에 발이 시릴까 걱정도 했지만 뛰고 걷고 하니 발이 시리진 않았으며 쌀쌀한 날씨에 맨발도 괜찮겠다 싶었다.

이서진 학부모 처음 학교에서 맨발활동을 시작했을 때 걱정과 반대의 목소리를 내시던 학부모님들, 야간에 학교에서 아이들 노는 소리 때문에 주변이 소란스럽다고 하신 지역 주민들이 서로 즐기며 함께 참여하는 모습이 정말 감동적이었다.

전효민 학부모 하루종일 예술제를 하고 아이들이 많이 피곤할 거 같아 걱정했
는데 아이들의 넘치는 에너지를 보고 깜짝 놀랐다. 우리학교 가
족뿐 아니라 지역주민들까지 축제를 즐기시는 모습을 보면서
관천 학부모임이 자랑스러웠다.

김희애 학부모 추운 날씨에도 불구하고 모두 신발과 양말을 벗으시는 모습에
서 교장 선생님을 비롯하여 교직원들의 지난 1년 동안의 수고
와 노력이 건강한 맨발걷기가 정착되는 결실로 나타나 감탄이
절로 나왔다.

(학부모연구팀 소감 기록, 2018.11.2.)

학부모연구팀은 매우 상기된 모습으로 축제의 소감을 이야기하였
다. 모두가 하나되는 자리, 아이들의 넘치는 에너지, 지역 주민도 함
께하는 축제로서 정착되어 가고 있는 모습을 알 수 있었다.

맨발티셔츠 프린팅 및 세족식

학부모회 주관으로 맨발티셔츠 프린팅 및 세족식 행사를 가졌다. 5
월 4일 금요일 오후 6시, 희망 학부모와 학생 100여 명은 도서관에서
맨발티셔츠 프린팅을 한 후 임간교실에서 자녀가 부모님 발을 씻어드
리는 세족행사를 하였다. 어버이날 즈음에 효도와 학교사랑 행사를
한 것이다. 미리 준비한 무늬 없는 흰색 티셔츠에 학부모들이 자녀와
함께 발바닥 모양을 직접 그려 넣어 학부모 맨발티셔츠를 제작하였
다. 그리하여 각종 학교 행사에 학부모들이 참여할 때 이 티셔츠를
입는다고 하였다. 뒤이어 세족행사를 진행한 후 전체 기념 촬영을 한
후 맨발걷기로 마무리하였다.

다음 〈그림 II-29〉는 맨발티셔츠 프린팅 및 행사모습과 행사에 참여한 학부모연구팀의 소감이다.

자녀와 맨발티셔츠 프린팅 · 기념 촬영 · 행사 후 맨발걷기

〈그림 II-29〉 맨발티셔츠 프린팅 및 행사 모습

이서진 학부모 티셔츠 한 장에 가족이 함께 그림을 그리는 시간은 마음을 나눌 수 있는 시간이었고, 서로 마주 볼 수 있어 좋았다. 가장 인상 깊었던 것은 할머니의 발을 한쪽은 엄마가 다른 쪽은 아이가 함께 씻겨드리는 모습을 보면서 가슴이 뭉클했다.

전효민 학부모 맨발걷기 후 아이들이 작은 손으로 발을 씻어줄 때는 처음에는 장난처럼 시작했던 모습들이 어느덧 진지해지고, 서로 말하지 않아도 마음이 느껴지는 소중한 순간이었다.

김인영 학부모 고사리 같은 손으로 부모님 발을 씻겨주고 주물러 주고 닦아주고... 너무 대견하기도 하고 '언제 이만큼 컸지'라는 생각에 잠시나마 울컥했다.

(학부모연구팀 소감 기록, 2019.5.9.)

학부모들이 기획하고 추진한 이 행사에 학교에서는 몇 명이 참관만 하였는데, 참가한 학부모들의 의욕적이고 열정적인 모습에 저절로 고개가 숙여졌다. 모두가 감동하였고 가슴 뭉클한 경험을 한 아름다운 행사였다.

2018 계족산 황톳길 맨발체험

학부모회가 '학교교육 참여사업'의 하나로 주말에 계족산 황톳길에 맨발걷기를 간다고 나에게 학교 대표로 참여해 주면 좋겠다고 제의했다. 학부모회에서 스스로 맨발행사를 기획한 것이 고맙기도 하고 궁금하기도 해서 가보기로 하였다. 교사들은 주말이라 부담스러워할 것 같아서 학부모 담당부장교사와 둘이서 참여하였다. 40여 명이 빼곡히 버스 한 대에 타고 계족산으로 가서 함께 걷고, 황토발 스탬프 찍기 행사도 기획하여 지나가는 사람들 발도 찍어 주는 등 의욕적으로 행사를 진행하였다. 학부모와 아이들은 삼삼오오 걷고 대화하고 서로 어울려 사진도 찍으면서 매우 밝은 모습들이었다. 이 행사를 지켜보며 무엇이든지 조급히 생각하지 말고 서서히 분위기가 무르익도록 기다리는 것이 필요하다고 생각하였다. 다음 〈그림 II-30〉은 당일 체험 모습이다.

〈그림 II-30〉 2018 계족산 황톳길 맨발 체험

문경새재 맨발 페스티벌 참가

국내 모 신문사에서 주최하는 문경새재 맨발페스티벌이 해마다 열리는데 올해 학부모회에서 참가하고 싶다고 하였다. 마침 방학 기간이라 부장교사 중심으로 희망교사들이 지원하기로 하였다. 학생, 학부모, 교사 60여 명이 버스 두 대에 나누어 타고 참가하였다. 맨발학교 부스도 배정받아 학부모 재능기부로 사진 전시, 발 도장 찍기, 자선바자회 등도 운영하였다. 사진은 2년 가까이 활동하면서 모아둔 사진 중에서 200여 장을 선정하고 출력하여 배치하고 설명도 붙이는 등 학부모들의 자발적인 노력이 있었다. 황토 발 도장 찍기는 부스에 사람들이 줄을 서서 기다릴 정도로 인기가 있었다. 학교 부스를 찾은 많은 사람은 학부모들의 자발성과 열정에 감동하는 분위기가 가득하였다.

다음은 행사 후 학부모연구팀의 소감을 들은 내용이다.

김희애 학부모 조금 지치고 힘들긴 해도 우리학교가 맨발교육 전국 1호 학교라는 자부심으로 기분 좋게, 신나게 준비했다.

전효민 학부모 오늘 전시한 사진만으로도 우리학교의 맨발걷기가 대단하다는 것을 사람들이 알게 되었고….

김인영 학부모 사람들이 너무 많아 아이들을 관리하는 데 힘이 들긴 했다. 그래도 뿌듯하고 행복한 행사였다.

(행사 후 학부모 소감기록, 2018.8.18.)

학부모들은 아침 일찍부터 저녁에 돌아오는 시간까지 너무나 많은 활동들을 하면서 피곤했을 텐데, 행복하고 뿌듯해하며 신나서 이야기하였다. 그런 모습을 보는 나와 교사들은 감사하는 마음과 함께 깊이 감동하였다. 다음 〈그림 Ⅱ-31〉은 문경새재 맨발페스티벌 참가 모습이다.

| 단체사진 | 부스 운영 및 사진 전시 | 황토 발 도장 찍기 |

〈그림 Ⅱ-31〉 문경새재 맨발페스티벌 참가 모습

맨발사진전 개최

1차년도부터 운영하는 과정에서 찍어 둔 사진들을 예술제 할 때 학생작품전과 함께 사진전을 열기로 하였다. 원래는 모은 사진들이 많아 언제 전시회를 한 번 하자는 이야기가 있었는데 작품전시회와 함께 하는 것이 효율적이라는 의견들이 나왔다. 예술제 준비로 교사들의 업무가 겹치는 상황이라 나는 고민을 하다가 사진전은 학부모회에서 협조해 달라고 요청하니 흔쾌히 맡아 주었다.

학급별로 활동하는 과정에서 찍어 둔 사진들과 행사별로 그때그때 찍은 사진들을 분류하고 선정하는 과정을 거쳐 크고 작은 크기의 사진을 200여 장 인화하였다. 작은 사진들은 행사별로 스티로폼 판자에 스토리텔링으로 엮어서 운동장과 주차장 경계 담장에 붙이고 큰 사진들은 커다란 액자에 넣어 각각 이젤에 세웠다. 사진전을 야간 맨발축제 시 오픈하는 상황이라 가로등이 있음에도 불구하고 학부모회에서는 일일이 액자마다 조롱조롱 등을 달아주어서 전시회는 장관을 이루었다. 2년 동안의 맨발교육의 역사가 사진전에 고스란히 드러났다.

학부모들은 1년에 두 번, 대부분 학교를 방문하는데 한 번은 학년 초 수업공개 및 교육활동 설명회 날이며 나머지는 예술제 및 작품전시회의 날이다. 평소에 자녀를 통해서 맨발걷기를 듣기만 해 온 학부모들은 사진전을 통해 학교에서 이루어지는 맨발교육 과정을 생생하게 볼 수 있었다.

학교에서 전시회를 한 후, 그냥 철수하기가 아쉬워 중앙교육연수원에 의뢰하여 거기서 한 달 남짓 전시하였다. 다음 〈그림 II-32〉는 맨발사진전의 모습이다.

| 사진전 및 방명록 현수막 | 중앙교육연수원 전시모습 | 운동장 전시모습 |

〈그림 II-32〉 맨발사진전

다. 국제교류_일본 맨발학교 방문

일본에 개교한 이래 현재까지 맨발로 생활하는 학교가 있다고 하여 알아보니 후쿠오카에 있는 미카사노모리 초등학교였다. 그 학교를 참관하고 싶었지만 여러 가지 제약이 있어 고민하다가 시교육청의 국제협력팀에 도움을 요청하여 지원 받았다. 교육청에서 후쿠오카 교육위원회에 요청하였고 교육위원회에서는 감독관을 배정, 감독관이 이메일로 일본학교와 우리학교의 협의를 전달해 주었다. 방문일자, 당일 일정 등을 수차례 메일로 협의하고 사전 질의서를 보내어 당일 밀도 있는 참관이 되도록 하였다. 사전에 주고받은 메일은 〈그림 Ⅱ-33〉과 같다.

일본학교의 체력테스트가 있는 날에 맞추어 필자와 관련 업무담당 부장 2명이 방문하기로 하고 2019년 5월 10일 목요일 방과 후에 저녁 비행기를 타고 후쿠오카로 갔다.

2019년 5월 11일 금요일 아침 8시에 학교에 도착하니 이미 전교생이 운동장에서 반바지, 반팔 체육복차림으로 맨발조깅을 하고 있었다. 저·중·고 학년군별로 트랙 안(순방향)-중간(역방향)-바깥(순방향)으로 질서 있게 끊임없이 달리고 있었는데 아이들은 숨찬 기색이 전혀 없었다. 매주 월, 화, 목, 금요일 아침마다 하는 활동이라고 하였다. 그런 후에는 전교생이 줄을 서서 음악에 맞추어 소프트볼로 공 체조를 익숙하게 하였다. 소프트 볼 활동은 매주 화, 금요일에 한다고 하였다. 그날은 전국적으로 실시하는 체력테스트의 날이어서 모든 테스트를 맨발로 하는 모습도 볼 수 있었다. 체력테스트를 하지 않는 저학년은 바구니, 미니 삽, 물 등으로 맨발 흙 놀이를 하고 있었다.

발신: 오노 죠시 교육위원회 감독관 히라노 요시
　　　히로
수신: 대구교육청 이○○ 사무관
내용: 일본학교의 가능날짜 및 날짜별 주요일정
　　　과 요청내용

발신: 대구○○초등학교 교사 이○○
수신: 오노 죠시 교육위원회 감독관 히라노 요시
　　　히로
내용: 우리학교의 희망날짜와 일본학교 일정 중 체
　　　력테스트에 관련된 질문

발신: 오노 죠시 교육위원회 감독관 히라노 요시
　　　히로
수신: 대구○○초등학교 교사 이○○
내용: 우리학교의 희망날짜 수락, 당일일정, 질문
　　　에 대한 답변 등

발신: 대구○○초등학교 교사 이○○
수신: 오노 죠시 교육위원회 감독관 히라노 요시
　　　히로
내용: 우리학교의 방문 희망날짜 변경 문의

발신: 오노 죠시 교육위원회 감독관 히라노 요시
　　　히로
수신: 대구○○초등학교 교사 이○○
참조: 대구교육청 이○○ 사무관
내용: 체력검사 안내, 교육청의 협조메일 등

발신: 오노 죠시 교육위원회 감독관 히라노 요시
　　　히로
수신: 대구○○초등학교 교사 이○○
내용: 우리학교의 희망날짜 수락, 당일 세부 일정
안내 등

〈그림 II-33〉 일본 교육위원회 감독관과의 교신 메일

그다음은 교장실에서 양측의 참석자 소개가 있었는데 재일동포 학부모 두 분이 통역과 학부모 의견 수렴을 돕고자 나와 주셨고 사전 협의에 도움 주었던 교육위원회 감독관이 함께해 주었다. 그는 중학교 교사 출신이라고 하는데 파견교사 내지는 장학사 정도의 역할을 하고 있었다. 일본학교에서는 교장, 교감, 교무부장, 체육부장이 협의에 참석하였다. 학교소개 시 양측의 교육목표가 다음 〈표 II-24〉와 똑같아서 모두가 신기해하였다.

〈표 II-24〉 두 학교 교육목표의 내용과 기술순서

학교명	1	2	3	중간체육시간
대구○○ 초등학교	체(體)	덕(德)	지(智)	체·덕·지의 조화로운 발달로 행복한 삶을 열어가는 ○○교육
미카사노모리 초등학교	튼튼한 몸	밝은 마음	깊은 생각	

학교 소개와 함께 양측의 맨발교육 관련 내용을 상호 소개한 후, 우리가 사전에 질의한 내용에 대하여 한국어로 자료를 만들고 한국어로 제작한 프레젠테이션 자료로 브리핑을 해 주었다. 다음 〈표 II-25〉는 참관하고 알게 된 내용을 정리한 〈표〉이며, 일본의 학교에 보낸 사전질의서 및 방문모습은 〈그림 II-34〉와 같다.

〈표 II-25〉 일본 미카사노모리 초등학교 맨발교육 관련 참관 내용

맨발교육 역사	- 1981년 호리우치 사다오 초대 교장의 '건강교육을 중심으로'라는 교육철학을 바탕으로 현재까지 맨발 및 건강교육 중점 운영 - 후쿠오카 현에서 건강, 체육 중점학교로 유명한 2대 학교 - 대부분의 학부모들이 학교 졸업생이라 맨발교육에 대해 호의적
맨발교육 운영방법	- 매일 아침 수업 전 운동장에서 하는 맨발달리기(월,화,목,금), 공 체조(화,금) 상시 운영 - 교실, 운동장, 체육관, 복도 등 화장실을 제외한 전 구간에서 맨발로 공부하고 운동하는 생활이 습관화됨
연구 및 효과	- 체력측정 결과, 전국 및 후쿠오카 현의 평균을 상회하는 효과 발견 - '아사히슈즈' 주식회사와 연계하여 학생의 발 성장 상황 연구함 - 발의 활근, 아치 살아남, 평발 사라짐, 근육, 두뇌 활성화 효과
세족 시설	- 낮은 높이의 파이프에 구멍을 뚫고, 한번에 잠글 수 있도록 함 - 학생들이 지나가면서 발을 가볍게 씻고 줄을 서서 지나감 - 오래 전부터 해 와서인지 아주 자연스럽게 실시함
발 건조과정	- 현관에 입장 통로가 3곳 있으며, 큰 발걸레가 1개씩 있음 - 여러 학생이 한 걸레를 공용으로 사용하여 비위생적 - 본교의 '맨발징검돌' 발을 말리는 시스템 관심 보이며 부러워함
소프트볼 고정대	- 소프트볼 활용 시 공이 잘 굴러다니므로, 공을 고정하는 테이프 심을 잘라 만든 고정대가 개인별로 있었음. 이를 복도에 학급별로 보관하도록 앵글을 비치함 - 소프트볼은 학교에서 지급, 고정대는 개인별로 학부모가 준비함
그 외 환경	- 안전한 계단: 실내 맨발 생활을 위하여 모서리를 고무로 처리함 - 안전한 복도: 복도와 교실의 높이가 같아 실내 맨발 생활에 적합 - 화장실용 실내화: 실내 맨발 생활을 위해 화장실 실내화 비치, 바닥에 실내화 정리를 위한 칸을 그려 둠 - 안전한 책걸상: 책걸상의 다리에 맨발이 다치는 일이 없도록 테니스 공을 부착함 - '걸어서 일본 한바퀴': 맨발 활동에 따라 얼마나 멀리 걸었는지 확인하는 인증제 판을 벽에 설치함

<그림 II-34> 사전 질의서 및 방문 모습

　재일동포 학부모, 학생과도 면담하였다. 학부모는 맨발생활로 자녀
가 갈수록 건강해지고, 말이나 생활에도 적응이 빨라졌으며 많이 밝
아졌다고 하였다.

재일동포 학부모　후쿠오카에 온 지는 3년이 되었어요. 남편이 이곳에 발령이 나서... 맨발활동을 한다는 게 처음에는 당황스러웠지만, 갈수록 아이가 건강해지는 것 같고 일본 생활 적응도 빠르고 말도 빨리 늘어서 만족해요. 우리 아이가 굉장히 밝아졌어요. 음... 이 학교 학부모들은 오랜 전통으로 맨발교육을 당연하게 받아들이고 있어요. 학교에서 맨발 관련 별다른 연수나 안내가 없어도 학교에서의 맨발 생활은 일상이 된 거 같아요.

(미카사노모리초등학교 방문일화 기록, 2018.5.11.)

아침 8시부터 점심시간까지 오전 일정을 분 단위 계획으로 운동장 맨발활동 참관, 수업 참관, 시설 참관, 체력테스트 참관, 학생들과 점심식사하며 인터뷰 등 알차게 참관이 되도록 준비해 준 미카사노모리 초등학교 측의 철저함이 인상 깊었다.

다녀온 후, 학교장의 감사 편지와 두 학교의 맨발교육 우호증진을 위한 학생들의 작품들, 요청한 자료 등을 우편으로 발송하였다. 또한, 전 직원 대상 보고회, 학부모 대상 보고회를 열어 사진과 동영상 등으로 상세하게 전달하고 우리학교에서 적용해 볼 만한 부분을 협의하였다.

다음은 전 직원 대상 보고회 후 관련 교사들과 협의 시간에 나온 이야기들이다.

이건승 교사　매일 아침 달리기와 소프트볼 체조는 대단한 거 같습니다. 아이들의 표정이 결연하고 장난치는 학생도 전혀 보이지 않네요.

임규민 교사　좋긴 한데, 우리학교에 바로 도입하기는 무리가 있지 않을까요?

일단 아침 일찍 전 교사가 출근해야 하는 부담이 있습니다.

교장   그렇지요... 선생님들은 아침시간이 많이 바쁘니....

장동건 교사   그 대신 하절기 중간체육시간을 아침 등교시간 이후로 옮겨서 맨발걷기를 하는 것도 고려해 볼 만 합니다. 등교시간 이후라 선생님들도 부담스럽진 않을 텐데....

백소희 교사   괜찮을 거 같습니다. 여름엔 차라리 아침에 걷고 수업시작하면 덥지도 않고 아이들이 한결 좋아할 거 같은데요.

...... 중 략 ......

교장   아이들이 좀 더 즐겁게 맨발체험을 할 수 있도록 학급에 부드러운 공을 제공하는 건 어떨까요?

이태희 교사   아이들이 공이 있으면 맨발로 더 즐겁게 놀겠네요. 그리고 저도 다른 학교에서 잠시 해 봤는데 교실에서 맨발로 생활하면 실내 공기도 깨끗하고 아이들이 방처럼 사용합니다. 우리 1학년은 교실에서 맨발로 생활해 볼까 합니다.

교장   그거 좋겠네요!

박신혜 교사   저희 6학년도 한번 시도해 보겠습니다. 그런데 전 학급 의무참여는 조심스럽습니다.

교장   그래요. 일단 희망하는 학급부터 해 봅시다.

(전직원 협의내용 일부 기록, 2018.5.28.)

협의된 내용으로 하절기 대비 교육과정 운영 시정을 변경하여 아침 중간체육시간으로 운영하고 학급별로 탱탱볼을 2개씩 제공하였다. 실내 맨발 생활은 1, 6학년이 먼저 시행하였는데 시행해 본 담임교사들끼리 입소문이 나서 하나둘 맨발교실이 늘어나기 시작하였다. 평소 기관지가 약해서 힘들어하던 담임교사도 아이들을 설득하여 맨발 생활을 해 보니 실내공기가 쾌적해져서 한결 편안해졌다고 하였다. 그러다 보니 아이들이 복도, 화장실까지 맨발로 다니기 시작하여 물기가 있을 때는 미끄러울까 봐 걱정이 되었다. 복도를 다닐 때는 꼭 실내화를 신도록 지도하고 특별히 맨발교실이 모인 근처의 화장실에는 해당 학년의 의견을 물어보고 실내화를 비치해 주었다.

4. 운영 결과

2차년도 실행은 1차년도와 크게 다를 바 없이 진행되었다. 다만, 학교장으로서 1차년도 실행 때만큼 앞에서 진두지휘하는 모습을 줄이고 가급적 옆에서 혹은 뒤에서 지켜보고 기다리는 시간을 많이 가졌다. 담임교사의 건강상 이유로 중간체육시간에 참여가 부진하거나 전체 행사에 소극적인 학급도 말없이 기다렸다. 하루이틀 하고 그만둘 사업이 아니기 때문에 담임교사의 자발성이 끝까지 사업을 지탱해 갈 수 있는 근본적인 힘이라고 생각하였다. 그러기 위해서는 연수 자료를 제공하여 자율적으로 연수하도록 기다리고 자신을 위해서나 학급의 아이들을 위해서 스스로 동참해 올 때까지 또 기다렸다. 전 직원 회의에서도 가급적 맨발걷기에 대한 이야기를 하지 않았다. 천천히 함께가는 것이 더 중요하였다.

가. 학생들의 변화

1차년도 실행 결과로 더 건강해지고 밝아졌으며 학습 집중력이 좋아진 아이들은 2차년도 실행으로 주위 사람들과 함께하는 즐거움을 알아가고 있었다. 좀 더 건강해진 아이들은 좋은 컨디션으로 친구들을 돌아볼 수 있게 되었고, 친구와 함께하는 기쁨과 친구의 소중함을 더 크게 인식하게 되었다. 또한, 친구뿐만 아니라 선생님, 가족과 함께하는 시간이 생겼다는 것을 인식하고 소중하게 생각하고 있었다. 다음은 2018 관천 인문예술제에서 맨발걷기를 소재로 글을 쓴 학생들의 작품이다.

> 나 혼자 걷고 있는데 친구들이 와서 같이 걷자고 하였다. 친구들이랑 함께 걸으니 하늘을 날아갈 것 같다.
>
> (2학년, 김채연)

> 맨발걷기를 하거나 맨발놀이터에서 놀다 보면 다양한 친구들을 만날 수 있고 친구들을 쉽게 사귀거나 친해 질 수 있다. 또 선생님과 이야기하면서 말하지 못했던 고민이나 감사함을 표현할 수 있고, 내 생각이나 의견을 건의할 수 있는 좋은 기회가 된다.
>
> (4학년, 최준형)

맨발걷기 덕분에 악기를 부는 나에게는 혈액순환이 잘 되게 하여서 호흡량이 길어졌다. 어쩌면 나의 실력의 일부분은 맨발걷기의 효능일 것이다.

(5학년, 이다인)

그 과정에서 친구들과 더 가까워지고 친해지는 것 같고, 학교 분위기가 더 맑아지는 것 같아서 좋다.

(6학년, 조연우)

힘든 일이 있으면 누군가와 함께 대화하며 맨발걷기를 하는 것도 나쁘지는 않다.

(6학년, 이소영)

저녁에 동생이랑 맨발달리기 시합을 했는데 내가 이겼다. 동생이 시무룩해하기에 다음 판은 내가 약간 봐주어서 동생이 이겼다. 그러니 동생은 또 기분이 좋아졌다.

(6학년, 박지민)

맨발걷기를 안 하겠다는 아빠한테 우리학교는 맨발로 운동장에 들어와야 된다고 우겼더니 신발을 벗고 맨발로 걷다가 아프다고 앵앵거리는 모습이 귀여우셨다. 고3인 언니, 우리 엄마 모두 내가 졸라대는 바람에 맨발을 하게 되었다.

(6학년, 이경영)

(2018 관천 인문예술제 학생작품에서 발췌, 2018.10.25.)

박영주 강사   교장선생님. 6학년 아이들이 요즘 아이들 같지 않네요. 이렇게

집중하고 차분하게 수업에 참여하는 아이들, 흔치 않아요. (선비

교육) 내용 자체가 지루하고 재미있는 내용이 아니라서 대부분

수업이 힘든데, 이 학교 아이들은 정말 다르네요. 그리고, 선생

님들도 수업 내내 아이들과 최선을 다하는 모습이 정말 보기

좋았어요, 좋은 모습 흐뭇하게 보고 갑니다.

(선비교육 수업한 날 강사와의 전화 통화 내용 기록, 2018.6.21.)

나. 교직원들의 변화

자발적 동참을 기다리는 2차년도 실행에서 교사들은 대대적인 분위기 조성을 한 1차년도보다 참여율이 낮았다. 아침 등교시간 맨발걷기는 눈에 띄게 하는 학생들이 줄었다. 담임교사의 아침 운동장 존재 유무가 학생들의 참여도를 크게 좌우하고 있었다. 필자가 매일 아침 운동장에서 애타게 기다려도 작년만큼 담임교사들의 참여도는 나오지 않았다. 그래도 어쩔 수 없었다. 가정에서 가족들 출근과 등교 준비하랴 학교 출근해서 수업 준비하랴 바쁠 수밖에 없다는 걸 안다. 서서히 아침 맨발시간은 활발함이 줄었지만 중간체육시간과 수업시간, 체육시간 등에서는 꾸준히 내실 있게 이루어지고 있었다. 체육전담교사가 맨발수업이 가능한 차시를 맨발로 수업하는 모습을 자주 볼 수 있어서 나는 매우 기뻤다. 수업시간 앞뒤로 자투리시간에 나오는 모습도 종종 보였다. 아침시간이 바빠서 그렇다는 걸 보여주는 좋은 사례여서 그 또한 마음이 놓였다.

3월 첫날, 야간 당직 주사님이 새로 부임해 오셔서 야간 운동장 관리에 대해 각별히 당부하였다. 맨발걷기 교육 이야기와 함께 주사님도 한번 해 보시라고 적극적으로 권하였다. 그랬더니, 다음 날부터 매일 1시간 일찍 출근하여 운동장에서 맨발로 걸으면서 휴지를 주우셨다. 하루 해 보니 뭔가 다름을 느꼈다고 하셨다. 멀리서 보면 걷는 자세도 갈수록 꼿꼿해지시고 학교 안팎일을 부탁하지도 않았는데 솔선수범하신다. 한번은 임간교실 뒤쪽 화단의 경계석이 없는 부분에 비 온 뒤 흙이 임간교실로 흘러내려온다고 직접 시멘트를 구입해 와서 경계석을 만들어 놓았다고 하였다. 현장에 가보니 제법 길게 경계석이 만들어져 있었다. 우리학교에 몸담고 있는 구성원으로서 학교 사랑하는 마음으로 하셨을 거라는 생각에 감동하였다. 그런 마음으로 늘 학교 안팎을 챙겨 주신다.

다음은 저녁에 학교 운동장에서 맨발걷기를 하다가 만난 야간당직 주사님에게서 들은 이야기이다.

저는 매일 출근 전 1시간 걷고(15:30~16:30), 새벽 4시 40분에 알람 맞춰놓고 50분에 운동장 나가서 40분간 걷고 철봉도 매달렸다가 학교 순찰합니다. 하루에 두 번 하는 셈이지요. 해 보니 안 피곤하고 남자들한테 좋은 양기…뭐 그런 게 좋아지고 건강검진 해 보면 나이 들면 모두 키가 줄어드는데 저는 원래 키를 계속 유지하고 있습니다. 피부부터 달라져서 제 집사람과 주변 친구들이 갈수록 젊어진다고 놀라 합니다. 하루도 안 빠지고 걸었지요. 이 학교 근무하는 동안은 매일 해야지요. 학교가 제겐 너무 고마울 뿐입니다. 고맙습니다…

(야간당직 주사님의 소감 기록, 2018.12.27.)

주사님은 주변에서 젊어졌다 하고 원래의 키를 그대로 유지하고 있으며 피부도 좋아졌다고 하였다. 그 외에도 여러 가지 이야기를 하셨다.

야간 당직 주사님이 꾸준히 하신 이후, 연세가 많으신 학교 시설담당 주무관님도 어느 날 아침 일찍 맨발걷기 하는 모습을 포착했다. 학교 일을 너무 알뜰히 잘 해 주시고 고장 난 것도 뚝딱 잘도 고치시고, 교사들이 어려움이 있어 부탁하면 그 말이 땅에 떨어지기 전에 다 해 주신다는 말까지 나올 정도로 최고의 주무관님이시다. 그렇게 부지런하셔도 몇 번 권했지만 맨발걷기는 하지 않던 분이 드디어 시작하신 것이다. 늘 새벽같이 출근하시니 급한 일을 먼저 해 놓으시고 출근시간 전까지 열심히 운동장을 걸으셨다. 주무관님은 당장 배가 들어갔다고, 해보니 좋더라는 한 마디만 툭 던지셨다. 매일 아침 근무시간 전에 걷는 모습을 볼 수 있었다.

공무직 실무원들도 하나, 둘 중간체육시간에 나오기 시작하더니, 나중에는 아침 일찍 출근하여 근무시간 전에 걷는 직원도 생겼다. 학교문화를 바꾸어 가려면 학생, 교사뿐만 아니라 전 교육공동체 구성원이 하나의 목표를 향해 나가는 게 중요하다. 드디어 공무직 실무원들도 운동장에 나오기 시작한 것이다.

다. 학부모들의 변화

학부모들의 글이 시교육청 홈페이지 자유게시판에 올라와 있었다. 학부모들에게도 자녀가 달라지니 진심이 전해지는 것 같았다. 처음에는 공개적으로 칭찬하는 글이 올라가 있어 당황스러웠지만, 시간이 지나면서 감사함과 함께 힘이 났다. 유난히 2차년도부터는 학부모회의 학교지원 활동이 더 활발해졌다.

다음 〈그림 Ⅱ-35〉는 학부모들이 올린 글이다.

체·덕·지의 조화로운 발달로 행복한 삶을 열어가는 관천초를 칭찬합니다.

작성자 ○○○ 작성일 2018.04.06 19:21 　　　　　　　　　　　　　　　　　　　　 조회수 55

공유하기 [f 페이스북] [y 트위터]

저희 학교는 칠곡내에서 전교생이 260명 정도의 작은 학교입니다. 이렇게 작은 인원수의 학교가 있다고하면 다들 놀라시더군요. 그런 저희 학교가 지금의 이금녀 교장선생님이 부임하시면서 달라졌습니다.
처음 맨발걷기를 한다고 했을땐 엄마입장에선 제대로 씻지도 않고, 춥고 더운데 하지말라고 아이들에게 말했습니다. 하지만 작년 한해동안 겨울만되면 감기를 달고살던 아이가 감기를 하지않고? 건강해지는걸 느끼게 되었습니다.
그리고 관천초는 4년전 예술꽃씨앗학교로 선정되어 1인 1악기를 습득하고 있으며 둘째아이는 3년간 오케스트라 단원으로 활동하며, 이진화선생님의 지도하에 2년째 관악대회에 나가서 수상도 하였으며, 다양한경험과 봉사활동도 하였습니다
올해는 막내아이가 치열한 경쟁을 뚫고 오케스트라 단원이 되었습니다. 올해가 예술꽃씨앗학교 마지막이 아닌, 내년·내후년에도??1인1악기를 습득할수있도록 계속되었으면 하는 바램이 있습니다.
맨발걷기로 체, 예술꽃 씨앗학교로 덕, 독서·인문학 교육으로 지를 실천하는 저희 관천초등학교를 칭찬합니다.

행복학교 [대구 관천초등학교]를 칭찬합니다.

작성자 ○○○ 작성일 2018.04.09 19:41 　　　　　　　　　　　　　　　　　　　　 조회수 39

공유하기 [f 페이스북] [y 트위터]

저는 대구 관천초등학교 학부모 입니다.
저희 학교를 칭찬하고 싶어 이렇게 쓰게 되었습니다.
저희학교는 전체 학생규모가 300명이 안되는 작은 학교 입니다.
인근에 나름대로 교육적으로 핫 하다는 학교도 있지만 제가 느끼기로는 저희 관천초등학교가 교육적으로나 정서적으로 우리 아이들에게 아주 좋은 학교라고 생각합니다.
우리학교 자랑좀 할까요?
학생들은 강이 우선이지요? 저희학교는 맨발걷기를 합니다.
맨발걷기를 한 이후부터 자주하던 가벼운 감기나 비염등 증상이 점점 없어져요.
이금녀 교장선생님의 권유로 저 역시 아이따라 시작한 맨발걷기 ...
몸도 가벼워 지고 아이와 함께걸을 수 있는 시간도 많아져 너무 즐겁습니다.
이젠 제가 맨발걷기 전도사가 되어 저희 직장사람들에 관천초에서 걷자고 할 정도 입니다.
비오는 날이면 아쉬워서 비 그치기만을 기다립니다

두번째로는 저희학교는 예술꽃씨앗학교로 1인 1악기를 배우고 있습니다.
첫째 아이 우드윈드 오케스트라에서 배우고 졸업하였지만 아직도 그 경험을 소중하게 생각하고 있어요
둘째 아이는 오빠 오케스트라 배우던것을 보면서 자랑고 드디어 올해 처음 단원이 되었답니다.
일주일에 많은 시간을 악기를 접하고 배우고 하오니 틈 맞추면서 연습을 하니 아이가 너무 좋아합니다.

규모는 저희학교가 작지만 앞 동네의 규모 큰 학교보다 부족한거 없이 더 내실있는 교육해주시는 이금녀 교장선생님과 저희 관천초 선생님들를 칭찬해드리고 싶어요
내년이면 다른데로 전학을 갈 예정에 있지만 많이 갈등하고 있습니다.
이사가는 곳이 그리 멀지 않는 곳이라 전학을 안시키고 계속 관천교육으로 둘째를 키우고 싶은 욕심이 날 정도로 좋은 우리 학교!!!
관천초등학교 화이팅 입니다.!!

거의 모든 엄마들의 아침이 그렇듯 저도 아침마다 두 아이를 등교시키려면...
아휴.. 한숨부터 나던 시절이 있었습니다.
깨우는 것부터 시작해서 신발 신고 나가는 순간까지 "일어나라, 밥먹어라, 씻어라, 옷입어라,..."
끝도 없는 잔소리에 아이들도 저도 아침마다 전쟁이었습니다.
하지만 지금은 "엄마, 오늘 학교에 일찍 가서 맨발걷기 하고 오케스트라 갈거예요."
깨우지 않아도 스스로 벌떡 일어나는 아이들
시키지 않아도 척척 할 일을 하는 아이들
요즘 저희집 아침 풍경입니다.

아이들이 행복하고 재미있게 학교생활을 한다면 그것보다 더 좋은게 있을까요?
저희 아이들은 학교에 가는 것이 그냥 재미있다고 합니다.
맨발로 달리기를 하고 축구를 하며 흙장난을 치는 아이들의 표정을 보면,
예술꽃 씨앗 학교 1인1악기 교육으로 자부심 가득한 아이들의 모습을 보면
왜 학교에 가는 것을 재미있어 하는지 알 수 있을 것입니다.
이런 모든 것들로 인해 아이와 선생님, 아이와 친구들, 아이와 부모님, 선생님과 부모님의 관계가 더 나아지고 발전해
나가는 것을 보면서 학교는 작지만 정말 최고의 학교를 다니고 있다는 자부심이 팍팍 생깁니다.

그래서 저희는 이런 교육들이 끊기지 않고 계속 지속되어 아이들의 학교 생활이 지금처럼 재미있고 행복한 시간들이
되었으면 좋겠다는 바람이 있습니다.
작지만 재미있고 행복한 학교! 이런 학교가 될 수있도록 항상 애쓰시고 노력해주시는 이금녀 교장선생님과 선생님들을
칭찬하지 않을 수가 없습니다. 덕분에 아이들과 함께 너무 행복합니다.
이 정도면 대구 관천초등학교 최고아닙니까!!^^

〈그림 Ⅱ-35〉 시교육청 자유게시판 학부모들의 글

학부모들은 겨울만 되면 감기를 달고 살던 아이가 맨발걷기를 한
이후로 감기에 걸리지 않는다고 좋아했다. 깨우지 않아도 일찍 일어
나고 스스로 할 일을 알아서 하기에 잔소리할 일이 없어졌다고 하였
다. 작지만 내실 있게 교육이 이루어지는 학교, 학교에 대한 자부심이
생긴다면서 크게 학교를 칭찬해 주고 있었다.

라. 사회적 응원과 소통

2차년도에는 많은 성장과 발전이 있었지만, 언론보도 현황은 그리 활발하지 않았다. 이때는 내실을 다지고 안으로의 단합을 중요시했던 시기였다. 자발적으로 보도 자료를 내기보다 언론기관에서 내교하여 인터뷰한 경우가 대부분이었다. 2차년도의 보도현황은 〈그림 Ⅱ-36〉과 같다.

일본 후쿠오카 TV (2018.5.11.)
관천초, 미카사노모리 초등학교 방문

대구신문 (2018.5.28.)
"맨발로 흙길 걸으며 우리들 꿈·끼 뽐냈죠."

코리안스피릿 (2018.10.2.)
관천초, 체덕지의 조화로운 발달로 행복한 삶 열어

어린이조선일보 (2018.10.17.)
운동장에서 전교생이 맨발로 뛰어 논다고?

〈그림 Ⅱ-36〉 2차년도 언론 보도 현황

5. 운영에 대한 반성

학년부장 교사 및 체육담당 교사, 업무담당 교사 등 관련 교사들과 2차년도 실행 전체를 되돌아보는 반성회를 가졌다. 부담을 주지 않기 위해 최소한의 인원만 참석하도록 하였다. 다음 〈그림 Ⅱ-37〉은 2차년도 맨발걷기 반성회의록이다.

2018학년도 맨발걷기 반성회 회의록

대구관천초등학교

일 시	2018. 12. 20. (목) 15:00		장소	교장실
참석자	교장 이금섭, 교감 곽영배, 연구정책부장 이진화, 체육교육담당교사 이동찬 1학년 이태깨, 2학년 장윤정, 3학년 권아경 4학년 백명지, 5학년 김경민, 6학년 김민지			

협의 내용

1. 맨발교육 일반
   가. 기온에 따른 탄력적 시정운영으로 학생의 건강을 지키며 내실 있는 맨발교육 이루어짐
   나. 미세먼지 악화 시 사전 대비 및 안내가 잘 이루어짐
   다. 지역사회 환류: 본교가 맨발걷기의 메카가 됨. 저녁에 많은 학부모가 자율적으로 맨발걷기를 하고 있음. 학교 및 지역사회에 좋은 영향
   라. 교실맨발: 실시 잘 하고 있는 학급에 감사. 담임재량으로 적이하게 실시
   마. 학생건강증진: 보건선생님께서 작년보다 감기 환자가 줄어드는 등 학생 건강을 위한 좋은 결과가 보인다고 함
   (반성) - 아침 맨발시간으로 인해 화, 수요일 아침 독서시간 부족, 시간 확보 필요
   　　　 - 잦은 시정 변경으로 인해 학생들이 다소 혼란스러워함
   　　　 - 야외활동 힘든 동절기에는 중간체육시간 축소하면 좋겠음

2. 맨발걷기 활동
   가. '맨발'걷기' -> '맨발'놀이'로 심화되어 수요자 맞춤형 맨발시간으로 발전됨
   나. 학년군별 걷는 바퀴 수 적정하여 자율성 증대
   다. 필수 걷기 활동 이후에는 놀이를 하도록 안내
   라. '맨발 놀이' 를 위한 운동장바닥 놀이장 인기 및 활용도 높음
   　　 - 8자놀이(저학년) - 사방치기(중학년) - 피구(저 ,고학년 각1개소)
   마. 탱탱볼을 학급당 2개씩 지급하여 즐겁게 맨발놀이 참여함
   바. 맨발걷기 후 공부마음 갖기 지도 - 열심히 지도하는 학반과 그렇지 않은 학반과의 차이 존재. 담임교사의 마인드 중요
   (반성) - 복도, 화장실 등에서 배회하는 학생, 흙에서 놀도록 지도가 필요함
   　　　 - '놀이' 에 대한 학급(년) 단위 정보 공유 및 학교 차원의 지원 필요
   　　　 - 학생들 스스로 즐겁게 참여할 수 있는 놀이가 될 수 있는 장치 필요

3. 맨발티셔츠 입는 날 운영
   가. 매주 1회(금요일) 학교 전체가 하나 되는 좋은 정책이었음
   나. 1주일에 한 번이라 부담도 적고 더 특별한 느낌이었음
   다. 학교 체육복이 작거나 부담스러운 학생도 입기 좋아했음
   라. 2학기 구입한 동계 후드티 활용 활성화(추후, 티셔츠가 아닌 편리한 집업스타일 고려)

4. 전교생 어울림 체육대회(종일운영)를 학년군별 맨발체육대회(오전운영)로 운영
   - 미세먼지 대비차 학년군별 맨발어울림체육대회로 운영한 것이 매우 바람직함. 교사 및 학부모 만족도 높게 나옴. 다만, 학생들은 종일제로 운영하기를 원함

5. 맨발걷기 관련 행사가 부담스럽지 않으면서 활성화되었음
   - 별빛벚꽃 맨발축제, 맨발걷기 플래시몹, 슬로건 공모, 맨발 예술꽃축제 등

6. 맨발교육 관련 학부모회의 활발한 참여가 두드러짐
   - 맨발티셔츠 프린팅 및 세족식, 계속산 황톳길 맨발체험, 문경새재 맨발페스티벌, 맨발사진전 등

(총평) 학생 생활, 학교 교육 활동에 녹아든 자연스러운 맨발교육으로 정착되어 가고 있음

〈그림 Ⅱ-37〉 2차년도 맨발걷기 반성회의록

전반적으로 맨발걷기는 잘 정착되고 있으며 관련되는 긍정적인 영향들이 많이 거론되었다. 맨발걷기에 놀이를 도입한 부분도 반응이 좋았으며, 맨발걷기 관련 행사도 부담스럽지 않으면서 활성화되고 있고, 학부모들의 활발한 참여가 두드러지는 등 좀 더 발전하는 모습을 보였다고 하였다. 그러나, 아침 독서 시간 부족과 잦은 시정 변경으로 혼란스러웠던 점, 야외활동이 힘든 동절기에는 중간체육시간을 축소하자는 의견도 나왔다. 또한, 대부분의 아이들은 잘 참여하고 있으나 가끔씩 복도, 화장실 등에서 배회하는 학생들에 대한 관리 문제가 나왔다.

어느 정도 정착되어 가는 모습이 보였으나 100% 구성원이 긍정적으로 참여하는 모습은 기대할 수 없음을 다시 한번 느꼈다. 그 아이들은 그날따라 맨발로 움직이기 싫었을 것이다. 나 자신도 그러할 때가 있으니. 그 아이들이 매일 즐겁게 참여할 수 있는 맨발놀이에 대한 연구가 좀 더 필요할 것 같다.

다음은 교사연구팀과 2차년도를 마무리하는 반성회에서 나눈 대화 내용이다.

임규민 교사 맨발걷기가 우리학교의 역점 교육활동이고 교장선생님 계시는 한 계속 추진할 거라는 걸 알기 때문에 선생님들은 당연히 내년에도 한다는 걸로 생각하고 있습니다. 그동안 업무 경감, 통폐합으로 가지치기도 많이 했기 때문에 특별한 부담감은 없는 거 같아요. 다만, 아이들처럼 선생님들도 운동장에 나오기 싫을 때도 있지만 중간체육시간 확행, 놀이시간 확보 등은 교육청에서도 강조하는 사항이라...

박신혜 교사   이제는 맨발걷기를 하는 사람도 많이 늘어나고 있고, 추진하는
             학교도 많아 우리학교만의 특별한 업무 부담이라는 생각은 안
             하는 거 같아요.

이태희 교사   모임에 나가면 개인적으로 맨발걷기를 하고 있는 친구는 저보
             고 학교에서도 아이들과 일과시간에 할 수 있다고 부러워합니
             다. 방과 후에도 근무하는 학교가 맨발운동을 할 수 있는 장소
             라 좋겠다, 하면서요...

박신혜 교사   학부모들의 마인드도 많이 바뀌었어요. 올해는 학부모회 맨발
             사업도 활발하게 하고.... 더구나 시교육청 자유게시판에 맨발
             걷기를 하는 우리학교가 최고라는 글도 올렸을 정도로.

백소희 교사   맞아요. 3번이나 올렸던데요. 이제는 우리학교가 맨발학교라는
             것을 자랑스러워하는 분들이 많아요.

                                        (교사연구팀 면담 기록, 2018.12.27.)

  맨발걷기 체험활동이 내부적으로는 어느 정도 정착이 되어 가고 있
으며 사회적 분위기가 조성되면서 교사, 학부모 모두 역점 교육활동
에 대한 당위성을 인정하는 분위기였다. 그런 분위기에서 맨발걷기
체험활동 교육과정 운영이 내실있게 발전되는 계기를 맞고 있었다.

연구를 시작한 후 세 번째의 학년도이다. 2차년도 실행까지 진행하면서 해가 거듭할수록 무언가 발전과 확산이 대대적으로 일어나길 바랐지만 1차년도 분위기 조성 당시의 상황을 현상 유지하는 것도 어렵다는 것을 깨달았다. 계속 맨발걷기를 드러내놓고 강조하자니 피로도가 쌓일 것 같고, 그렇다고 조용히 무르익기를 하염없이 기다리자니 불안했다. 3차년도는 더 큰 욕심을 내지 않고 일상에서 교육공동체 모두의 맨발이 흙과 만나는 시간을 가급적 많이, 그리고 즐겁게 가질 수 있도록 하는 데 중점을 두고 초심으로 돌아가려고 노력하였다.

1. 운영 방향 보완

　새 학년도가 되면서 시교육청에서 놀이문화조성학교를 공모하였다. 우리는 맨발걷기를 놀이와 접목하여 추진하는 중이라 응모하여 선정되었다. 맨발걷기와 놀이를 융합하여 좀 더 학생중심 맨발걷기로 다가가는 노력을 하였다.

2차년도 말에 실시한 맨발걷기 반성회의 의견과 연구팀과의 심층 협의를 바탕으로 3차년도에는 다음 〈표 II-26〉과 같이 실행 방향을 보완하였다. 그 외의 영역은 2차년도와 동일하게 운영하였다.

〈표 II-26〉 3차년도 실행 방향 보완 내용

영역	보완 내용
운영 내용	- 맨발걷기, 맨발놀이 - 실내 맨발놀이
정규운영시간	- 중간체육시간(30분) - '맨발걷기와 놀이시간'(전 학년 연간 23차시)
공기 질 관련	- 공기 질 악화 시 조회대 빨간 깃발 - 실내 놀이 활동
맨발걷기 인증제	- 운영하지 않음

운동장에서 맨발걷기 후 맨발놀이를 할 수 있도록 다양한 방법을 마련하고 실내 맨발놀이도 장려하는 등 맨발놀이를 적극적으로 도입하기로 하였다. 중간체육시간 30분은 그대로 운영하고, 교육과정 내 '맨발걷기와 놀이시간'을 23차시 확보하여 운영하기로 하였다. 공기 질 악화 시 학교 전 공간에서 잘 보일 수 있도록 조회대에 빨간 깃발을 세워 실시간 대응하도록 하였다. 또한, 맨발걷기 체험활동이 정착되었고 전교생이 동시에 활동하는 시스템이 잘 갖추어져 있어서 2차년도까지 운영하던 맨발걷기 인증제는 운영하지 않기로 하였다.

2. 환경 보완

가. 인적 환경 보완

교사 환경

새 학년도 인사이동은 폭이 크지 않았다. 몇 명의 전입교사들도 이 학교에 오면 맨발걷기를 해야 한다는 것을 이미 알고 있었다. 그래도 연수가 되어야 자발적 참여가 가능할 것이라고 생각하던 차에 학부모회에서 1학년 학부모 중심으로 맨발걷기에 대한 연수를 해 달라는 요청이 들어왔다. 기존의 학부모들이 맨발교육이 생소한 1학년 학부모들에게 연수가 필요하다고 생각한 것이다. 그런 부분에서 학부모들의 마음 씀씀이가 고마웠다. 마침 4월 말에 별빛장미 맨발축제가 계획되어 있어 운동장 행사 전에 도서관에서 연수를 진행하였는데 올해 전입교사들과 그 외 희망하는 교직원도 참석하도록 하였다.

또한, 작년부터 교무통신을 통해 제공하던 자율연수자료는 단 한 명의 교직원이라도 필요하면 스스로 보게 될 것이라는 믿음으로 계속 제공하였다. 다음 〈표 II-27〉은 3차년도에 제공한 자율연수자료 목록이다.

〈표 II-27〉 2019 교무통신 맨발연수자료 목록

번호	일자	제목	출처	링크
35	2019-03-04	왜 맨발로 걷는가? 나의 건강을 위해서	카페	https://bit.ly/2zGGlbv
36	2019-03-07	자연비타민 음이온의 효과	블로그	https://bit.ly/2APMOpl
37	2019-03-11	암 투병 관리에 꼭 필요한 맨땅을 맨발로	블로그	https://bit.ly/2EcnLl5
38	2019-03-14	암 투병 관리 중 자연 치유력과 어싱 요법	블로그	https://maenbal.tistory.com/27
39	2019-03-18	맨발은 건강의 지름길	블로그	https://bit.ly/2BPA3gE
40	2019-03-21	기적의 걷기 치료법	카페	https://bit.ly/2KV2tZE
41	2019-03-25	제3의 눈, 송과체를 활성화시키는 법	블로그	http://blog.daum.net/mytao/502
42	2019-03-28	걷기좋은 숲길 베스트 10 (산림청 추천)	카페	https://bit.ly/2E1R1Kj
43	2019-04-01	품위있는 보행	블로그	https://bit.ly/2zGTPcG
44	2019-04-03	맨땅요법(맨발걷기) 하는 법	유튜브	https://www.youtube.com/watch?v=9r7tfOle2kU
45	2019-04-08	맨발걷기의 효능은 무궁무진합니다.	카페	https://bit.ly/2E14Et9
46	2019-04-11	발에 쌓인 피로! 공 하나로 해결	유튜브	https://www.youtube.com/watch?v=ngivxGQlwGw
47	2019-04-15	맨땅요법이란? 맨발걷기의 효능 효과	블로그	https://bit.ly/2v5j7ic
48	2019-04-18	대전계족산 맨발걷기 하는 방법	블로그	https://bit.ly/2PhwxRl
49	2019-04-22	맨발걷기의 효능 효과	블로그	https://bit.ly/2v5j7ic
50	2019-04-25	봉무공원 맨발걷기	블로그	https://bit.ly/2PrKPz4
51	2019-04-29	삶처럼뚜벅뚜벅꾸준히,맨발걷기 에빠지다	블로그	https://bit.ly/2W2ZVxk
52	2019-05-02	맨발걷기 치유사례	유튜브	https://www.youtube.com/watch?v=w8s8fph1KPs
53	2019-05-09	맨발 산행과 발 건강	카페	https://bit.ly/2J0a769

54	2019-05-13	맨발걷기6년,4,000리	블로그	https://bit.ly/2V6cnA5
55	2019-05-16	원인모를 질병이라면 맨발로 걸어보세요	블로그	https://m.blog.naver.com/starlsh1958
56	2019-05-20	다리 튼튼해야 뇌도 튼튼하다	블로그	https://bit.ly/2IXAWZs
57	2019-05-23	암 환자, 조금만 운동해도 생존율 높아져	뉴스	https://www.yna.co.kr/view
58	2019-05-27	청계산 맨발 산행으로 말기 암 극복	카페	https://bit.ly/2vDLxQp
59	2019-05-30	당신에게 맨발 운동을 추천하는 이유 11가지	블로그	https://bit.ly/2wo5Ly6
60	2019-06-03	35년간 당뇨로 썩은 발톱이 새로이 나다	유튜브	https://www.youtube.com/watch?v=Iru2OAm6y7o
61	2019-06-10	맨발로 후지산 오른 조승환 "맨발 산행이 제 인생을 바꿨어요	뉴스	https://bit.ly/2GSzOTj
62	2019-06-13	제3의 눈, 송과체를 활성화시키는 법	카페	https://bit.ly/2PDWScH
63	2019-06-17	대나무 밟기 운동으로 고혈압 약 끊었다!	블로그	https://bit.ly/2GNbL8s
64	2019-06-20	전자파를 방지하는 맨땅 걷기	카페	https://bit.ly/2WkffWr
65	2019-06-24	어싱 / 클린턴 오버 (땅과의 접촉이 치유한다)	블로그	https://bit.ly/2GX0HXw
66	2019-06-27	발의 비밀-맨발로 걸어야 하는 이유	블로그	http://blog.daum.net/kjs4311/8521726
67	2019-07-01	맨발로 나서자	카페	https://bit.ly/2LhIOqE
68	2019-07-04	맨발걷기의 기적	블로그	https://c11.kr/85qa
69	2019-07-08	나는 병 없이 건강하게 살고 싶다.	블로그	https://m.blog.naver.com/enterskorea
70	2019-07-11	가장 좋은 자연 건강법, '맨발걷기'	블로그	https://nbgee.tistory.com/1218
71	2019-07-05	〈도서리뷰〉 걷기, 건강의 첫걸음	블로그	https://c11.kr/85qg

학생 환경

해마다 1학년이 새로 들어오지만, 저학년 아이들은 맨발로 흙을 밟는 것을 매우 좋아해서 굳이 별도의 교육이 필요하지 않을 정도다. 한번 양말을 벗고 흙을 만나면 그 다음부터는 쉽게 적응한다. 아이들은 맨발걷기를 하는 시간에 공기 질이 나빠서 나갈 수 없을 때는 실망을 크게 한다고 한다.

> 이태희 교사 공기 질이 나빠 빨간 깃발이 꽂히면 아이들은 한숨을 쉬기도 하고 '아휴~' 하며 안타까워해요. 얼마 전에 맨발걷기를 좋아하는가에 대한 설문조사를 해 보니 전원이 좋아한다고 응답이 나왔어요. 100%...(웃음) 저학년들은 별도로 교육할 필요가 없을 정도에요.
>
> (담임교사 면담 기록, 2019.4.11.)

그런데, 3년 전 저학년, 중학년일 때 정말 즐겁게 운동장에서 맨발로 뛰어놀고, 달리기를 일삼던 아이들이 고학년이 되어가면서 조금씩 소극적으로 변해가는 모습이 보였다. 매일 아침 운동장에서 땀을 뻘뻘 흘리며 맨발달리기를 하고 나와 즐겁게 인사를 나누던 아이들이 변해가는 모습이 눈에 띄었다. 그 아이들을 만나 전보다 맨발걷기를 열심히 하지 않는 이유를 들어보았다.

> 김정현 학생 머리가 좋아진다고 하고 100일 되면 상도 준다고 해서 열심히 했는데. 요즘은 친구들과 축구하느라 맨발하는 시간이 전보다 줄었어요.

권춘우 학생	감기에 안 걸린다고 해서 열심히 했는데, 지난번에 발을 한 번 다치고 나서부터는 맨발걷기를 덜하게 되었어요. 발 상처난 곳에 흙이 들어가서 많이 아팠거든요....
김동혁 학생	전에는 아침에 심심했는데 맨발걷기를 하니 즐거워서 계속했어요. 요즘은 귀찮아져서 교실로 바로 들어가게 되요...음, 그냥 신발 벗었다가 다시 발 씻고 양말 신는 그런 게 귀찮아졌어요.

(5학년 학생 면담 기록, 2019.5.8.)

성장하면서 다른 놀이에 관심이 가 있거나 발을 다친 이후부터 덜하게 되거나 그냥 귀찮아져서 덜 하게 되는 등 이유는 다양하였다. 맨발걷기는 저, 중학년 아이들이 즐겁게 자발적으로 참여하고 고학년으로 갈수록 자발적 참여율은 줄어드는 추세였다. 아이들 마음이 변한 게 아니라 성장하는 과정이었다. 성장기의 특성에 따라 어쩔 수 없는 변화인 것 같지만 나는 그 아이들의 마음을 '처음처럼' 갖게 해 주고 싶었다. 그러기 위해서는 논리적으로 왜 맨발걷기가 좋은지를 이해하도록 해 주어야 했다. 어린 아이들은 발의 시원함으로 무작정 즐겁게 참여하지만 자라면서 양말을 벗고 발을 씻는 과정 자체를 귀찮아하였다.

올해는 하지 않으려고 했던 학교장 맨발수업을 다시 하였다. 이번에는 교실로 가지 않고 교장실에서 학년별 합반수업을 하였다. 회의용 테이블과 의자 등을 한쪽으로 모으고 한가운데에 아이들을 앉히고 수업을 진행하였다. 이번에는 1학년도 포함하여 전 학년을 모두 수업하였는데 저학년들은 교장실에서 교장선생님이 수업하는 자체를 재미있어하였다. 저, 고학년의 수준에 맞게 내용을 가감하여, 맨발교육용 동영상을 보여주고 맨발걷기를 한 우리학교 구성원들의 변화 모습, 이제는 전국적으로 맨발교육이 확산되고 있는 추세 등을 안내하였다. 다음 〈표 II-28〉은 3차년도 학교장 맨발수업 시정표이다.

〈표 II-28〉 2019 학교장 맨발수업 시정표

일시	5.31.(금)	6.4(화)	6.5.(수)	6.11.(화)	6.12.(수)
2교시 (10:00~10:40) 수(09:30~10:10)			5-1, 5-2		6-1, 6-2
3교시 (10:50~11:30) 수(10:20~11:00)	4-1, 4-2	1-1, 1-2		3-1, 3-2	
4교시 (11:40~12:20) 수(11:10~11:50)			2-1, 2-2		

다음은 학교장 수업을 들어 본 학생들의 소감이다.

정소연 학생　아파서 결석하는 학생 수가 많이 줄어들었다는 거 보고 나하고 같은 경우라는 생각이 들었어요. 나도 맨발하고부터는 감기에 잘 걸리지 않았거든요.

윤아영 학생　전에도 한 번 봤지만 일본의 유치원 아이들이 맨발로 마라톤을 하고 대회도 나가는 게 대단해요. 우리도 할 수 있다고 생각해요.

성수연 학생　일본의 초등학교 아이들이 아침마다 맨발달리기 하는 모습이 인상 깊었어요. 줄을 서서 달리면서도 줄도 잘 맞추고... 뇌파검사 결과를 보고 맨발을 열심히 해야겠구나, 생각도 했어요.

(학교장 수업 후 학생 소감 기록, 2019.5.31.~ 6.12.)

맨발수업을 했다고 아이들이 하루아침에 태도가 바뀌는 것을 기대하지 않는다. 다만, 맨발걷기를 하는 동안 나에게 들은 내용들이 가끔씩 기억나거나 앞으로 살아가면서 맨발걷기가 생각날 때 꺼내보기만 해도 좋겠다는 생각을 하였다.

학부모 환경

해가 바뀌면 가장 신경 써야 할 부분이 1학년 학부모들의 맨발교육에 대한 연수이다. 3차년도 추진이라 기존 학부모들은 어느 정도 인식하고 있으나 1학년 학부모들은 생소하고 걱정이 많을 것이다. 올해도 입학식 때 학교장 인사말 시간에 우리학교의 2년간의 맨발걷기 교육효과와 관련 교육 활동들을 소개하며 맨발교육을 적극적으로 안내하였다. 1학년은 날씨가 좀 따뜻해진 후 맨발걷기를 시작하였는데 아이들은 좋아하지만 학부모들은 가정에서 마음이 쓰일 것이다.

마침 별빛장미 맨발축제가 계획되어 있어 그날 축제 전에 도서관에서 맨발연수를 하고 축제를 시작하였다. 도서관 자리가 가득 찰 정도로 많은 학부모들이 참석하였고 희망하는 교직원들도 늘었다.

〈그림 II-38〉 학부모 대상 맨발걷기 연수 장면

나. 물적 환경 보완

3차년도 물적 환경 보완은 주로 놀이에 초점을 두었다. 공기 질 악화로 운동장 맨발활동이 어려울 때는 교실에서 실내놀이를 하도록 하고 학년별로 필요한 놀이 교구를 다음 〈표 II-29〉와 같이 제공하였다. 기존에 학급별로 보유하고 있는 놀이교구도 있어서 함께 활용하도록 하였다. 2차년도에 제공한 탱탱볼이 공기가 빠지고 쪼그라드는 등 낡아서 학급별로 추가로 제공해 주었다.

〈표 II-29〉 학년별 놀이교구 구비 목록

학년	놀이 교구	학년	놀이 교구
1학년	공기놀이 (300알) x 2세트	5학년	도미노 게임 x 1세트
	다이아몬드 게임(대) 4세트		바둑판(바둑장기겸용) x 2세트
	실내 볼링 2세트		실뜨기용 실 x 50개
2학년	공기놀이 (300알) x 2세트	6학년	윷놀이 x 2세트
	바운스오프 x 2세트		젠가 x 2세트
3학년	컵쌓기(스피드스택스) 6세트		도미노 게임 x 2세트
4학년	낙하산놀이 (패러슈트 4m)		피구공 2개
	면실(노랑색)		

시교육청 놀이문화조성학교로 선정되어 운동장에 놀이관련 시설을 구비할 수 있게 되었다. 처음에는 복합놀이시설을 설치하려고 검토하였으나 설치와 활용 면에서 어려운 점이 많았다. 입찰하기 위한 세밀

한 설계도 제작과 낙찰된 업체가 제대로 시공할지에 대한 의문이 제기되었다. 이는 지난 겨울방학 때 미래교실 리노베이션 등 교내 각종 공사 시 겪은 어려움 때문에 행정실장 등 실무자들은 매우 우려하였다. 인터넷을 통해 완제품을 사는 의견도 있었으나 내구성과 안전성이 걱정되었다. 그리고 초등학생 안전사고는 대부분 복합놀이시설에서 일어난다는 통계가 우리를 주춤하게 했다. 다시 협의를 거쳐 맨발학교의 특성을 살려 운동장 가장자리를 따라 '맨발지압길'을 만들기로 결정하였다. 이 부분은 겨울방학 기간에 시공하기로 하였다.

또한, 장미담장 쪽 느티나무 뒤편의 폭 2미터 내외, 길이 85미터 공간이 별 쓰임 없는 장소로 방치되고 있어 그 장소에 황톳길을 조성하였다. 저녁이나 주말에는 많은 동네 주민도 운동장을 이용하기 때문에 지자체에 황톳길 조성 예산을 신청하여 일부 지원을 받았다. 좋은 황토를 찾아 여기저기 알아보는 데도 적잖은 시간이 걸렸다. 겨우 황토 업자와 전화 연결이 되어 문의하니 그만큼의 황토는 보유하고 있지 않다고 하고, 어떤 곳의 황토는 샘플을 받아보니 황색보다 적색을 너무 띄고 있어 적합하지 않았다. 다시 지자체에 문의하여 전라도 지역의 황토업자와 연결이 되어 샘플을 받아보니 깨끗하고 황토색도 적절하였다. 시공 전에 중금속 및 기생충 검사를 하고 결과가 나오기까지 열흘 남짓 걸렸는데 검사 결과는 다음 〈그림 Ⅱ-39〉와 같이 깨끗하게 나왔다. 100% 황토만 깔면 비가 오면 매우 질척거리고 미끄러워 위험하다고 하여 7(황토) : 3(마사토)으로 섞어서 시공하였다. 다음 〈그림 Ⅱ-39〉는 황토의 중금속 및 기생충 검사 결과지와 교내에 조성한 장미맨발 황톳길 모습이다.

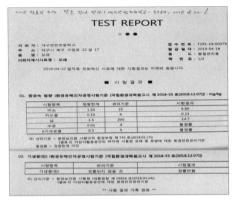
중금속 및 기생충검사 결과지

조성된 장미맨발 황톳길 모습

〈그림 II-39〉 황토 검사 결과지와 조성된 황톳길 모습

전교회장단과의 면담시간에 맨발걷기와 관련하여 학교에 건의하고
싶은 사항이 있는지 물어 보았더니 아이들은 다음과 같이 이야기하
였다.

임수경 학생   맨발걷기와 관련된 시설은 너무 잘 되어 있어서 크게 필요한 건
                 없는 거 같아요. 그만하면 충분한 거 같아요.

김경인 학생   맞아요. 황톳길도 좋아요.

김지은 학생   황톳길은 오아시스와 같아요. 걷다가 더우면 나무 그늘아래 황
                 톳길로 들어가면 시원해요. 걷는 게 힘들지 않아요.

(전교회장단 면담 기록, 2019.5.22.)

필요한 것이 있으면 무엇이든지 이야기해 보라고 하여도 아이들은
더 이상 필요한 것이 없으며 만족한다고 하였다. 사춘기가 시작되는

고학년 아이들이 매사를 부정적으로 보지 않고 긍정적으로 생각하고 적극적으로 참여하는 모습이 고마웠다.

그런데, 전교학생회의에서 학생들이 학급별 신발장에 실외화와 실내화를 모두 두자니 복잡한 불편함도 있고, 실외화를 교실 앞까지 신고 감으로써 아무래도 복도에 흙먼지가 많아지니 1층에 전교생 신발장을 만들어 주면 좋겠다는 건의가 들어왔다. 이 부분은 나도 지난해 일본의 미카사노모리 초등학교를 방문했을 때 1층 중앙현관에 전교생의 신발장이 있는 모습을 보고 우리도 1층에 신발장을 설치하면 복도가 한결 깨끗할 것 같다고 생각하였던 터였다. 그래서 가끔 다른 학교 방문 시 1층에 신발장이 있는 학교의 모습을 사진도 찍어오기도 했었다. 학생들의 건의가 대건하였다.

이 내용을 학년부장교사들에게 공유하고 의견을 물으니 교사들도 모두 1층에 신발장이 있으면 여러 가지로 좋은 점이 많다고 필요성을 이야기하였다. 그래서 1층 현관에 모여서 신발장 설치 건을 의논해 보니 방법이 나왔다. 학생 수가 많지 않아 1층 중앙현관을 제외한 동편과 서편 현관에 나누어서 신발장을 설치하면 전교생의 신발을 모두 보관할 수 있을 것 같았다. 신발주머니를 똑같이 제작해서 제공하면 미관상, 관리상 좋은 것 같다는 의견도 나왔지만, 오히려 더 답답해 보이고 신발에 이름을 모두 쓰면 관리도 될 거라는 의견이 많아서 신발주머니는 사용하지 않기로 하였다.

다음 〈그림 II-40〉은 1층 현관에 마련한 전교생 신발장이다. 이 신발장 구비로 복도와 교실은 한층 더 깨끗해졌고, 교실 맨발 생활도 한결 더 쾌적해졌다.

| 서편 현관에 설치한 신발장 | 동편 현관에 설치한 신발장 |

⟨그림 II-40⟩ 1층 현관에 설치한 전교생 신발장

3. 운영 내용

3차년도에는 전 교육공동체가 맨발로 흙과 자주 그리고 즐겁게 만날 수 있는 시간을 안정적으로 확보하는 게 중요하였다. 마찬가지로 1, 2차년도 실행 결과를 반영하여 3차년도 실행 내용을 도출하고, 실행 과정에서 그때의 환경과 상황에 필요한 사업은 다음과 같이 신규 사업으로 추진하였다. 다음 ⟨표 II-30⟩은 3차년도 주요 사업 현황이다.

⟨표 II-30⟩ 3차년도 주요 사업 현황

유지사업	사제동행 흙길 맨발걷기 인증제 /'맨드라미' 워크북 제작·활용 / 학교장 맨발수업 / (학)계족산 황톳길 맨발체험 / 교무통신 맨발연수자료 / 국제교류(중국교장단 내교) /별빛장미 맨발축제 / 교육활동 속 맨발걷기* *교육활동 속 맨발걷기: 맨발어울림 체육대회, 재난대비훈련 맨발걷기, 교복우 맨발걷기 프로그램, 맨발음악회, 학교폭력예방 맨발 캠페인, 맨발전통놀이한마당, 예술꽃발표회 및 맨발축제
폐지사업	100일 상장 수여 / 맨발걷기 플래시몹 / 맨발걷기 슬로건 공모 / (학)맨발사진전 / (학)문경새재 맨발 페스티벌 참가 / (학)맨발티셔츠 프린팅 및 세족식
신규사업	맨발걷기 교육과정 시수 확보(23차시) / 방과후학교'야외놀이-맨발'강좌 개설 / 맨발사진 공모전 / (학)학부모 맨발가족 100일 프로젝트
수정유지사업	뇌파 검사(2개 학년만 검사)

※ (학): 학부모회 주관사업

3차년도 정착기는 형성기와 발전기의 과정을 거치면서 맨발걷기가 학교교육과정 내에서 안정적으로 정착하기 위한 필요조건을 중심에 두고 추진하였다.

가. 기본 운영 프로그램

기본 운영 시간

기본 운영 시간은 2차년도 실행까지 몇 번의 시행착오를 거치면서 3차년도에는 기본 교육활동 시정 하나로 고정하였다. 다만, 하절기의 폭염대비 시정만 2교시 후 맨발걷기 시간을 1교시 후 맨발걷기 시간으로 〈표 Ⅱ-31〉과 같이 이동 실시하고 별도로 가정통신문은 발송하지 않았다. 그날의 기상 상황에 따라 1교시 후에도 기온이 급상승하면 실내에서 명상과 실내놀이를 하도록 탄력적으로 조정하였다.

〈표 Ⅱ-31〉 3차년도 시정별 중간체육시간 운영 현황

교육활동 시정	운영기간	중간 체육 시간
기본 시정	2019.3.2. ~ 2020.2.29.	10:20~10:50 (30분간) / 2교시 후
폭염대비 시정	2019.6.7. ~ 2019.9.27.	09:30~10:00 (30분간) / 1교시 후

중간체육시간 운영 프로그램은 2차년도의 실행 과정에서 나타난 문제점들을 보완하여 다음 〈표 Ⅱ-32〉와 같이 운영하였다. 무엇보다도 맨발놀이를 적극 도입하여 아이들이 행복하게 참여하도록 하였다.

〈표 II-32〉 3차년도 중간체육시간 운영 프로그램

순서	방법
맨발걷기	· 2교시 후 운동장으로 나와서 학년군별 정해진 바퀴 수만큼 맨발걷기 · 담임교사 또는 학급회장단 중심으로 학급별 걷기

⇩⇩ 맨발걷기 완료 후

순서	방법
맨발놀이	· 개인별 혹은 학급별로 자유롭게 맨발로 놀기 ※ 즐겨 하는 놀이 - 저학년: 놀이기구 놀기, 두꺼비집 만들기, 성쌓기, 사방치기,8자놀이 등 - 중학년: 달리기, 축구하기, 피구하기, 씨름하기 사방치기, 8자놀이 등 - 고학년: 축구하기, 농구하기, 걷기, 8자놀이, 피구하기 등

⇩⇩ 수업시간 예령이 울리면

순서	방법
교실로 들어가기	· 수업시작 예령(10분 전) 울리면 발 씻고 교실로 들어가기

⇩⇩ 교실에서는

순서	방법
수업 준비하기	· 우유 마시기, 화장실 다녀오기, 수업 준비하기

2교시 수업을 마치면 곧바로 운동장으로 나와서 학급별로 정해진 바퀴 수만큼 맨발로 걷도록 하였다. 작년에 자유롭게 개인별로 걸으라고 하니 대부분의 아이들은 열심히 걷고 있지만 조금 걷다가 그늘에 앉는 아이, 교실로 들어가는 아이 등 관리가 되지 않았다. 더구나 담임교사는 운동장에 있는데 아이 혼자, 또는 몇몇이 실내에 있으면 혹시 안전사고라도 날까 봐 매우 우려되었다. 먼저, 담임교사가 인원 파악 후 학급별로 운동장을 맨발로 함께 걷고 그 이후에 자유롭게 놀도록 하였다.

맨발놀이는 모든 아이가 즐겁게 참여하였다. 맨발로 운동장에서 뛰어놀거나, 맨발놀이터에서 놀거나, 탱탱볼로 축구를 하는 등 다양한 모습으로 놀았다. 학급별로 맨발놀이용 탱탱볼을 유용하게 활용하였다. 아이들은 이것으로 축구, 피구, 농구 등 할 수 있는 구기운동을 다양하게 하며 놀았다. 담임교사들은 아이들이 맨발걷기 할 동안 걷기 후 갖고 놀 탱탱볼을 종이가방에 넣어서 들고 다니는 모습도 종종 보였다. 예령이 울리면, 울리자마자 발 씻으러 가는 아이들과 친구들과 조금 더 놀다가 수돗가가 조용해지면 그제야 발 씻으러 가는 아이들 두 가지 부류로 나누어졌다. 그래도 수업 전에 모두가 교실로 들어가는 모습을 보면 기특하기도 하였다.

교육과정 내 '맨발걷기와 놀이시간'

새 학년도 교육과정을 편성할 때 맨발걷기 및 놀이시간을 확보하여 운영해 보자는 방안을 제안하였다. 학생들의 놀이시간의 중요성이 점점 커지는 교육 현장에서 맨발걷기와 연계하여 교육과정에서 집중하여 운영한다면 교육적 효과가 클 것 같았다. 교직원 회의에서 취지에 맞게 교육과정 내에서 좀 더 밀도 있게 운영할 수 있는 방법을 찾아보았다.

교장   지금 하는 중간체육시간 외에 놀이시간을 좀 더 확보할 시간을 찾아봤으면 합니다. 현재, 올해 교육과정을 편성 중에 있지요?

연구부장교사 네, 지금 학년별로 작업하는 중입니다.

교장   다행입니다. 그럼 지금 검토해서 올해 시수 편성에 반영하도록 합시다. 여러 교과에서 조금씩 감축하면 놀이시간 확보가 어느 정도 가능할까요?

연구부장교사 학년에서 조정하기 나름일 거 같습니다만... 창체시간 등 워낙

　　　　　　 의무배당 시수가 많아서 쉽지 않을 것 같은데요...

학년 부장교사 1 그렇긴 합니다.... 조정하면 몇 시간은 확보할 수 있을 거 같습니다.

학년 부장교사 2 꼭 해야 한다면 연간 10시간 정도 하면 어떨까요?

교장 　　　　 연간 34차시 정도는 어렵나요? 주당 1시간 정도는 활동해야 효과

　　　　　　 가 있지 않을까요. 전체 수업시수는 증배하지 않는 범위 내에서.

연구부장교사 여기서는 놀이시수를 별도로 편성하는 걸로 결정하고, 학년연구

　　　　　　 담당 교사들과 실제로 몇 시간이 가능한지 검토해 보겠습니다.

(직원회의 내용 기록, 2019.2.26.)

　사회적으로 어린 학생들의 놀이시간의 중요성이 대두되는 시점이라 일단은 시수를 확보하기로 의견이 모아졌다. 전직원회의 후 학년별 연구담당 교사들의 협의 끝에 연간 23차시를 즐거운 생활 교과(1,2학년)와 체육교과(3~6학년)를 증배하여 운영하기로 하였다. 창의적 체험 활동 시간에는 이미 의무배당 시수와 프로젝트 수업 계획으로 꽉 차 있어 교과시수에서 조금씩 감하여 확보하였으며 혹서기, 혹한기를 제외하고 주당 1시간씩 학급에서 자율적으로 운영하기로 하였다. 다음 〈표 Ⅱ-33〉은 학년별 맨발걷기와 놀이시간 편성 내용이다.

〈표 II-33〉 학년별 맨발걷기와 놀이시간 편성 내용

학년	교과활동					창의적 체험활동					총증배시수
	국어	수학	바른생활	슬기로운생활	즐거운생활	자율	동아리	봉사	진로	안전	
1	-12	-11	0	0	+23	0	0	0	0	0	0
2	-11	-12	0	0	+23	0	0	0	0	0	0

학년	교과활동										창의적 체험활동				총증배시수
	국어	도덕	사회	수학	과학	실과	체육	음악	미술	영어	자율	동아리	봉사	진로	
3	-8	0	-3	-10	-2	0	+23	0	0	0	0	0	0	0	0
4	-7	0	-4	-7	-5	0	+23	0	0	0	0	0	0	0	0
5	-7	-1	-4	-4	-2	-2	+23	-2	-1	0	0	0	0	0	0
6	-8	-1	-5	-4	-4	-1	+23	0	0	0	0	0	0	0	0

시수 감축 교과가 학년마다 차이가 있었지만, 학년에서 충분한 협의를 거쳐 나온 것이라 해서 올해는 그냥 하기로 하였다. 내년에도 시행하게 되면 감축할 교과에 대한 협의를 좀 더 심도 있게 하여 전 교과에서 골고루 감축할 방안을 강구할 필요가 있겠다.

방과후학교 '야외 맨발 놀이'

시교육청에서 방과후학교 내실화 차원으로 학교 교육과정 운영상 개설이 필요한 강좌가 있어도 예산, 수강생 모집 등의 어려움으로 개설 못한 강좌가 있는 학교를 지원해 준다는 안내가 와서 '야외놀이-맨발' 강좌를 신청하여 특별예산을 지원받았다. 맨발걷기 교육과정을

운영하는 데 방과 후 강좌개설도 필요할 것이라 생각되었다. 다양한 맨발놀이를 통한 손과 발의 협응, 타인과의 소통 및 자기주도적 놀이 활동으로 건강 및 바른 인성 함양, 두뇌활성화를 목적으로 운영한다는 내용과 함께 주 2회 운영하기로 계획을 수립하였다.

학기 중이라 강사모집을 먼저 하였으나 주 2회 수업이 가능한 강사가 없어서 주 1회 실시하되 하루에 2강좌를 개설, 저·고학년들이 방과 후 편리하게 참여하도록 시간대를 분산하여 운영하였다. 날씨가 시원할 때는 많이 참여하던 학생들이 날씨가 쌀쌀해지자 점점 참가하는 학생들이 줄어들었다. 야외에서 맨발로 활동해야 하는 강좌라 어쩔 수 없는 모습이었다.

다음 〈그림 II-41〉은 방과후학교 '야외놀이-맨발' 운영 안내 가정통신문과 운영 모습이다.

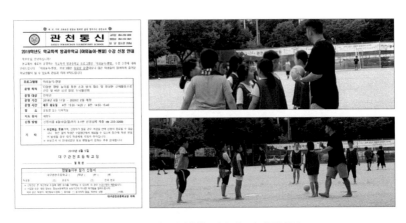

〈그림 II-41〉 방과후학교 '야외놀이-맨발' 운영

나. 주요 활성화 프로그램

별빛장미 맨발축제

2차년도에 추진한 별빛벚꽃 맨발축제가 4월 초라 좀 이른 감이 있어 교화인 장미가 피는 계절에 별빛장미 맨발축제를 하였다. 학교 담장이 모두 붉은 장미라 만개할 때는 장관을 이룬다. 올해는 봄꽃 개화 시기가 1주일 정도 빠른 것을 감안하여 4월 말에 개최하기로 하였는데, 4월 들어서면서 날씨가 다시 쌀쌀해져 축제 당일은 장미 몇 송이만 얼굴을 내밀었다. 그러나, 당일 참가자 수와 축제 분위기는 대단하였다. 다음 〈표 II-34〉는 2, 3차년도 맨발축제 비교표이다.

〈표 II-34〉 2, 3차년도 맨발축제 비교표

구분	별빛벚꽃 맨발축제(2차년도)	별빛장미 맨발축제(3차년도)
일시	2018. 4. 3. (화), 18:00~21:00	2019. 4. 30. (화), 17:30~20:30
인원	83가족, 208명 참가	102가족, 283명 참가
프로그램	맨발연수 / 방송 음악 들으며 맨발걷기	맨발연수 / 맨발레크리에이션 / 통기타 공연 들으며 맨발걷기

이날은 운동장에서 맨발축제가 시작되기 전에 1학년 학부모들 대상으로 도서관에서 맨발연수를 진행하였다. 이때, 맨발연수를 받는 학부모들의 자녀를 돌볼 프로그램으로 학부모회에서 자원하여 팽이 만들기를 준비하여 임간교실에서 아이들을 돌보아 주었다. 다음은 맨발연수를 받은 학부모가 나에게 휴대폰 문자로 보내 온 내용이다.

맨발연수를 통하여 교장선생님의 맨발교육 철학을 이해할 수 있는 시간이 되었어요. 다양한 데이터를 통해 맨발이 아이들에게 미치는 긍정적인 영향을 확인할 수 있는 의미있는 시간이었습니다. 맨발의 가장 큰 장점은 온 가족이 쉽게, 함께 할 수 있는 것인 거 같아요. 서로 공감대도 형성하고 건강도 챙기게 되어 저희 가족의 건강한 문화가 되어 가고 있습니다.

(1-2 김수빈, 3-2 김수아 어머니 지윤정님 SNS 내용 기록, 2019.5.2.)

연수 후 운동장에서 모두 모여 맨발 레크리에이션을 하였다. 이른 저녁이라 부모님이 아직 오시지 않아도 친구들과 어울려 많은 학생이 참가하였고 사회자는 학생들이 너무 많아 학년별로 줄을 세우기도 하였다. 그랬더니 1학년 학생은 대부분 올 정도로 많이 참석하였다. 부모님, 친구, 선생님과 손잡고 다양한 게임을 하고 앞사람의 어깨를 잡고 기차놀이를 하는 등 운동장은 축제 분위기가 넘쳐났다. 많은 6학년 학생들은 친구들과 어울려 자체 즐기는 분위기였다. 참가 인원을 살펴보면, 전교생 244명 대비 102가족이면 1/2가량의 가족이 참가하였고 283명은 등록 인원이며 등록하지 않은 학생들까지 집계하면 350여 명은 넘을 것이라고 하였다. 본교 교사들도 전원 참가하여 행사 진행을 돕고, 담임교사들은 학부모들과 걸으며 학생 관련 상담하는 모습도 보였다. 다음 날, 학생들에게서 다음과 같은 편지들을 받았다.

맨발걷기 알려주셔서 감사합니다. 별빛 맨발 장미 축제 엄청 엄청 진짜 재미있었어요. 맨발축제 때 교장선생님 아이디어가 아주 좋았어요.

(2학년 정범준)

별빛맨발 장미축제에 갔는데 너무 재미있었어요. 다음에 또 재미있고 기분 좋은 축제가 있었으면 좋겠어요.

(3학년 김규홍)

교장 선생님, 매년 맨발축제를 열어서 즐거운 하루를 만들어 주셔서 정말 정말 감사합니다.

(6학년 전진우)

저희의 생활을 맨발로 바꿔 주신 교장 선생님, 맨발은 우리의 생활을 활기차게 만들어 주는 선물입니다.

(6학년 김진규)

(학생들의 손 편지 내용 기록, 2019.5.1.)

갑자기 무슨 편지가 이렇게 많이 오나, 했는데 아마 스승의 날을 맞이하여 편지쓰기 시간과 맞물려 지난날 맨발축제를 즐겁게 참여한 학생들이 편지를 쓴 것 같았다. 이 축제가 학생들에게 정말 즐거운 축제가 되고 있었다.

다음은 학부모연구팀의 소감이다.

[이서진 학부모] 이제 아이들에게는 맨발이 일상이 되었고, 학교에서 열리는 축제 역시 지역의 문화로 자리 잡아가는 것 같다. 축제가 열리기 전부터 아이들은 설레어했고 신청하는 가족도 갈수록 많아지고 있다. 특히, 처음 맨발을 접해본 1학년 가족들의 참여가 많아 긍정적 이미지가 높아지고 있다. 학년대항처럼 이루어진 레크리에이션도 너무 재미있었고, 작년 벚꽃 축제에 이어 다시 한번

봄날의 따스함을 느끼는 행복한 축제였다.

[김인영 학부모] 맨발 축제에 오면 항상 즐겁다. 맨발로 뛰어노는 게 익숙하다. 알음알음 관천맨발이 많이 알려져 이번 축제에는 할머니, 할아버지들께서 많이 오셔서 더 인상 깊었다. 한 번은 어르신께 어떻게 알고 오셨는지 여쭈어보니 '생로병사'를 통해 알았다는데, 불면증이 심했는데 요즘은 잠도 잘 온다며 매일 맨발로 걷는다고 하신다. 이런 맨발축제와 맨발활동을 할 수 있게 해 준 우리 학교 모든 선생님께 감사드린다.

(학부모연구팀 소감 기록, 2019.5.9.)

이번 맨발축제에 맨발 레크리에이션을 도입한 것이 큰 도움이 되었다는 것을 알았다. 그냥 걷거나 놀이를 하는 것도 좋지만 함께 모여서 손잡고 즐겁게 어울리는 것도 필요한 것 같았다. 축제 후 다음 〈그림 Ⅱ-42〉와 같이 사후 반성회의를 하고 내년도 추진에 참고하도록 하였다.

〈그림 Ⅱ-42〉 별빛장미 맨발축제 반성회의록

반성회에서는 축제 전반에 걸친 활발한 이야기가 오고 갔다. 지난 해의 사후 반성록을 참고하여 되풀이되는 시행착오를 줄이기 위해 노력한 덕분에 큰 문제점은 없었으며, 담임교사들이 등록을 받느라 학부모들과의 교류가 조금 부족한 점이 아쉬웠고 다음 행사에는 비담임 교사들에게 등록 업무를 배정하기로 하였다. 다음 〈그림 II-43〉은 축제 모습이다.

엄마와 가위 바위 보　　　어깨동무 기차놀이　　　학년별 퀴즈놀이

〈그림 II-43〉 별빛장미 맨발축제 모습

맨발사진 공모전

장미 담장 쪽으로 황톳길을 조성하고 보니 장미가 만발하여 황톳길의 전경이 아름다웠다. 그래서 황톳길 조성 기념으로 '황톳길 맨발사진 공모전'을 개최하였다. 일정기간 동안 개인 및 학급별로 황톳길에서 맨발과 황톳길과 장미가 함께 나온 사진을 찍고 QR코드를 이용하여 학교 홈페이지에 탑재하면 심사를 하여 우수학생에게는 상장을, 우수학급에게는 치킨을 선물로 주기로 하였다.

학생들의 반응이 너무 좋아 과열되는 양상을 보이기도 하여서 은근히 걱정도 되었지만, 학생들이 맨발과 황톳길과 장미를 마음에 두는 기간이라 나쁘지는 않을 것 같았다. 총 500여 편의 사진이 홈페이지에 탑재되었고 심사를 거쳐 우수작을 제출한 학생 10명과 우수학급 3개 반에 시상하였다.

시상식은 중간체육시간에 야외 행복맨발길에서 하였는데 마치 축제 분위기였다. 6학년은 "먹고 싶다, 치킨!"을 연호하며 그 분위기를 즐겼고 나머지 학년들도 초미의 관심사인 최우수학급 수상에 귀를 기울였다. 환호와 탄성이 엇갈린 시상식을 하고 기념사진을 찍은 후 전교생 맨발걷기를 하고 교실로 들어갔다. 최우수학급 1개 반만 시상하기로 하였으나 학년별 사기, 참여도 등을 고려하여 3개 반에 시상하였다. 다음 〈그림 II-44〉는 황톳길 맨발사진 공모전 안내문과 관련 사진이다.

황톳길 맨발사진 공모전 안내문

수상자 발표 직전에 집중하는 학생들

공모전 시상식 후 기념촬영

〈그림 II-44〉 황톳길 맨발사진 공모전

2019 계족산 황톳길 맨발 체험

2차년도에 학부모회에서 주관한 계족산 황톳길 맨발체험 행사를 3차년도에도 실시하게 되었다. 학부모회에서 먼저 학생, 학부모 60여 명이 희망했다고 사제동행을 하면 어떠냐고 제안을 하였다. 나는 학교장으로서 학부모들의 자발적인 모습이 너무 반갑고 고마웠다. 다음날 간부회의시간에 이 부분을 협의하였다.

교장	학생, 학부모 60여 명이 간다고 합니다. 사제동행 하자고 제안을 해 왔어요.
행정실장	마침, 교육청에서 학부모 제안사업으로 예산을 일부 책정하고 지원하라는 지침이 내려와 있는데 예산도 어느 정도 지원이 가능합니다.
교감	학부모들이 먼저 성의를 보이는데 작년처럼 교장 선생님과 담당부장만 가는 거는 좀 아닌 거 같습니다.
교무부장	의무 동참은 무리가 있을 거 같은데... 희망자를 모집해 보면 어떨까요?
연구부장	계족산 황톳길은 우리 선생님들이 걸어보고 싶었던 맨발길이라 희망자 중심으로 가도 어느 정도 수는 될 것 같습니다.

(간부회의 내용 기록, 2019.5.7.)

전 교사 안내 후 희망자를 받아보니 다행히 피치 못할 일로 불참하는 몇 몇을 제외하고 대부분이 참가한다고 하였다. 그래서 버스 3대에 나누어 타고 사제동행 계족산 황톳길 맨발체험을 하였다. 다음 〈표 II-35〉는 2, 3차년도 계족산 황톳길 맨발체험 행사 비교표이다.

〈표 II-35〉 2, 3차년도 계족산 황톳길 맨발체험 비교표

구분	2차년도	3차년도
추진 일자	2018. 5. 20. (일)	2019. 5. 25. (토)
참가 인원	40여 명	100여 명
참가 교원	2명(학교장, 학부모담당부장)	19명(전 교원의 83%)
주관	학부모회	학부모회

우리는 맨발걷기와 숲속 음악회 관람이라는 두 가지 행복 체험을 하고 돌아왔다. 무엇보다 학부모들이 자발적으로 준비하고 추진한 행사이며, 교사들 또한 희망자 중심으로 와서 만족도는 매우 높았다. 벌써부터 내년에도 왔으면 좋겠다고 이야기하는 학부모들을 보면서 우리학교의 또 하나의 문화행사로 자리 잡았음을 알 수 있었다. 다음 〈그림 II-45〉는 관련 사진과 지역신문의 보도내용이다.

〈그림 II-45〉 2019 계족산 황톳길 맨발체험 사진과 보도내용

맨발가족 100일 프로젝트

학부모회에서 학교의 맨발교육에 대한 이해를 높이고 가족의 적극적인 참여를 유도하기 위하여 학부모들을 대상으로 '관천 맨발학교'를 만들었다고 하였다. 그리고, '관천 맨발학교-부모님과 함께 맨발 100일 걷기'를 기획하여 부모님과 자녀가 함께 맨발걷기를 하고 발 사진을 단체 SNS에 올리면 100일이 되는 가족에게 직접 만든 각 티슈 케이스를 선물로 드리는 프로젝트를 시작하였다고 하였다.

퇴근시간만 되면, 운동장은 삼삼오오 자녀와 맨발걷기를 하러 오는 학부모들이 보였다. 아이들은 맨발로 놀이터로 달려가거나 엄마와 손잡고 맨발걷기를 하거나 친구들과 맨발축구를 한다. 저녁학교가 열린 느낌이다. 필자의 퇴근시간이 늦을 때는 운동장에 사람들이 북적이는 모습을 흔히 볼 수 있다.

다음 〈그림 II-46〉은 2019.7.6.자로 학부모연구팀의 이서진 학부모로부터 운영 현황을 전달 받은 내용이다.

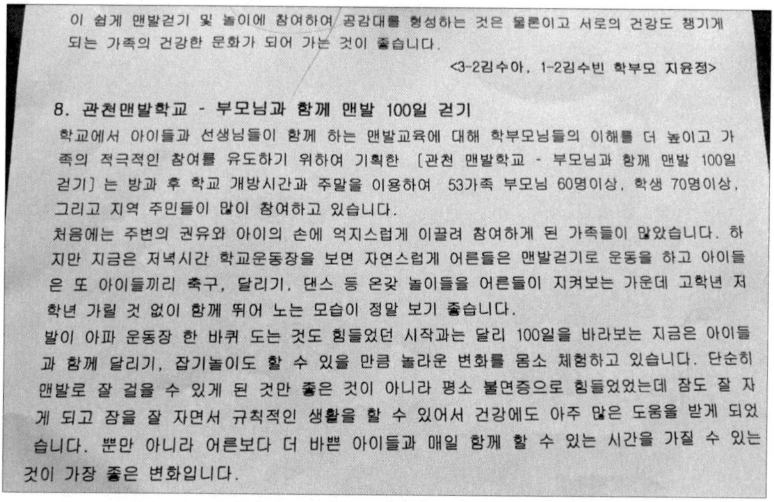

이 쉽게 맨발걷기 및 놀이에 참여하여 공감대를 형성하는 것은 물론이고 서로의 건강도 챙기게 되는 가족의 건강한 문화가 되어 가는 것이 좋습니다.

〈3-2김수아, 1-2김수빈 학부모 지윤정〉

8. 관천맨발학교 - 부모님과 함께 맨발 100일 걷기

학교에서 아이들과 선생님들이 함께 하는 맨발교육에 대해 학부모님들의 이해를 더 높이고 가족의 적극적인 참여를 유도하기 위하여 기획한 [관천 맨발학교 - 부모님과 함께 맨발 100일 걷기]는 방과 후 학교 개방시간과 주말을 이용하여 53가족 부모님 60명이상, 학생 70명이상, 그리고 지역 주민들이 많이 참여하고 있습니다.

처음에는 주변의 권유와 아이의 손에 억지스럽게 이끌려 참여하게 된 가족들이 많았습니다. 하지만 지금은 저녁시간 학교운동장을 보면 자연스럽게 어른들은 맨발걷기로 운동을 하고 아이들은 또 아이들끼리 축구, 달리기, 댄스 등 온갖 놀이들을 어른들이 지켜보는 가운데 고학년 저학년 가릴 것 없이 함께 뛰어 노는 모습이 정말 보기 좋습니다.

발이 아파 운동장 한 바퀴 도는 것도 힘들었던 시작과는 달리 100일을 바라보는 지금은 아이들과 함께 달리기, 잡기놀이도 할 수 있을 만큼 놀라운 변화를 몸소 체험하고 있습니다. 단순히 맨발로 잘 걸을 수 있게 된 것만 좋은 것이 아니라 평소 불면증으로 힘들었었는데 잠도 잘 자게 되고 잠을 잘 자면서 규칙적인 생활을 할 수 있어서 건강에도 아주 많은 도움을 받게 되었습니다. 뿐만 아니라 어른보다 더 바쁜 아이들과 매일 함께 할 수 있는 시간을 가질 수 있는 것이 가장 좋은 변화입니다.

〈그림 II-46〉 맨발가족 100일 프로젝트 운영 현황 학부모회장은 여름방학 전에 100일 되는 가족이 4, 5가족 되는데 이 가족들은 교장 선생님 앞에서 상장 받는 것을 기대하고 있다고 하면서 학교에서 상장을 만들어 줄 수 있는지 문의하였다. 우리는 협의한 후, 표창장을 드리기로 하였다.

다음 〈그림 II-47〉은 학부모회 '관천 맨발학교' 단체 SNS에 올라온 가족맨발사진과 선물로 증정할 핸드메이드 곽티슈 케이스이다.

〈그림 II-47〉 맨발가족 100일 프로젝트 가족 발사진과 증정용 선물

학부모회장으로부터 '관천 맨발학교'가 운영된다는 이야기를 들은 날, 나는 많은 생각을 하게 되었다.

오늘 학부모로부터 '관천 맨발학교', '부모님과 함께 맨발 100일 걷기'프로젝트 운영 모습에 대한 이야기를 들었다. 현재, 53가족 부모님 60명 이상, 학생 70명 이상이 참여하고 있다고 한다. 전교생 대비 1/4 이상이 현재 저녁학교에서 맨발활동을 하고 있는 것이다. 거기에 지역주민들도 많이 참여하고 있다고 하니, 우리학교의 맨발교육이 가정, 나아가서 지역주민들의 문화에까지 선한 영향을 미치는 것이다.

학교에서 아이들과 맨발교육을 씨름하고 있는 동안 가정에서 뜻있는 학부모님들도 열심히 동참하고 있었구나. 고마운 일이다. 이 가정의 아이들은 맨발교육에 대한 추억을 평생 갖고 갈 것이다.

저녁마다 운동장에 가득 찬 사람들을 본다. '맨발걷기, 가슴 뛰는 교육'이라고 늘 확신하고 있었는데 학교에서뿐만 아니라 가정, 지역주민들까지 가슴 뛰는 움직임이 일어나는 것이다. 맨발걷기가 서서히 학교, 나아가서 우리 관천교육공동체의 문화로 자리 잡아 가고 있다. 우리학교의 맨발교육으로 학교의 문화와 가정의 문화, 지역의 문화가 긍정적으로 달라지기를 기원한다.

(필자 저널, 2019.7.6.)

'관천 맨발학교-부모님과 함께 맨발 100일 걷기' 프로젝트의 첫 번째 100일 가족 선물 증정식을 2019년 7월 16일 화요일 저녁 7시 30분 학교 운동장에서 가졌다. 이날은 100일 가족 자녀의 담임교사도 일부 참여하여 함께 축하해 주었다. 그리고, 준비한 선물과 표창장을 드리고 단체 기념사진도 찍었다. 그리고 방학 동안에도 변함없이 소중한 자녀들과 매일 운동장에서 맨발로 함께 해 주실 것을 당부하였다. 저녁에 운동 나오신 주민들도 함께 축하해 주었다. 그 이후에는 모아서 11월 7일, '관천예술꽃축제'시 야간 맨발 축제 때 시상을 하였다. 다음 〈그림 Ⅱ-48〉은 100일 맨발가족 시상식 및 단체 사진 모습이다.

1차 시상식 후 (7.16. 5가족)　　　　2차 시상식 및 단체사진 (11.7. 17가족)

〈그림 Ⅱ-48〉 100일 맨발가족 시상식 모습

다음은 첫 100일 맨발가족 상을 받은 학부모들의 소감이다. 이 소감 내용들은 나에게 많은 생각을 하게 하였다.

겁 없이 시작했던 100일의 도전! 계절이 바뀌면서 운동장의 모습도 조금씩 변하고 특히 황톳길 옆 장미는 정말 예뻤지요. 학교 구석구석을 뛰어다니며 형, 동생 할 것 없이 어울리는 아이들의 모습도 보기 좋았습니다. 많이 추웠던 날, 비가 많이 오는 날, 많이 더웠던 날, 쉬고 싶을 때도 있었지만 포기하지 않고 열심히 달려왔더니 상을 주시고 덤으로 살도 빠졌네요. 값진 경험이었습니다.

(2학년 이진명의 어머니)

게으름 피우고 싶었던 순간들도 있었습니다. 하지만 아이들과 한 약속의 힘이 오늘 100일의 시간을 만들어 낸 것 같습니다. 100일의 맨발걷기는 아이들과 매일매일 함께 손 잡고 마주할 수 있는 소중한 시간이었습니다. 더불어 내 아이뿐만 아니라 운동장에서 함께한 모든 아이의 밝은 모습을 지켜볼 수 있어 너무 즐거웠습니다.

(6학년 김지은, 3학년 김지윤의 어머니)

3~4일 동안은 한 발짝 한 발짝 걸음 걸음에 통증과 함께 옆에서 너무나 태연히 맨발로 뛰어노는 아이들의 모습에 놀람의 연속이었습니다. 며칠이 지나니 푸른 하늘과 매일 다른 구름과 노을, 바람이 느껴지기 시작했습니다. 또 시간이 지나니 아들과 맨발로 공을 차고 있었고 아이들은 맨발로 이어달리기, 봉오르기의 달인이 되어 있었습니다. 액체괴물과 슬라임을 조물거리던 손에 황토와 마사토로 만든 찰흙이 조물조물… 친구들과의 합동 작품이 탄생해 나갔습니다. 100일, 길다면 길고 짧다면 짧은 시간이지만 아이들과 거리를 좁히고 공감의 시간을 늘리고,

아이들은 스트레스를 줄이고 친구와의 추억을 늘려간 소중한 시간이었습니다. 처음 시작은 숙제 같았지만 숙제를 끝내고 나니 단단해진 마음과 몸으로 모범가족의 기초를 다진 것 같아 보람된 100일로 기억될 시간이었습니다.

(2학년 소희진, 6학년 소이현 가족)

(100일 달성 가족 소감문, 2019.7.18.)

탱탱볼 맨발축구대회

학생들의 신나는 학교생활을 위해 이리저리 고민하다가 모두가 좋아하는 공놀이, 그중에서 남자아이들이 열광적으로 좋아하는 축구대회를 생각하게 되었다. 전 학년이 2개 학반이라 1, 2반 대항 탱탱볼 맨발축구대회를 열기로 하였다. 목적은 즐거운 학교생활과 학급별 맨발 공놀이를 장려하기 위함이며, 우승반에게 아이스크림이나 음료수를 지원하기로 하였다.

희망하는 학년만 하기로 하였더니, 저학년은 아직 축구의 규칙이나 방법을 잘 몰라 참가하지 않았으며 중학년 이상만 참가하였다. 학년별 체육시간에 맞추어 실시하고 우승학반을 뽑았으나 6학년은 과열되어 담임교사들이 긴장한 사실이 있었다고 전하였다. 우승학반에게 간식을 2개 반 분량을 지원하여 우승한 학반 친구들이 패배한 학반 친구들과 간식을 함께 나누어 먹도록 하여 인성교육 효과도 갖고자 하였다.

맨발학교 현판을 달다

학부모회에서 우리학교의 맨발교육이 이제 정착이 되어 가는데 교문에 맨발학교 현판을 마련해서 부착하자는 건의가 들어왔다

(2019.8.26.). 나는 학교장으로서 그런 생각을 하기는 했지만, 공립학교라 후임 교장이 새로 부임해 오면 이 정책이 어떻게 나아갈지 알 수 없기 때문에 학교에 뗄 수 없는 자취를 남기는 게 부담스러워서 생각만 하고 말았던 사항이었다. 그런 생각을 이야기하니 현재 교문에 부착된 문화체육관광부 지정 '예술꽃 씨앗학교'와 '예술꽃 새싹학교' 현판도 앞으로 우리학교 예술교육의 역사가 될 것이며, '맨발교육 1호 학교' 현판도 앞으로 우리학교의 소중한 역사가 되었으면 좋겠다는 취지라고 하였다. 그 이야기를 들어보니 수긍이 가는 부분이라 일단 학교 구성원들의 의견을 들어보고 결정하기로 하였다.

2학기 개학 후, 전교 학생회장단과 면담(2019.9.11.)을 하고 학생 대표들의 의견을 들어보니 모두가 좋겠다는 생각을 밝혔다. 그래서, 전교 학생회 임시회를 열어서 경과를 설명하고 학생들의 의견을 들어보았다. 회의가 개최된 후 회의록을 보니 다음과 같은 의견들이 나왔다.

이진태 학생	우리가 어른이 되어서 다시 학교를 찾았을 때에도 우리학교의 역사로 남아 있어 참 좋을 것 같다.
서지현 학생	맨발교육 1호 학교 현판은 우리학교가 맨발걷기 학교임을 상징적으로 나타내 주는 역할을 할 것 같아 찬성한다.
김가영 학생	친구들이 현판을 보고 더욱 열심히 맨발걷기를 할 것 같다.
손수환 학생	뱃지를 다는 기분이다. 상을 주는 것 같기도 하다.
임상아 학생	우리학교가 맨발걷기 1호 학교인 것이 정말 자랑스럽다.

(전교학생회 임시회의록 자료, 2019.9.11.)

학생들은 만장일치로 찬성하였으며 6학년은 나중에 어른이 되어서 학교를 찾았을 때 역사로 남아 있어 좋겠다고 하였다. 대부분이 우리 학교가 맨발걷기 학교라는 사실이 자랑스럽다고 하였다.

업무부장회의에서 그 간의 경과들을 설명하고 현판 부착 건에 대하여 최종적으로 검토하는 시간을 가졌다. 부장교사들은 전 교육공동체가 함께 3년 동안 꾸준히 하여 왔고 전국적으로 '1호 학교'라는 것이 알려져 많은 학교에서 우리학교로 문의나 방문이 이어지고 있는 상황을 감안한다면 학생과 학부모의 의견을 수용하여 맨발학교 현판을 부착하는 것도 의미 있을 것으로 결정하였다. 세월이 흘러 학교 여건이 달라져 이 학교에서 맨발교육을 하지 않는 시점이 오더라도 현재 상황에서 '맨발교육 1호 학교'라는 사실은 변함이 없다는 생각에서 나온 결정이었다.

현판은 교문의 미관을 고려하여 현재 부착되어 있는 예술꽃 학교 현판과 유사한 디자인과 크기로 제작하기로 하였으며, 재질은 스테인리스로 하고 교문 밖에서 보았을 때 교문 좌측 기둥의 교명 아래에 부착하기로 하였다. 문구는 '대한민국 맨발교육 1호 학교'라고 하였다.

준비는 사전에 해 놓고 정식 현판식은 해마다 개최되는 '관천맨발예술꽃 축제'시(2019년 11월 7일) '야간맨발축제'때 추진하였다. 이 날은 학생, 학부모, 전 직원이 함께 모이는 축제일이라 매우 의미가 있었다. 식전 축하공연으로 '모둠북 동아리'의 신나는 모둠북 공연이 있어서 분위기를 한껏 고조시켜 주었다. 그 다음 전교학생회장단, 학부모회장, 학교운영위원장, 학교장이 주축이 되어 현판식을 가졌다. 야간 맨발축제에 온 많은 학생, 학부모, 지역주민과 교사들이 참여한 가운데 현판식이 의미 있게 마무리되었다.

다음 〈그림 II-49〉는 '맨발학교 현판식' 당일 모습과 부착한 현판 모습이다.

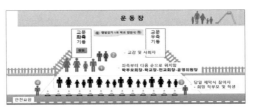

현판식장 조감도

모둠북 동아리 축하공연

현판식 후 기념촬영

현판 모습

〈그림 II-49〉 맨발학교 현판식 장면과 현판 모습

다. 국제교류_중국교장단 내교

2019 대구 한·중 청소년 국제교류 활성화 차원에서 중국교장단의 대구방문과 관련하여 한국학교 방문 일정에 우리학교의 맨발교육을 참관할 수 있는지 주최 측에서 문의가 왔다. 우리는 외국학교 교장단의 방문 모습이 학생들에게도 맨발교육에 대한 자긍심을 길러 줄 것이고, 우리나라 맨발교육을 해외의 학교에 알릴 좋은 기회도 된다고 생각되어 방문을 수락하고 준비하였다.

사전에 주최 측에 본교 맨발교육에 대한 소개 글을 보내어 미리 안내를 부탁하고 학교에 들어오면 맨발체험을 권해 달라고 하고, 우리는 중간체육시간을 30분 조정하여 방문단이 도착하는 시간에 맞추어서 진행하였다. 방문단은 운동장에 들어오자마자 모두 신발과 양말을 벗고 안내에 따라 맨발로 각종 맨발시설도 참관하고 아이들과 전통놀이체험도 하였다. 굴렁쇠 굴리기, 투호놀이, 맨발 달리기 등을 아이들과 즐겁게 맨발체험을 하는 모습이 인상적이었다. 다음 〈그림 Ⅱ-50〉은 중국 교장단의 운동장 맨발체험 모습이다.

| 맨발 사방치기 | 맨발 투호놀이 | 맨발놀이터에서 | 단체사진 |

〈그림 Ⅱ-50〉 중국교장단 맨발체험 및 방문 모습

실내에서는 3년간 운영해 온 맨발걷기 교육과정에 대한 상세한 진행과정과 효과 등을 소개하였는데 중국교장단과 교육청 관계자들은 동시통역으로 다소 불편하게 의사소통을 하면서도 매우 진지한 모습으로 경청하였다. 동행한 중국 측 방송국 담당자와 인터뷰를 하기도 하였다.

다음 〈그림 Ⅱ-51〉은 추진계획과 주최 측이 다음 날에 보내 온 중국 교장단의 참관 소감이다. 그분들은 맨발체험을 하면서 어린 시절이 떠올라 행복했다고 하였으며, 중국에 가서도 맨발교육을 홍보할 것이라고 하였다.

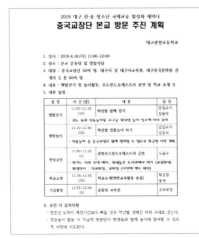

중국교장단 본교 방문 계획   중국교장단 방문 소감

〈그림 Ⅱ-51〉 중국 교장단 본교 방문 계획과 방문 소감

다음은 중국 교장단의 본교 방문 이후 학생들이 소감을 적은 내용이다.

중국 교장 선생님들이 오셔서 우리의 맨발 모습을 신기해하고, 놀라워해서 좋았다. 다음에 또 오시면 우리가 반에서도 맨발을 한다는 걸 보여드리고 싶다.

(6학년 채영이)

우리학교가 다른 나라까지 '맨발'로 알려진 게 자랑스럽다.

(4학년 이민지)

중국 선생님들도 같이 맨발걷기를 하셨다. 처음에 맨발로 걸으시면 아프실 텐데 너무 잘 걸으셔서 놀랐다. 중국에 가셔도 꾸준히 맨발걷기를 하시면 나처럼 건강하실 텐데.

(2학년 김보민)

(학생 소감록, 2019.4.18.)

학생들은 맨발걷기를 하는 자신들의 학교를 자랑스러워하였으며 외국에까지 알려진다는 사실을 좋아하고 있었다.

4. 운영 결과

가. 구성원들의 모습

3차년도의 구성원들은 맨발걷기를 자연스럽게 학교생활의 일부로 받아들이고 있다. 학생들은 맨발걷기를 통해 더 건강해졌다는 표현을 자주 하면서 가끔은 귀찮을 때도 있지만 이제는 해야 한다는 당위성을 받아들이고 있었다. 중간체육시간을 비롯한 각종 교육활동 시간에 맨발걷기를 생활화하고 있고, 점심시간이나 방과 후 시간에도 맨발로 축구를 하거나 놀이터에서 흙을 만지고 놀거나 무리를 지어 맨발로 걷는 등 자연스러운 일상이 되어 가고 있다.

다음은 담임교사가 중간체육시간에 아이들의 모습을 관찰한 내용이다.

> [관찰내용] 2교시 마침종이 울리자 컵타용 컵을 정리하면서 다리를 둥둥 걷고 호준이가 공을 들고 규대 손을 잡더니 바로 나간다. 3바퀴를 걷고 맨발놀이터에 가더니 성을 쌓기 시작한다. 옆에서 인예가 옆 돌기를 하자 민수도 같이 옆 돌기를 했다. 원지와 연서는 폼페이의 최후의 날을 모래로 표현한다고 했다. 모래를 군데군데 파고 친구가 그 말뜻이 무엇이냐고 물으니 원지가 대답했다. 마지막 폭발 전의 장면이라고 했다.

[관찰자 코멘트] 놀이로 교감을 하면서 같이 표현하고 폼페이 최후의 날에 대해서도 이야기하다니 놀라웠다. 조금 더 시간을 주면 더 많은 생각을 모래로 표현할 수 있을 텐데…. 늘 혼자 놀던 민창이와 규대가 저절로 둘이서 모래놀이로 소통하다니, 놀이의 힘을 느낀다.

(교사 관찰자료, 2019.4.12.)

학생들은 좀 더 건강해진 몸과 마음으로 무엇인가 새로운 경험을 즐기고 이전에는 발견하지 못했던 의미를 찾아가고 있었다. 혼자 놀던 아이들이 자연스럽게 어울려 놀게 되었다. 함께한다는 것은 편안한 것이고 그래서 자기들도 모르게 편안함으로 어울리는 것이다. 나의 건강함이 관계의 건강함으로 발전하고 있었다.

다음은 관천 인문예술제에 나온 학생들의 작품을 일부 발췌한 내용이다.

맨발로 운동장을 걸으며 모래친구와 이야기한다. 교실로 돌아온 후에도 나의 발자국은 모래친구와 이야기하고 있다. 나를 좋아하는 모래친구는 내 운동화 속에 숨어 우리 집까지 따라온다. 내일도 모래친구와 이야기하러 학교 가야지.

(2학년, 박서준)

운동장 한의원 / 관천한의원에 왔다. / 먼저 신발을 벗었다. / 자갈 간호사 선생님이 들어오라고 하신다. / 침을 놓으시며 "하나도 아프지 않아요." / 이제 신발을 신고 가는데 / 발이 따끈따끈하다. / 엇! 누가 내 발에 뜸을 놓았지?

(4학년, 오지연)

이제는 정말 여러 곳에서 맨발로 생활하고 있다. 축구할 때도 술래잡기 할 때도 맨발로 하였는데 더 가볍고 빨리 달려지는 느낌이다.

(6학년, 이다영)

운동장에서는 평소에 친하지 않은 친구와도 어울리게 되고, 교장 선생님, 교감 선생님과도 쉽게 어울릴 수 있어서 정말 좋다.

(4학년, 김채경)

나는 요즘 저녁에도 부모님과 운동장에 나와서 맨발걷기를 한다. 그리고, 친구들과 동생들과 술래잡기, 달팽이 놀이, 이어달리기 등 많은 놀이를 하며 논다. 저녁 운동장에는 부모님들과 친구들이 많아서 되게 재미있다.

(6학년, 박지윤)

우리학교는 맨발학교 / 넓게 퍼져 있는 모래를 밟으면 / 몸도 마음도 우리학교도 따뜻해집니다. / 우리학교는 맨발학교입니다.

(4학년, 임지영)

(관천 인문예술제 학생작품에서 발췌, 2019.10.22.)

학생들은 좀 더 편안해졌고 자연을 나와 가까운 존재로 인식하고 있으며 맨발학교인 우리학교가 따뜻하다고 표현하고 있다. 그리고 친구, 선생님, 부모님과 함께하는 활동이 있다는 것에 유대감을 느끼고 있다.

교사들도 3차년도에는 맨발놀이 수업시간이 배정되어 있어 중간체육시간 이외에도 자주 아이들과 운동장에서 맨발로 활동하는 모습을 볼 수 있다.

더구나 이제는 일반직, 공무직원들도 너나 할 것 없이 모두 동참하고 있어 전 교육공동체가 함께 참여하는 유일한 교육활동이 되었다.

학부모들은 자발적으로'저녁 맨발학교'를 만들어 운영할 정도로 적극적이며, 학부모회가 주관하여 다양한 맨발행사를 기획하여 추진하기도 한다. 또한 학년 초에 맨발정책에 대한 이해가 부족한 1학년 학부모들을 기존의 학부모들이 직접 설명하고 설득하는 등 교육공동체 구성원의 역할을 톡톡히 하고 있다.

나. 모두가 행복한 '맨발걷기와 놀이시간'

맨발걷기와 놀이 수업시간을 연중 23차시 확보하고 놀이관련 교사 연수를 진행하기로 하였지만, 학년 초에는 바쁜 시기라 연수일정을 잡기가 어려웠다. 그래서 먼저 담임교사들에게 놀이수업 관련 원격연수를 개인별로 받도록 하고 여름방학 중에 전교사 연수를 진행하였다. 놀이수업시간에는 가급적 아이들이 스스로 계획하고 놀이규칙을 정하고 놀이를 하도록 하였다. 그런데, 쌀쌀한 3월이 지나고 4월이 되어도 운동장에 놀이수업을 나오는 학반이 한 두 반으로 한정되어 있었다. 필자는 나오는 학반은 수업장면 사진도 찍어서 보내주고 간식도 제공하는 등 노력을 기울였다.

○학년 담임교사들이 유난히 올해 생활지도에 어려움을 겪는 것 같아 아이들과 래포 형성이 되면 담임교사의 말을 잘 듣는다고 강조하였다. 그러기 위해서는 아이들 데리고 운동장에서 함께 놀이하고 그들과 맨발로 어울리는 시간이 필요하다고. 이것 말고 더 좋은 방법

이 있으면 이야기해 달라고 하였더니 고개를 끄덕이며 수긍하였다. 그 후로 ○학년의 운동장 맨발놀이모습이 자주 보였다.

날씨가 점점 온화해지자 수업을 나오는 학급이 늘어나기 시작하고 운동장의 아이들 웃음소리와 재잘거림이 오전 내내 들렸다. 심지어 7월의 더운 날에도 오전 시간대에 운동장 놀이수업 모습이 자주 보였다. 〈그림 II-52〉는 2층 교장실에서 찍은 아이들의 맨발놀이수업 모습이다.

1. 모이기   2. 의논하기   3. 규칙 정하기   4. 놀이하기

〈그림 II-52〉 맨발놀이 수업 시간 모습

수업 후 아이들을 만나 물어보니 모여서 뭐하고 놀 건지 의논하고 규칙을 정해서 놀았다고 하였다. 가급적 학생들 스스로 놀이를 만들어 놀 수 있도록 지도하여서인지 아이들은 나름대로의 노는 방법을 찾아가는 것 같았다. 저학년은 주로 맨발걷기, 맨발놀이터에서 두꺼비집 만들기, 성 쌓기, 소꿉놀이하기, 놀이터에서 놀이기구 타기, 맨발 전통놀이터에서 사방치기 및 8자 놀이하기 등으로 활동하고 있었다. 중학년 이상은 피구하기, 축구하기, 사방치기, 8자 놀이하기, 맨발이어달리기 등을 하면서 놀고 있었다. 아이들이 이 시간을 얼마나 좋아하는지 다음 관찰자료를 통해 알 수 있다.

중간 체육 시간에 노느라 정신없어 오늘도 이제와 인예는 늦다. 종소리가 안 들린다고 웃으면서 말하는데 진짜 안 들리는지 물으니 웃는다. 다음 주부터 수요일마다 맨발 체육을 하자고 하니 아이들의 비명 같은 환호가 참 많은 생각을 하게 한다.

(교사 관찰자료, 2019.4.8.)

다음은 6학년 아이들의 놀이시간 모습을 관찰한 내용이다.

놀이시간에 k는 학급용 탱탱볼을 늘 가지고 내려온다. 다른 아이들은 운동장을 나올 때 그냥 나오지만, 운동장에서는 이 공이 가치롭게 쓰인다. k에게 맨발 시간은 친구와의 관계 회복의 시간이다.

피구하다가 K는 공을 맞아 아웃되었다. 순간 감정을 폭발시키려는 순간 나와 눈이 마주쳤고, 나는 고개를 끄덕여 주었다. K는 나의 메시지를 알아주었고 감정을 조절하고 화를 내지 않고 묵묵히 수비영역으로 뛰어갔다.

(교사 관찰자료, 2019.4.24.)

평소에 소원해 진 친구들과의 관계 회복을 위해 공을 들고 나온 아이가 또다시 감정조절이 안 되려는 순간, 담임교사와의 말 없는 교감으로 다시 제자리를 찾아가는 모습이 눈에 선하였다.

다. 맨발교실 정착

2차년도부터 시작한 교실맨발 생활은 점차 정착되고 있다. 이 부분은 학교장이 강요할 부분이 아니라 학급의 담임교사와 아이들의 합의를 통한 선택사항이라고 생각하기 때문에 나름대로의 지원책을 마련해 주고 기다렸다. 그 지원책은 교실 맨발 생활 학년은 학급당 무선 진공청소기를 모두 지원해 주는 것이었다. 2차년도부터 실시하고 있던 맨발교실이 있었기 때문에 1개 학년을 제외하고는 모두 맨발교실을 하겠다고 하였다. 1개 학년의 담임교사는 교실에서 맨발을 아이들 앞에 내보일 수 없는 이유가 나름대로 있다고 이야기하였다.

다음은 맨발교실을 처음 시작하려는 고학년 학급에서의 학생들 모습이다.

> 맨발 교실의 장점인 청결에 대해 학생들과 대화시간을 가지고 청소를 하기로 했다. 역할을 나누고 우리는 교실의 먼지를 닦아내기 시작한다. 몇몇 남자 친구들은 교실에서 왜 맨발을 하냐고 복도의 청소용구함에 기대 서 있다. 그들에게 또 다른 지도를 하지 않기로 한다. 차츰 교실맨발의 좋은 점을 알면 변화할 것을 기대한다. 어떤 과정에서든 학생들을 강하게 이끌기보다 점차적으로 조금씩 변화를 이끌어내기 위해 노력하기로 한다.
>
> (교사 관찰자료, 2019.4.16.)

고학년은 담임교사의 의지가 있어도 교실에서 바로 학생들의 동의를 끌어내기에는 다소 힘들다는 것을 알았다. 그러나, 얼마 지나지 않아 그 학급의 담임교사는 다음 〈그림 II-53〉의 사진처럼 처음에 거부하던 학생들이 맨발로 바닥에 앉아서 이렇게 즐겁게 논다고 사진을 보여주었다.

맨발교실 놀이터   맨발교실의 쌓기놀이   실내화 정리 모습

〈그림 II-53〉 맨발교실의 모습

신발장이 여유가 있어 실내화는 신발장에 두고 교실에서 생활하며, 여유가 없는 학급은 실내의 적당한 곳에 정리하고 생활하고 있다. 아이들과 교사들의 소감을 통해 맨발교실의 장점은 실내공기가 신발을 신었을 때보다 매우 쾌적하다는 것과 아이들이 교실을 이웃집 거실에 놀러 온 것처럼 활용하고 있다는 것이다. 날씨가 추워지면서 교실 바닥도 난방이 되지 않아 조금씩 양말을 신는 학생들이 생기기 시작하였다. 담임교사들은 겨울이 오면 학생들과 의논해 보고 교실에서 신발을 신을 것인지를 결정하겠다고 하였다.

라. 지역사회 저녁 맨발학교 활성화

학부모회에서 '관천 맨발학교'를 만들어서 저녁 운동장에서 운영하고 있다. 거기에 지역주민과 원거리에서 우리학교의 운동장의 흙이 좋아 오시는 분들까지 합세하여 '저녁 맨발학교'가 활성화되었다.

퇴근시간이 되면 서서히 운동장에 사람들이 모여든다. 부모님과 손잡고 오는 아이들, 친구들과 뛰어다니는 아이들, 할아버지, 할머니뻘되는 동네 주민들이 맨발로 운동장을 누빈다. 개인적으로 필요한 운동시간만큼 걷고 돌아가고, 또 다른 가족과 주민들이 운동하러 들어온다. 이렇게 운동장은 개방시간 내내 북적인다. 학교일지의 운동장 개방 현황에 방과 후 운동장 이용자 수가 기록된 것을 보면 봄에는 매일 70~80명이 이용하다가 점점 늘어나 여름방학 직전에는 150여 명을 훌쩍 넘었다. 전교생 240여 명의 작은 학교에서 저녁마다 가족, 친구들과 다시 맨발활동을 하러 오는 학생 수가 전체의 1/4을 웃돌고 있다. 다음은 학부모연구팀이 관찰한 저녁 맨발학교의 모습이다.

이서진 학부모 처음에는 주변의 권유와 아이의 손에 이끌려 억지로 참여하게 된 가족이 많았습니다. 하지만, 현재 저녁시간 운동장은 자연스럽게 어른들은 맨발걷기, 아이들은 또 아이들끼리 축구, 달리기, 댄스 등 온갖 놀이로 즐겁습니다. 고학년, 저학년 가릴 것 없이 함께 뛰어노는 모습이 정말 보기 좋습니다. 어른보다 더 바쁜 아이들과 매일 함께할 수 있는 시간을 가질 수 있다는 게 가장 좋은 변화입니다.

김인영 학부모 저녁 운동장의 모습은 활기가 넘쳐납니다. 아이들끼리 스스로
　　　　　　조를 짜서 이어달리기 하는 모습을 교장 선생님 보셨으면 매우
　　　　　　좋아하셨을 거예요. 6학년 아이들이 학생들을 관리하고 아이
　　　　　　들은 즐겁게 달리고... 보는 엄마들이 너무 흐뭇해했어요.

(학부모연구팀 면담자료, 2019.7.18.)

　게다가 동네 주민들도 많이 참여한다. 나는 저녁 운동장에서 동네
주민들을 만나보았는데 매일같이 맨발걷기 하러 오는 게 습관이 되
어 있었다.

동네주민 1　　에덴아파트에 수영하는 친구가 있는데 이 학교 좋다고 소개받
　　　　　　았어요.
교장　　　　맨발걷기는 어떻게 아셨어요?
동네주민 1　　(이 학교의 맨발걷기가) 신문에도 나가 있고, 여기 몇 분이 알고
　　　　　　있다 카드라고. (해보니) 잠도 잘 오고 좋으네요.
교장　　　　해 보시면 좋아지는 게 정말 많습니다. 비 오는 날 하시면 더 좋
　　　　　　습니다.
동네주민 2　　하하. 먼젓번에 비오는 날 우산이 없어 손자가 가지고 올 동안
　　　　　　걸었는데 좋긴 하드라. 촉촉하이 걷는 맛이 또 틀리드라.
동네주민 2　　여기 수영하는 사람들이 모두 여기 저녁에 만나서 많이 걸어요.

(저녁맨발학교 동네주민과의 대화, 2019.7.16.)

마. 맨발교육 문의 및 방문학교 증가

맨발걷기에 대한 인식이 확산되면서 많은 학교에서 맨발걷기를 추진하려는 움직임이 일어나고 있다. 처음 시도하고 있는 본교로 추진계획, 각종 자료, 시설, 적용 효과, 추진 시 어려웠던 점 등을 문의하는 학교가 점점 늘어났다. 학교장이 전화로 문의하기도 하고 직접 방문하거나 직원들을 보내기도 하였다. 체육부장이 오기도 하고 교감과 행정실장이 방문하기도 하였다. 어떤 교장은 저녁에 운동장에 다녀간 후 나중에 전화로 궁금한 부분을 물어보기도 하였다.

문의해 오는 학교를 위해 그동안 추진해 온 자료들은 모두 홈페이지에 탑재해 두고 다운받을 수 있도록 하였다. 직접 찾아오시는 분들은 가급적 교장실에서 그동안의 시스템 구축 과정을 안내하고 바빠서 시설만 보고 가는 분들은 운동장에서 설명해 주었다.

그동안 많은 학교에서 교장을 중심으로 직원들이 함께 다녀갔으며 중국교장단과 대전초등여교장단도 단체로 본교에 다녀갔다.

바. 사회적 응원과 소통

3차년도까지의 언론 보도내용은 우리에게 앞으로 나아가게 하는 힘을 실어주었고 맨발교육을 학교교육에 도입하고자 하는 많은 학교에서 우리학교로 방문을 오게 해 주었다.

조선일보 (2019.1.1.)
맨발운동 30분의 마법, 아이들 뇌가 깨어

M+한국(한국일보, 2019. 1월호)
맨발, 예술꽃길 걷다

브레인(뇌교육전문지, 2019. 2·3월호)
맨발걷기로 뇌활용 행복교육 만들어요!

어린이조선일보 (2018.10.17.)
관천초 맨발교육, 교장단도 반했다

영남신문 (2019.5.27.)
관천초, 학부모와 함께 만들어 가는 관천교육

매일신문 (2019.6.3.)
"가족, 친구와 더 친해져" 자연 속 걷기 교육의 힘

대구신문 (2019.9.10.)
"관천초 맨발교육, 감동 그 자체"

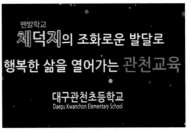

유튜브(2019)
2019 관천초 맨발걷기 3년의 기록

〈그림 II-54〉 3차년도 언론보도 현황

5. 운영에 대한 반성

3차년도에는 전 교육활동에 맨발교육이 자연스럽게 스며들면서 정착되어 가고 있다. 나는 3년 동안 계속되어 온 맨발걷기가 자칫 전 교사들에게 피로감을 줄 것을 우려하여 전 직원 회의에서는 가급적 언급을 하지 않았다. 이미 3년 동안 전 교육활동에 반영되어 운영되고 있기도 하지만 그런 상황에서 조금 부족하고 아쉬운 부분에 대한 의견은 오히려 부담을 초래할 수 있기 때문이었다. 지금까지 별다른 저항 없이 함께 운영해 와 준 것만 해도 고마웠다.

3차년도에는 담임교사들에게 별다른 부담이 없으면서 학생들의 자율적 참여를 이끌어 내어 내실 있게 활성화할 수 있는 활동에만 초점을 두었다. 중간 체육 시간 및 맨발걷기와 놀이시간 내실 운영, 맨발축제와 같이 지난해까지 해 온 사업들만 추진하였다. 특히, 3차년도에는 미세먼지나 폭염이 심하지 않아 여름방학 전날까지 맨발걷기를 하였으며 교육과정 내 '맨발걷기와 놀이시간' 운영으로 2차년도에 비해 학생들의 발이 흙과 만나는 시간이 매우 많아졌다. 이 두 가지 부분이 특별한 행사나 맨발걷기에 대한 강조 없이 3차년도의 맨발교육을 활성화시킨 중요한 부분이었다.

결론적으로 중간 체육 시간 및 맨발걷기와 놀이시간의 내실 운영, 전 교육활동에서의 맨발교육 연계 운영, 야외 활동이 가능한 기상 상황, 이 세 가지 부분이 앞으로 연구 실행학교에서 맨발교육을 지속시킬 수 있는 원동력이 될 것이다.

제4장
3개년도 운영 내용 비교

　지금까지 살펴본 3년간의 실행 내용에서 연도별 운영 내용이 변화된 모습을 중심으로 다음과 같이 정리하였다.

　먼저, 연도별로 주요 실행 방향을 정리하였는데 이 실행 방향은 사전에 수립한 것도 있지만 실행해 나가는 과정에서 문제점을 수정, 보완하여 만들어 나가며 추진한 것도 있다. 2차년도부터는 전년도 실행에 대한 반성을 참고하여 실행 방향을 수정·보완하여 추진하였다. 다음 〈표 II-36〉은 연도별 주요 실행 방향이다.

〈표 II-36〉 실행 연도별 주요 실행 방향

영역	1차년도	2차년도	3차년도
체험내용	- 맨발걷기 - 맨발달리기	- 맨발걷기 - 맨발달리기 - 맨발놀이 권장	- 맨발걷기 - 맨발달리기 - 맨발놀이 - 실내맨발놀이
정규 체험시간	- 중간체육시간	- 중간체육시간	- 중간체육시간 - '맨발놀이시간'
등교시간 맨발걷기	- 적극 권장	- 자율운영	- 자율운영
교육과정 시정변경	- 기본·동절기 시정으로 운영	기상상황에 따라 변경	- 기본·하절기 시정으로 고정
공기 질 관련	- 공기 질 악화 시 방송으 로 안내(악화 시 학급별 실내 자율활동)	공기 질 상황 안내하는 교 문 앞 안내판 설치 (아침시간 안내) 악화 시 학급별 실내 놀 이 활동	- 조회대 빨간 깃발 시스템 (실시간 안내) (악화 시 학급별 뇌 체조 및 실내 놀이 활동)
인증제	운영 50일, 100일 격려 행사	운영 100일 학교장상만 수여	미 운영
맨드라미 워크북	- 1학년 제외, 전 학급 활용	- 희망하는 학급만 활용	- 희망하는 학급만 활용

연도별 실행 방향을 살펴보면 해가 갈수록 맨발걷기 체험활동 내용은 걷기뿐만 아니라 달리기, 맨발놀이, 실내놀이 등 다양하게 진행되었으며 체험시간도 갈수록 확대되어 운영되어 왔다. 반대로, 교육과정 시정은 혼란을 막기 위해 운영의 묘안을 살려 최소한의 변경으로 정착되었고, 등교시간, 인증제, 워크북 활용은 희망자 중심 또는 미운영으로 축소하여 부담을 줄여나갔다. 공기 질 상황에 대처하는 시스템도 실시간 안내 시스템으로 바뀌었다.

실행하면서 가장 중심을 둔 부분이 맨발걷기 시간 확보였다. 맨발걷기에 필요한 환경이 구축되고 구성원의 의지가 왕성하더라도 매일 실천할 수 있는 시간이 확보되지 않으면 운영이 어려워진다. 학생들이 매일 또는 자주, 규칙적으로 맨발 체험을 할 수 있는 시간을 배정하는 것이 중요하다. 이 시간은 번거롭거나 불편하지 않아야 되며 매일 손쉽게, 자발적으로 당위성을 갖고 실시하도록 프레임을 짜 두어야 한다. 그래서, 1차년도부터 활용한 시간이 중간체육시간이었다. 기존 교육과정 시간을 그대로 유지하면서 체험시간을 고정적으로 확보하기 위한 방안이었다. 〈표 II-37〉은 연도별 맨발걷기 시간 확보 현황이다.

〈표 II-37〉 실행 연도별 맨발걷기 시간 확보 현황

영역	1차년도	2차년도	3차년도
운영시간	중간체육시간 (20분→30분)	중간체육시간 (30분) 또는 아침등교시간 (40분)	중간체육시간 (30분) '맨발놀이시간' (전학년 연간 23차시)
등교시간	적극 권장	자율운영	자율운영

중간체육시간은 이미 확보되어 있는 시간이기도 하고, 2교시 후 전교생이 동시에 운동장에 나와서 머리를 식히고 신체를 활발하게 움직여 다음 수업의 공부머리를 만들기 위한 중요한 시간이기 때문이기도 하여 매우 중요한 시간이었다. 2교시 후 운동장으로 나오고 마친 후 교실로 들어가는 시간, 우유 마시는 시간, 다음 수업 준비 시간 등으로 인해 실제 체험시간이 부족하다 하여 20분에서 30분으로 늘여서 운영하였다. 또한, 3차년도에는 교육과정 내에서 '맨발걷기와 놀이 시간'을 연간 23차시 확보하여 맨발걷기 체험활동 교육과정이 활성화하고 정착하는 데 크게 도움이 되었다. 이 시간은 온전히 40분을 맨발로 놀고, 운동한다.

이러한 중간체육시간도 기상 상황에 따라 연도별로 여러 번의 시정 변경이 있었다. 2차년도에는 폭염이 일찍 찾아와서 초여름부터 맨발걷기를 할 수 없어 시정을 변경하여 운영해야 했으며, 초겨울에는 미세먼지가 심한 기간이 오래되어 또 한 번 불가피하게 시정을 변경하는 등 어려움이 많았다. 야외 활동이라 기상상황이 안정적으로 운영하는 데 중요한 변수로 작용하였다. 다음 〈표 II-38〉은 연도별 중간체육시간에 운영한 맨발걷기 시간 변경 현황이다.

〈표 II-38〉 실행 연도별 중간체육시간에 운영한 맨발걷기 시간 변경 현황

1차년도	1. 기본 시정	2. 동절기 시정			
	2017.3.2. ~10.13.	2017.10.16.~			
	· 2교시 후 · 10:30~10:50 (20분)	· 2교시 후 · 10:20~10:50 (30분)			

2차년도	1. 기본 시정	2. 하절기 시정	3. 폭염대비 시정	4. 하절기 시정	5. 기본 시정
	2018.3.2. ~ 5.31.	2018.6.1. ~ 9.28.	2018.7.16. ~ 7.27.	2018.6.1. ~ 9.28.	2018.10.1.~
	· 2교시 후 · 10:30~10:50 (20분)	· 1교시 전 · 08:30~09:10 (40분)	맨발걷기 실시 않음	· 1교시 전 · 08:30~09:10 (40분)	· 2교시 후 · 10:20~10:50 (30분)

3차년도	1. 기본 시정	2. 하절기 시정	3. 기본 시정		
	2019.3.4.~6.5	2019.6.7.~9.27.	2019.9.30.~		
	· 2교시 후 · 10:20~10:50 (30분)	· 1교시 후 · 09:30~10:00 (30분)	· 2교시 후 · 10:20~10:50 (30분)		

　특히, 3차년도에는 처음부터 기본 시정과 하절기 시정 두 가지만 운영하기로 하고 폭염이 오면 2교시 후에 하던 중간체육을 1교시 후에 하는 것으로만 변경하였다. 다행히 기상상황도 괜찮아서 3차년도는 큰 변경 없이 매우 알차게 운영할 수 있었다. 〈표 II-38〉을 통해서 알 수 있듯이 3년간 운영하면서 3차년도의 시정 계획이 가장 안정적이고 효율적이었다.

　다음은, 해마다 구축한 물적 환경 현황이다. 기본적으로 흙 운동장만 있으면 맨발걷기는 가능하지만, 구성원들이 좀 더 쾌적하고 효율적으로 활동하기 위해서 해마다 필요한 환경들을 보완하였다. 다음 〈표 II-39〉는 연도별 물적 환경 구축 현황이다.

〈표 II-39〉 실행 연도별 물적 환경 구축 현황

1차년도	2차년도	3차년도
- 흙 운동장 공사 　(스프링쿨러, 배수관, 체로 친 　마사토) - 세족시설 - 발 말리는 시설 - 파라솔 벤치 - 맨발놀이터 - 깨끗한 운동장 사용 협조 안 　내판	- 학급별 놀이용 탱탱볼 구비 - 맨발전통놀이터 　(사방치기, 8자놀이, 피구장 2 　개소) - 맨발티셔츠(하복, 동복) - 파라솔 벤치, 평벤치 추가 설치	- 학급별 실내놀이 교구 구비 - 맨발황톳길 조성 - 맨발놀이용 공 추가 구비 - 맨발지압길 조성 - 1층 현관에 전교생 신발장 　구비

1차년도에는 세족시설 및 발 말리는 시설을 완비하고 대대적인 흙 운동장 공사를 하였다. 스프링쿨러 및 배수관 설치, 배수로 정비, 벤치 교체, 맨발놀이터 모래 교체, 운동장 가로등 및 방송앰프 교체, 체로 친 마사토 교체 등 기본적인 맨발 환경 구축을 완비하였다. 2차년도부터는 맨발놀이를 적극 도입하면서 실내외 맨발놀이 교구를 확보하는 데 주력하였다. 이러한 물적 환경은 인적 환경 다음으로 교육활동 목표 달성을 위한 필수조건이었다. 환경이 안전하고 청결하며 나아가 미적으로 조화롭다면 구성원들의 적극적인 참여를 이끌어 내기가 용이할 것이다. 또한, 학부모들의 우려를 불식시키고 신뢰와 동참을 유도하는 데도 필요한 조건이었다.

다음은 실행 연도별로 추진한 주요 사업을 아래 〈표 II-40〉과 같이 정리하였다. 1차년도는 기본 인프라 구축사업이 중요한 전제가 되었다.

⟨표 II-40⟩ 실행 연도별 주요 사업 현황

1차년도 **(형성기)**	인프라 구축	(인적 환경) 교사연수 / 학부모연수 / 학교장 맨발수업 (물적 환경) 운동장 흙 교체 공사 / 세족시설 / 발 말리는 시설 /파라솔벤치 설치 / 맨드라미 워크북 제작·활용 / 뇌파검사 실시
	기존 + 맨발걷기	사제동행 흙길 맨발걷기 인증제 프로그램 / 교육활동 속 맨발걷기* *교육활동 속 맨발걷기: 맨발어울림 체육대회, 재난대비훈련 및 맨발걷기, 교복우 맨발걷기 프로그램, 맨발음악회, 학교폭력예방 맨발 캠페인, 맨발전통놀이한마당, 예술꽃발표회 및 맨발축제
	신규	아버지교실 및 달빛맨발걷기 / 교직원 맨발 워크숍
2차년도 **(발전기)**	유지	사제동행 흙길 맨발걷기 인증제 /'맨드라미' 워크북 제작·활용 / 뇌파 검사 / 학교장 맨발수업 / 100일 상장 수여 / 교육활동 속 맨발걷기 * *교육활동 속 맨발걷기: 맨발어울림 체육대회, 재난대비훈련 맨발걷기, 교복우 맨발걷기 프로그램, 맨발음악회, 학교폭력예방 맨발 캠페인, 맨발전통놀이한마당, 예술꽃발표회 및 맨발축제
	폐지	50일 행사 / 청소년단체 합동선서식 맨발걷기 / 아버지교실 및 달빛 맨발걷기
	신규	맨발걷기 플래시몹 / 별빛벚꽃 맨발축제 / 국제교류(일본방문) / 맨발걷기 슬로건 공모 / 교무통신 맨발연수자료 / (학)맨발사진전 / (학)계족산 황톳길 맨발체험 / (학)문경새재 맨발 페스티벌 참가 /(학)맨발티셔츠 프린팅 및 세족식
	수정유지	교직원 맨발 워크숍
3차년도 **(정착기)**	유지	사제동행 흙길 맨발걷기 인증제 /'맨드라미' 워크북 제작·활용 / 학교장 맨발수업 / (학)계족산 황톳길 맨발체험 / 교무통신 맨발연수자료 / 국제교류(중국교장단 내교) /별빛장미 맨발축제 / 교육활동 속 맨발걷기* *교육활동 속 맨발걷기: 맨발어울림 체육대회, 재난대비훈련 맨발걷기, 교복우 맨발걷기 프로그램, 맨발음악회, 학교폭력예방 맨발 캠페인, 맨발전통놀이한마당, 예술꽃발표회 및 맨발축제
	폐지	100일 상장 수여 / 맨발걷기 플래시몹 / 맨발걷기 슬로건 공모 / (학)맨발사진전 / (학)문경새재 맨발 페스티벌 참가 / (학)맨발티셔츠 프린팅 및 세족식
	신규	맨발걷기 교육과정 시수 확보(23차시) / 방과후학교 '야외놀이-맨발'강좌 개설 / 맨발사진 공모전 / (학)학부모 맨발가족 100일 프로젝트
	수정유지	뇌파 검사(2개 학년만 검사)

※ (학): 학부모회 주관사업

이들 사업은 반성적, 순환적 실행과정을 거치면서 해마다 유지사업, 폐지사업, 신규사업, 수정유지사업의 고민을 계속하였다. 일부는 사전의 계획으로 진행된 부분도 있고 일부는 실행해 나가는 과정에서 수정, 보완하여 진행된 부분도 있다.

지금까지 살펴 본 내용을 바탕으로 3년간의 실행과정을 정리하면 〈표 II-41〉과 같다. 학교에서 처음 도입하고자 할 때 실행과정별 전개 과정마다 주요 실행 전략을 참고하면 맨발걷기 체험활동 교육과정이 학교에 정착할 때까지 시행착오를 줄일 수 있을 것이다.

〈표 II-41〉 맨발걷기 체험활동 교육과정의 실행과정

실행 과정	전개 과정	세부 활동 요소	주요 실행 전략
1 차 년 도 실 행	준비	- 인적 환경 구축 물적 환경 구축 체험 시간 확보	교사 및 학부모 인식 중요 1차년도 체험시간은 최소로 확보
	실행	선택과 집중의 교육 활동 체험 시간 확행 활성화를 위한 노력 구성원 간 파트너 십 발휘 학교장의 확신과 리더십	교사 업무 경감 중요 기상 상황 고려 탄력적 운영 학생, 교사 입장 균형적 고려 구성원 간 동행 분위기 조성 내적 확신 및 외적 리더십 발휘
	성찰 및 피드백	맨발걷기 체험 워크숍 1차년도 실행 종합 반성 2차년도 실행 방향 도출	1차년도라 실행 과정에서 워크숍으로 중간 점검 필요 실질적인 반성회 운영으로 차년도 실행방향 도출
2 차 년 도 실 행	준비	1차년도 피드백 내용 반영 - 인적 환경 보완 물적 환경 보완 체험 시간 확보	전입 구성원 연수 중요 실행 과정의 발전에 따른 물적 환경 지속적 보완 체험 시간 확대
	실행	선택과 집중의 교육 활동 체험 시간 확행 활성화를 위한 노력 구성원 간 파트너 십 발휘 학부모회의 자발적 동참 전 교직원의 자발적 동참 학교장의 확신과 리더십	교사 업무 경감 지속적 배려 기상 상황 고려 탄력적 운영 학생, 교사 입장 균형적 고려 구성원 간 동행 분위기 조성 학부모회 및 전 교직원을 학교문화 조성의 주역으로 인정 내적 확신 및 외적 리더십 발휘
	성찰 및 피드백	2차년도 실행 종합 반성 3차년도 실행 방향 도출	실질적인 반성회 운영으로 차년도 실행방향 도출

	준비	2차년도 피드백 내용 반영
		- 인적 환경 보완
		  물적 환경 보완
		  체험 시간 확대
			전입 구성원 연수 중요
			물적 환경 지속적 보완
			기존 체험 시간에 교육과정
			시수 확보(연중 23차시)

3 차 년 도 실 행	실행	선택과 집중의 교육 활동 체험 시간의 내실 있는 운영 (중간체육시간 및 맨발놀이 시간 운영의 차별화) 활성화를 위한 노력 구성원 간 파트너 십 발휘 학부모 동참 확대 및 다수 지역 주민의 자발적 동참 관천 맨발 저녁학교 운영 전 교직원의 자발적 동참 으 로 정착 학교장의 리더십 지속 발 휘 필요	교사 업무 경감 지속적 배려 맨발걷기 외 맨발놀이 도입 으로 즐겁게 참여할 수 있는 여건 마련 필요 최소의 노력으로 전 교육 공동체 의욕적 참여 분위 기 조성 구성원 간 동행 및 협조 분 위기 다수 지역 주민의 참여로 학 교 시설 개방 확대 및 지역문 화 조성의 발판 마련 전 교육공동체 및 지역주 민의 참여로 새로운 학교문 화 조성
	성찰 및 피드백	3차년도 실행 종합 반성 연구 종료 후 지속 실행 방 안 마련	조성된 새로운 학교문화의 지속 발전 가능성 탐색 학교장 전출 시 맨발걷기 체 험활동 교육과정의 지속 운 영 방안 강구

연도별 실행 초기에 가장 중요한 것은 교사 및 학부모의 인식이다. 초등학생의 특성상 담임교사와 학부모의 의지는 곧바로 학생들의 의지와 직결되기 때문이다. 다음으로 안전하고 쾌적한 물적 환경 관리이다. 편리한 물적 환경은 구성원들을 조금 더 쉽게 맨발로 나올 수 있는 마음을 이끌어 낸다.

또한, 실행의 전 과정에서 꾸준하게 학교장의 리더십이 발휘되어야 한다. 전 공동체가 한 배를 타고 가야 하지만 모두가 자신의 업무로 바쁜 학교 사회에서는 학교장이 앞에서 이끌고 나가야 될 때도 있고, 옆에서 지켜보고 필요한 부분을 지원해야 할 때도 있고 그들을 쉬게 하여 재충전할 수 있는 타이밍도 알아차려야 한다. 그러한 역할이 공동체가 앞으로 나아가게 하는 동력이 되기 때문이다.

3부

맨발걷기로
하나 된 학교

　선행연구를 분석해 보면 학교문화에 대한 담론은 광범위한 영역에서 이루어지고 있으나 여기서는 미래사회 대비 공교육의 기능 회복으로 학생, 교사, 학부모가 서로 소통하고 협력하여 공동으로 이끄는 긍정적인 학교문화 조성에 초점을 두고 살펴보았다.

1. 전체적인 변화 모습

전체적으로 학생들이 학교에 오는 것을 좋아하고 활기차고 밝아졌
으며 더 건강해졌다는 것을 학생, 교사, 학부모를 통해서 알게 되었
다. 이는 박은선(2012), 권택환(2017b), 진다정, 정혜욱(2018)의 연구 결
과와 일치한다. 다음은 교사 연구팀에게 본교에서 맨발걷기 체험활
동 교육과정을 운영한 이후 눈에 띄는 변화를 물었을 때 가장 먼저
나온 반응이다.

백소희 교사   아이들이 항상 즐겁게 학교생활 한다. 늘 밝다, 우리아이들. 학
년별로 몇 바퀴 맨발 걷고, 그 다음은 자유롭게 맨발놀이하고,
전 교사도 모두 같이 참여하고. 그런 시간들이 아이들을 행복
하게 하는 것 같다.

이태희 교사   아이들이 모두 너무 행복해한다. 수업 중에 누군가가 중얼거리
듯 "나는 우리학교가 너무 좋아."라고 말하니 다른 아이들도
"나도.", "나도."라고 한다. 그냥 "좋아요"가 아니라 "너~~무 좋

| 아요”. “학교 오는 게 너무 행복해요.”라고들 한다.

| 박신혜 교사 | 아이들이 맨발활동을 하고 들어오면 수업에 집중을 엄청 잘한다. 얼마 전에 취재를 다녀간 신문기자도 아이들이 '무섭게 집중하고 있다'라는 표현을 쓸 정도로 집중을 잘한다.

| 이태희 교사 | 다소 어려운 과제를 주어도 '해 볼게요'라는 표현을 자신 있게 한다. 집중을 하면서 반짝거리는 아이디어를 잘도 생각해 낸다. 그런 부분이 달라졌다.

(교사연구팀 심층 협의회 자료, 2019.7.18.)

전체적인 변화 모습으로 아이들이 학교를 좋아하고 학교에 오는 것을 행복해한다. 맨발활동을 통해 매일 짜여진 일정 속에서 숨 쉴 곳을 찾아 활기차고 밝게 생활한다. 두뇌가 활성화되어 집중력이 좋아졌으며 자신감도 좋아졌다고 한다.

학부모들은 자녀들의 가장 눈에 띄는 변화로 건강이 좋아졌다고 이야기한다.

김인영 학부모 가장 큰 변화는 건강이다. 감기를 안 한다.

이서진 학부모 아침에 깨우는 게 수월해 졌다. 잘 일어나고 스스로 학교가는 것을 즐기고 있다.

전효민 학부모 컨디션이 좋아진 거 같다. 일찍 일어나는 것을 힘들어하지 않는다.

(학부모연구팀 심층 협의회 자료, 2019.7.29.)

2. 3년 전, 그 이후 그리고 지금

권상희와 김위근(2004)은 어떤 조직구성원 간의 상호작용이 시간에 따라 어떻게 변화하는가를 살펴보고자 한다면 종단적 연구가 적합하다고 하였다. 맨발교육의 3년간 종단적 변화에서 실제로 학생 개인의 변화 모습과 상호작용하는 모습을 학생, 교사, 학부모의 눈으로 확인할 수 있었다. 실행 전과 실행초기, 그리고 3년 후인 현재 학생들의 학교 및 가정생활의 모습은 확연히 달라지고 있었다. 성격 형성의 중요한 시기인 초등학생 시기에 부정적인 모습을 줄여나가며 긍정적인 성격으로 형성되어 가는 모습을 교육공동체 모두가 지켜보며 확인하고 있다.

교사연구팀은 다행히 본교에서 3년 전 맨발걷기 이전의 아이들을 모두 지도했던 분들이라 그 전후의 아이들 모습 차이를 구체적으로 잘 알고 있었다. 맨발걷기 직전 학년도의 아이들이 맨발걷기 이후에 해마다 어떻게 변하여 왔는지를 알게 된 중요한 단서가 있었다. 바로 해당 학년의 담임교사들이었다.

다음은 교사연구팀에게 3년 전 맨발걷기를 하기 전의 학생들과 요즘의 우리 학생들과의 다른 점이 무엇인지 물어보았더니 다음과 같이 이야기하였다.

박신혜 교사   다투는 횟수가 확실히 줄어들었다. 맨발놀이를 하면서 친구들과 소통이 활발하고 활기차졌고, 솔직하고 표정이 밝아졌다.

이태희 교사   그 때(2016년) △학년을 담임했었는데 △학년때 아이들은 모래알 같았다. 까칠함으로 기억되는 아이들이었다. 체육시간에는 어김없이 싸웠다. 지금 아이들은 모두 융화가 잘된다. '같이', '우리'라는 생각을 많이 한다. 현재 학년이 그때 △학년보다 어리지만, 더 의젓하고 어른스럽다.

백소희 교사   그 다음해(2017년)에는 △학년 아이들을 □학년때 담임했다. 맨발 처음 하던 해였는데 몇몇 아이들 빼고는 괜찮았다. 2학기 들어서서는 자신이 바뀌어야 된다는 걸 알고 있었다. 싸우면 다같이 말리고 화해시키고... 어떻게든지 자기들끼리 해결하려고 노력하는 모습이 보였다.

박신혜 교사   백소희 샘이 □학년 담임한 아이들을 지금(2019년) 내가 ○학년에서 담임하고 있다. 지금 우리 반 아이들은 말리는 걸 가치롭다는 걸 알고 있다. 보면 정말 멋있다. 다른 교사도 놀란다. 아이들이 그렇게 변하고 있다. 자연 성장도 있겠지만 맨발로 인한 전반적인 변화는 분명히 있다.

교장   이 자리에 한 학년을 계속 이어서 담임한 분들이 계셔서 의미가 있는 거 같다.

박신혜 교사   그런 분위기가 형성되어 있다. 모래알 같았던 △학년이 맨발을 알고 나서는 그렇게 진흙에 가깝게 변했다.

임규민 교사   자연적인 성장도 있겠지만 자칫 사춘기에 접어드는 나이라 반대로 성장할 수도 있는데... 맨발한 이후로 전체적인 분위기가 서로를 응원하고 있다는 걸 아니까, 마음이 따뜻해지는 모양이다.

이태희 교사   긍정의 기운도 옮겨가는 거 같다.

교장   어릴 때 접해 본 아이들은 고학년이 되어도 맨발활동에 거부감이 없다. 지금 6학년은 너무 즐겁게 참여한다. 첫 해(2017년)의 6학년은 조금 힘들었던 기억이 난다.

박신혜 교사 첫해(2017년)의 6학년은 데리고 맨발하는 게 힘들었다. 지금은 다르다. 처음에는 아이들이 너무 행복해하는 모습이 좋아서 데리고 나갔는데. 지금은 먼저 나가자고 난리다. 데리고 나갔다가 들어오면 눈에 띄게 집중을 잘한다.

(교사연구팀 심층 협의회 자료, 2019.7.18.)

아이들은 서서히 다투는 횟수가 줄어들었고 친구들과 소통이 활발해졌으며 솔직하고 표정이 밝아졌다고 한다. 저학년이지만 3년 전에는 까칠하고 폭력을 자주 사용했던 아이들이 맨발을 꾸준히 하면서 사춘기가 와도 서로 참고 이해하며 양보와 배려를 실천하고 있다.

이번에는 학부모연구팀과 대화하면서 3년 전 아이들 키울 때와 지금과의 차이점을 들어보았다.

김인영 학부모 잔소리가 줄었다. 학원 갔다 오면 숙제해라 등 잔소리를 항상 했는데, 이젠 다 해 놓아야 빨리 운동장에 가서 놀 수 있으니까 스스로 시간을 활용할 줄 안다. 7살 동생이든 6학년이든 스스로 한다.

이서진 학부모 어릴 때는 친한 친구랑 끼리끼리만 놀았는데 지금은 저녁맨발하고 친구를 사귀는 폭이 넓어졌다. 학년 구분, 친한 친구 구분이 없어졌다. 자기들끼리 선입견 없이 어울려 논다. 그냥 학교 친구고 학교 동생이고 그런 거 같다.

전효민 학부모 중학생 형들보다 4학년인 호윤이는 아침에 잘 일어난다. 형들은 어렸을 때나 지금이나 아침에 일어나는 것을 힘들어하는데 동생은 다르다.

(학부모연구팀 심층 협의회 자료, 2019.7.29.)

학부모들은 잔소리를 덜하게 되었고 자녀들이 친구를 사귀는 폭이 넓어졌다고 한다. 아침에 스스로 일찍 일어나는 게 달라졌다고 한다. 학생, 학부모 모두가 행복한 변화들이다.

1. 마음을 잇다, 우리들의 맨발걷기

맨발걷기는 학교의 교육정책이기도 하지만 참여하는 구성원들에게 건강, 정서 안정 등 여러 가지 혜택을 주는 운동이기도 하다. 개인과 조직의 관계는 상호 호혜적이어야 하며, 서로의 혜택이 비용보다 클 때 조직에 대한 긍정적인 태도가 형성되고, 조직이 제시하는 목표달성을 위해 노력을 기울인다(Mowday, Porter & Steers, 1982; 박성순, 2010). 조직몰입과 조직성과 간의 관계는 사회적 교환관계의 관점에서 설명된다고 하였다(박성순, 2010). 하지만 이러한 주장은 공동체 구성원들이 맨발걷기에 적극 참여하는 이유를 개개인에게 혜택이 있어서라는 다소 편협된 시각으로도 보이며, 이런 모습을 혜택의 부분에서만 바라본다면 지속적 참여로 긍정적 결과를 경험한 구성원들의 선의에서 비롯된 조직몰입에 대한 헌신이 저평가 될 수도 있다. 실제로 연구 실행학교에서 나타나고 있는 전 교육공동체의 조직에 대한 긍정적 인식과 헌신적 태도는 구성원들이 맨발걷기로 마음이 열린 결과이며 열린 마음이 연결되어 서로 소통하고 배려하는 학교문화가 형성되고 있다는 방증이다.

관리자는 학교를 혁신하려면 가장 중요한 요인이 교사임을 잘 알고 있다. 아이들을 직접 지도하는 교사의 영향력은 관리자 못지않게 중요하다. 처음부터 그들의 마음을 어떻게 움직이느냐가 성패를 가늠할 수 있을 정도로 중요하다. 학년도가 바뀌면 전교사 대상 연수나 전입교사 대상 특별연수를 실시하지만, 기본적으로 해야 하는 교육활동과 업무가 많아 늘 바쁜 그들에게 별도의 교육활동을 도입하는 것은 관리자로서는 다소 부담스러운 일이다. 또한, 직접 교육활동에 참여하지 않는 일반직, 공무직원들의 자발적 동참은 더더욱 기대하기 어렵다. 그런데 연구실행학교는 이들까지도 자발적으로 동참하고 있고, 긍정적이고 협력적인 학교문화를 함께 만들어가는 모습이 일상이 되고 있다.

아이들은 이렇게 변화하고 있고. 학부모들은 전체는 관리가 어렵지만, 전교생의 1/4이 자발적으로 저녁 맨발학교에 나오고 있다. 그것만 해도 성과라 할 수 있다. 또한, 나는 교장의 시각이 아닌, 현장 교사들이 직접 체험하는 그들 문화의 변화가 어떠한지 질문하니 다음과 같은 이야기를 해 주었다.

백소희 교사　대부분의 선생님들은 시간이 갈수록 더 자연스럽게 받아들이는 거 같다. 신문 등 언론보도도 많이 나오고... 전국의 많은 학교에서 참관 오는 모습도 긍정적으로 작용하는 거 같다.

이태희 교사　일단 생활지도가 전보다 수월해지니 선생님들도 필요하다는 걸 피부로 느끼는 거 같다.

박신혜 교사	아이들 데리고 운동장에 나오는 선생님들 모두 교육적으로 인식하고 있다. 은지 샘도 우리학교에 전입해 온 이후로 맨발걷기 해서 건강해졌다고 이야기한다.
임규민 교사	지금은 우리학교의 전 교직원이 여기에 동참한다는 거 중요하다. 교사, 학생만의 학교 정책이 아니라 전 구성원의 정책이라는 인식을 하고 있고 적극적으로 협조한다.
백소희 교사	그래서 서로 협력하는 분위기가 자연스럽다. 어떤 일이라도 서로 내 일처럼 돕는다. 그런 모습이 감동이다.
이태희 교사	담장에 걸린 '마음을 잇다, 우리들의 맨발걷기'현수막 문구가 와 닿았다. 처음 봤을 때 바로 우리학교에 딱 알맞은 문구라고 생각했다.
교장	1차년도 첫 언급을 했을 때도 생소했을 텐데 대부분 동참해 주었고, 지금까지 꾸준히 이어 올 수 있는 힘은 우리 교사들, 교직원들 힘이다. 감사하다.

(교사연구팀 심층 협의회 자료, 2019.7.18.)

학교 교육활동에 교사들의 자발성에 더하여 일반직, 공무직원들이 동참하고 있다는 건 보기 드문 일이다. 전 직원의 자발적 동참으로 나타나는 교육적 효과는 크다. 사소한 일에서 큰 행사에 이르기까지 전 직원의 협조가 필수적인 상황에서 학교에서 진행되는 갖가지 교육활동은 늘 기분 좋은 협조로 마무리된다. 모두가 네 일, 내 일 구분하지 않고 최선을 다한다. 그런 모습을 관리자는 자주 본다. 맨발걷기가 전 교직원의 마음을 이어주고 나아가서는 학부모, 지역주민들까지도 서로 연결시켜 준다.

2. 공동체 의식과 자존감

학교에 대한 자긍심이 공동체 의식으로 연결되고, 공동체 의식이 향상되면서 학교 활동에 적극적으로 참여하는 문화로 바뀌고 있었다. 학생회 활동과 동아리 활동 등 학교 활동에 적극적으로 참여하는 학생이 공동체 의식과 참여 의식 모두 높은 것으로 나타났으며(김위정, 2012). 공동체 의식과 참여 의식과의 정적 상관관계(김은미, 2012)를 지지하고 있다.

학교의 교육활동에 적극적으로 참여하기 시작하면서 자존감이 낮았던 학생들이 전교회장 선거에 출마하고 겪었던 친구들과의 관계 속에서 당락에 상관없이 자존감이 향상되는 사례들도 나타나고 있었다. 또래 관계와 교사의 지지체계가 청소년의 자아 존중감을 재고하는 데 중요한 요인이라는 연구 결과(임연식, 2006; 권다혜, 2018)와 자아 존중감이 공동체 의식과 정적인 상관관계를 이루고 있다는 연구 결과(양영미, 김진석, 2015; 권다혜, 2018)는 이를 지지한다.

학기별로 전교회장단 선거를 직접선거로 하는데 지금까지는 해마다 입후보자가 부족하여 번번이 담임교사가 학생들에게 설득 아닌 설득을 하게 되었다. 그런데 이제는 상황이 달라지고 있다. 입후보자 수가 많아 업무처리에 자칫 실수할까 봐 담당 교사가 바짝 긴장하고 소견 발표도 아침방송시간이 부족하여 1교시 수업 시간을 일부 할애할 정도였다. 이렇게 참여한 학생들이 어떤 계기가 되어 자존감이 향상되는 모습을 학부모연구팀들과 다음과 같은 대화를 하면서 알게 되었다.

교장	전교회장단 입후보자 수가 갑자기 많아져서 선생님들이 놀라고 있다.

교장 전교회장단 입후보자 수가 갑자기 많아져서 선생님들이 놀라고 있다.

김인영 학부모 학생들도 그렇지만 뒤에 있는 학부모들의 마음이 열린 것 같다. 학부모가 자녀에게 적극 권하기도 한다.

전효민 학부모 학생들이 적극 참여할 의지가 생긴 것도 중요하다. 친구에 대한 사랑, 배려 등으로 이번 선거가 인성교육도 된 것 같다.

김인영 학부모 어머니들이 저녁에 (운동장에) 나와서 소통이 되니까 떨어져도 당연히 받아들이고 축하해 주고. 분위기가 달라졌다.

이서진 학부모 경영이도 처음에는 어머니에게 '나 같은 거 누가 찍어줄까.'라는 표현으로 두려워하였는데, 5표 차이로 떨어졌지만 많은 학생이 자기를 뽑아주었다는 사실에 자존감이 많이 올라갔다고 한다.

김인영 학부모 연서 어머니도 연서는 평소에 자기 것만 보는 스타일이라 인기가 없다고 걱정을 했다. 그런데, 막상 당선되니까 '친구들이 날 뽑아주었구나. 더 잘 해야지.'하며 자존감이 올라갔다더라. 모두가 윈윈한 선거였다.

(학부모연구팀 심층 협의회 자료, 2019.7.29.)

학생, 학부모의 학교에 대한 자랑스러움, 자긍심이 그들의 마음을 열리게 하면서 공동체 의식이 싹트고, 공동체 의식이 참여 의식으로 발전하고 있었다. 소극적인 태도에서 벗어나 적극적으로 참여하는 과정에서 서로 이해하고 배려하는 가운데 참여 학생들의 자존감도 올라가는 새로운 계기가 만들어지고 있었다.

실제로 韓·OECD 교육 콘퍼런스 세션 발표에 의하면 학교 체육 교육이 신뢰·공동체 의식 등 사회적 역량 발달과 함께 자존감·자기 효능감·삶의 만족도 등에도 긍정적인 영향을 미친다(세계일보, 2019.10.28.)
는 연구 결과가 나왔다고 한다.

3. 모든 아이는 우리 모두의 아이

'모든 아이는 우리 모두의 아이', '한 아이를 키우려면 온 마을이 나
서야 한다.'라는 기치 아래 교육의 주체로서 학교와 지역사회의 역할
을 강조하는 '마을교육공동체'의 움직임은 세계적인 추세이며, 학교뿐
만 아니라 가정 및 지역사회에서의 모든 일상에서 교육이 이루어져야
한다는 철학적 배경에서 출발하였다.

연구 실행학교의 맨발학교 운동장에서 저녁마다 많은 학생, 학부
모, 지역주민들이 모여서 서로 소통하고 운동하며 아이들을 함께 돌
보는 '관천맨발 저녁학교'는 주민 주도의 자생적 '마을교육공동체'라
할 수 있다. 이는 학교개혁 운동이 단위학교 혁신차원에서 벗어나 지
역사회와 연계하려면 학부모를 포함한 지역사회의 관심과 참여가 더
욱 필요하다(손문숙, 2019)고 밝힌 것과 같은 맥락이다. 또한, 마을 교
육공동체를 '교육에 대한 공통의 신념과 가치를 실현하기 위하여 '우
리'라는 정서적 친밀감과 연대를 통해 서로 협동하고 상호작용하여
지속가능성을 유지해 가는 유기적인 집단'이라고 정의(서용선 외, 2015)
한 것처럼 저녁 맨발학교의 움직임은 맨발걷기 체험활동 교육과정의
지속발전가능성을 한층 높여주고 있다.

다음은 '관천맨발 저녁학교'의 활동 모습을 두고 교사연구팀과 나
눈 대화이다.

이태희 교사	아이들이 맨발을 자연스럽게 받아들이면서 학부모들까지도 적극적이다. 퇴근할 때 보면 아이들과 학교에서 맨발 걷는 분들을 많이 본다.
백소희 교사	운동장에서 학부모들이 옆집 아이도 함께 돌봐주는 모습을 자주 본다.
이태희 교사	좁게는 우리학교이지만, 넓게는 지역사회로 퍼져나가고 있다. 저녁에 껄렁한 아이들 돌아다니는 모습도 없어졌다. 자연스럽게 건전한 지역문화가 만들어지는 거 같다.
교장	학부모들의 힘이 크다. 우정이 어머니는 말썽을 일으키는 아이들을 보면 그 자리에서 지도하는데 이웃집 어머니 말이라 순순히 잘 듣는다고 한다.
이태희 교사	온 동네가 같이 키워야 된다. 학교에서만 하니 힘이 든다. 학교가 잠시 주춤할 때 학부모들은 변함없이 참여하고 행사 기획하고 추진하는 모습을 보여 주었다.
박신혜 교사	이 맨발교육으로 학부모들과 주민들이 운동장의 아이들을 함께 키우고 있다. 온 마을이 나섰다.

(교사연구팀 심층 협의회 자료, 2019.7.18.)

학부모회가 주관하는 관천맨발 저녁학교는 3년간 운영해 온 맨발걷기 체험활동 교육과정의 의외의 결실이자 새로운 지역사회 문화가 형성되는 기반이기도 하다. 학교가 학부모를 중심으로 지역사회의 새로운 문화를 형성하는 단초를 제공하는 것은 학교의 중요한 역할이자 학생 교육 다음으로 의미 있는 일이다. 굳이 아프리카 속담을 빌리지 않더라도 이미 우리학교의 학부모와 이웃 주민들은 저녁 학교 운동장에서 여기에 나오는 많은 아이를 함께 키우고 있었다.

학부모연구팀은 다음과 같은 이야기를 들려주었다.

김인영 학부모 녁학교에는 갈수록 동네주민들이 늘어나고 있다. 인근 주민들은 학부모의 어른들이 많다. 주로 아이들의 할머니, 할아버지들이다. 가끔씩 삼대가 함께 걷는 모습을 본다. 부모님이 안 계시면 운동장에서 할머니, 할아버지와 만나서 걷기도 하고 놀기도 한다.

이서진 학부모 지금은 자기 애뿐만 아니라 남의 애랑도 같이 논다. 학교 안의 아이들은 내 새끼고 내 아이라는 의식을 갖는 거 같다.

김인영 학부모 애들도 거부감이 없다. 한 번은 누군지 모르는 아이가 목이 마르다고 물을 사달라고 한다. 그래서 아이 아빠랑 잠시 의아해하다가 얼른 물을 사 주었다. (웃음) 1학년 정도 되어 보였다.

(학부모연구팀 심층 협의회 자료, 2019.7.29.)

삼대가 모여 운동하는 운동장, 부모님, 조부모님과 만나 놀 수 있는 운동장이 되고 있었다. 이 운동장에서는 모든 아이가 내 아이이며, 모든 부모가 내 부모라는 생각이 자연스러운 것 같다. '모든 아이는 우리 모두의 아이'라는 인식이 자연스럽다.

제3장
학교 공간의 역할 재정립

1. 오고 싶은 학교, 머무르고 싶은 학교

아이들에게 학교는 공부를 해야 하고 숙제와 평가가 있는 곳이다. 무엇을 해도 자유롭지 못하고 늘 지켜야 하는 규칙과 공부 시간이 있다. 그래서 학교 오는 게 그렇게 즐겁지 않고 방학을 하면 환호가 터진다. 그런데 우리학교 아이들은 학교가 지겹지만은 않은 것 같다. 운동장에서 맨발걷기하면서 만난 아이들은 나를 따라오며 쫑알쫑알 이야기를 잘도 한다. 맨발걷기가 있어서 학교 오는 게 즐겁다고 한다. 머리가 무겁거나 공부시간이 지겨워도 맨발로 운동장에 나오는 시간이 있어서 그 지루함이나 지겨움을 쉽게 날려버릴 수 있어서 좋다고 한다. 그래서 학교생활이 지루할 시간이 없다고 한다.

실제로 처음 맨발걷기를 시작한 2017년도를 기준으로 5년 이내 3월 2일자 대비 10월 13일자 학생 수 변동 추이를 비교해 본 결과 의미 있는 결과가 나왔다. 다음 〈표 V〉와 같이 해마다 새 학년도 처음 시작할 때보다 10월쯤 되면 학생 수가 8명 내외 감소하는 추세였는데, 2017년부터는 오히려 늘어나는 현상이 생긴 것이다. 이 부분을 우리 구성원들은 매우 고무적으로 받아들였다.

〈표 Ⅲ〉 1차년도 기준, 5년 이내 학생 수 변동 추이

구분	3월 2일자	10월 13일자	증감 수 (명)	비율(%)
2013학년도	436	430	-6	-1%
2014학년도	367	358	-9	-2%
2015학년도	348	339	-9	-3%
2016학년도	287	279	-8	-3%
2017학년도	264	272	8	3%

그런데, KESS 교육통계서비스에 의하면 우리나라의 학업 중단 학생 비율은 해마다 0.1% 내외로 증가하고 있으며 초등학생의 증가폭이 전체 평균 대비 더 높다고 한다. 학교 밖 청소년에 대한 대책이 사회적 문제로 대두되고 있는 요즈음, 연구 실행학교 학생들의 이러한 변화 모습은 맨발걷기 체험활동 교육과정 운영으로 새로운 학교문화 조성의 가능성을 볼 수 있었다.

전학 온 아이들이 맨발걷기를 한 후로 전학 오기를 잘했다고 하고, 이사까지 오면서 이 학교에 전학을 오기도 한다고 하였다. 학부모와 아이들은 맨발활동 덕분에 학교에 오고 싶다고, 학교가 좋다고 이야기하고 있었다. 맨발교육으로 학교가 '오고 싶은 학교, 머무르고 싶은 학교'가 되고 있다.

2. 맨발 생활로 달라진 교실 풍경

교실은 주요 교육활동이 이루어지는, 학생들이 학교생활에서 가장 많이 머무르는 장소이다. 교육부의 2019년 1차 학교폭력 실태조사 결과 발표 자료에 따르면 학교 안팎을 통틀어서 교실 안이 가장 빈번하게 학교폭력이 발생하는 장소로 나타나고 있다. 이러한 현실에서 연구 실행학교는 2차년도에 일본의 맨발학교인 미카사노모리 초등학교를 방문한 이후로 서서히 시작된 맨발교실이 3차년도에는 2개 학급을 제외한 전 학년이 교실에서 맨발로 생활하고 있다. 처음에는 쾌적한 실내공기를 바라는 마음으로 맨발교실을 시작하였으나 지금은 그이상의 효과를 보고 있다.

다음은 담임교사들이 교실의 맨발생활 이후 달라진 분위기를 이야기한 내용이다.

박신혜 교사   교실맨발을 하면서 입식이 좌식으로 바뀌면서 둥글게 둘러앉아 뭔가를 하기 시작했다. 누구 집 거실에 놀러가서 앉아 노는 모습, 서로 마주보고 진지한 이야기도 나누고... 교실맨발이 편안한 공간을 만들었다. 실내화 신고 생활하는 것과는 차원이 다르다.

이태희 교사   어릴 때 동네 친구들과 모여 노는 느낌이다. 교실이기도 하고 방이기도 하다. 무엇이든 바닥에 앉아 편안하게 하는 모습을 보게 된다.

박신혜 교사   둥글게 둘러앉아 수건돌리기를 하면 6학년 아이들 집중력이 대단하다. 화기애애하면서도 스릴 넘치는 분위기, 맨발교실이 아니면 나올 수 없는 모습이다.

백소희 교사　지금까지 학교생활에서 경험해 보지 못한 편안함, 따뜻함 그런
것들을 느끼는 거 같다.

(교사연구팀 면담자료, 2019.7.18.)

맨발 생활로 달라진 교실은 학교폭력이 발을 들여놓을 수 없는, 안
전하고 따뜻한 공간일 뿐만 아니라, 새로운 놀이 및 토론문화가 생성·
발전되면서 새로운 학교문화 조성의 자생지가 되고 있다.

교실의 공기청정기를 주기적으로 청소하러 오는 외부인이 청정기 청
소를 해 보면 우리학교가 다른 학교보다 필터가 눈에 띄게 깨끗하다
고 하면서, 교실에서 맨발로 생활하니 다른 것 같다고 놀라워하였다.

3. 운동장, 놀이와 소통의 장소

학교 운동장은 아이들의 놀이터다. 아침시간, 점심시간, 방과 후 시
간 어느 때나 재잘거리고 쾌활하게 웃는 아이들의 소리가 넘쳐난다.
도회지의 학교 운동장은 주로 방과 후가 되면 조용한데 연구 실행학
교의 운동장은 아이들의 발길이 끊이지 않는 곳이 되었다. 자주 나와
서 놀아 본 아이들은 이곳을 언제나 즐겁게 놀 수 있는 장소로 인식
하고 있다. 매일 2교시 후 30분 동안은 전교생이 나와서 친구와 손잡
고 걷기도 하고, 서먹했던 친구와 놀면서 화해하고, 맨발축구의 쾌감
을 느끼며 짧지만 행복한 놀이를 한다. 1학년, 6학년도 저마다의 공간
에서 타인에게 피해를 주지 않으며 조화롭게 어울려서 논다. 그런 일
상이 계속되면서 아이들은 갈수록 표정이 밝아지고 성격이 쾌활해지

고 있다. 온도가 4도를 가리키는 11월의 어느 중간체육시간에 아이들이 너무나 밝고 즐겁게 맨발걷기를 하는 모습을 본 외부 관공서의 직원들이 우연히 보고 매우 놀라워하였다.

또한, 운동장은 학부모 소통의 장소가 되었다. 부모와 자녀 간, 이웃 부모 간 이곳에서 맨발로 걷고 놀며 서로 대화하고 소통한다. 아이를 키우며 힘든 내용들을 대화하는 가운데 편안해지기도 하고, 간혹 내 아이와 사이가 좋지 않은 친구의 부모와 대화하면서 이해가 되기도 한다고 한다.

다음은 학부모들의 학교 운동장에 대한 인식을 알 수 있는 내용이다.

이서진 학부모 옛날에는 방과 후에 학교 가서 논다면 걱정이 되어서 못 가게 했다. 저녁에는 더더욱 못 가게 했다. 지금은 학교에서 논다면 안심이 된다. 동네 놀이터보다 더 안전하다.

김인영 학부모 엄마들이 아이들 데리고 키즈 카페를 안 가게 된다. 우리학교 운동장에서 햇볕보고 흙 만지고 노는 것에 대한 가치를 안다.

전효민 학부모 엄마들 모임도 주로 학교운동장에서 한다. 운동장에 모이면 아이들은 아이들끼리, 엄마들은 엄마들끼리 운동하며 회의한다. 기다리는 장소도 만나는 장소도 학교가 제일 안전하다고 믿는다. 언제든지 가면 누구든지 있으니까. 특히, 학교는 1학년 엄마들의 키즈카페다.

이서진 학부모 비오는 날 저녁, 학교에서 6학년들이 남녀 구분 의식도 없이 함께 바닥에 주저앉아 흙 만지며 한참을 재미있게 노는 것을 보았다. 지켜보는 엄마들은 6학년들이 핸드폰이 아닌 흙을 갖고 몰입하여 한참을 즐겁게 노는 모습을 대견해하고 행복해했다.

교장	맨발로 논다는 것에 대한 가치를 학부모님들이 알아가고 있다. 그래서 아이들을 놀게 하는 것을 두려워하지 않는 것 같다. 학교가 그런 역할을 할 수 있어서 다행이다.

(학부모연구팀 심층 협의회 자료, 2019.7.29.)

전에는 방과 후에는 학교를 보내지 않았는데 지금은 학교에서 논다면 안심하고 보내게 된다고 하였다. 가까이에 있는 동네 놀이터보다 더 안전하다고 한다. 어머니들도 키즈 카페 대신 아이들을 데리고 학교 운동장에 나와 이웃 어머니들을 만나고 함께 운동하고 대화하게 되었다고 한다. 햇볕을 보고 흙을 만지며 노는 것에 대한 가치를 알게 되었다고 한다. 학생이든 학부모든 학교라는 장소가 그들에게 소중하고 의미 있는 장소가 되어 가고 있었다.

4. 좋다, 자랑스럽다 우리학교!

본교는 구도심의 도시공동화 현상으로 이웃에 새 아파트가 속속 들어서면서 학생 수는 점점 줄어들고 오래 된 학교 건물은 구석구석 노후화된 모습이 드러나고, 모두가 새 건물에 규모도 큰 이웃 학교를 선망의 마음으로 바라보는 분위기였다.

필자는 부임해 온 후 방학 때마다 많은 공사를 하였다. 실내 도색을 하고 중앙 현관과 오래된 합주실을 리모델링하였으며 양치실, 교직원 회의실 및 휴게실을 만들었다. 방송실과 도서관을 쾌적하게 리모델링하였으며, 1, 2학년 교실을 놀이융합 미래교실형으로 바꾸고 중학교와의 경계 담장을 교체하였다. 이 외의 자잘한 보수가 끊임없이 이어졌다. 학교가 갈수록 예뻐진다고 구성원들이 입을 모았다.

그런 중에 맨발걷기로 학생들의 긍정적인 변화가 나타나면서 구성원들의 학교에 대한 자긍심이 올라가기 시작하였다. 물리적 환경은 학생들의 학교생활의 안전도, 편리도, 실용도 등에 관계할 뿐만 아니라 학생들의 개개인 욕구 충족이나 정신건강에도 많은 영향을 주게 된다(강성만, 2005)는 연구 결과가 이를 지지한다.

또한, 각종 언론에서 맨발교육 관련 보도가 나올 때마다 구성원들은 자신들의 맨발활동에 대하여 뿌듯해하고 학교를 자랑스러워하였다(인용문<33>,<36> 참조). 우리가 하는 교육활동이 사회적으로 인정받은 사실이 공동체를 연대하게 하고 힘 모아 앞으로 나아가게 하는 동력이 되었으며, 각종 교육적 효과는 여타 교육정책들을 신뢰하고 지지하고 적극적으로 동참하게 하는 힘으로 확산하였다.

맨발걷기로 자녀가 달라지니 학교에 대한 학부모들의 자부심도 올라갔다. 학부모들의 학교에 대한 자부심은 2차년도 실행 시 시교육청 자유게시판의 칭찬 글을 접하면서 더욱 구체적으로 알게 되었다(Ⅳ-2-라-(3) 참조).

다음은 학생과 교사의 학교에 대한 자부심을 알 수 있는 내용이다.

백소희 교사　인성체험센터 가는 길에 어른들이 아이들이 입은 맨발티셔츠에 대해 물으니 '저희 맨발교육 1호학교예요.' 라고 자랑스럽게 설명한다. 체험센터 가서 강사님들이 묻지도 않는데 먼저 설명한다. 그러면 나도 어느새 '우리학교 생로병사에 나왔어요.'라고 이야기하고 있더라(웃음)

이태희 교사   아이들과 해태미술관 갔을 때도 그런 모습을 보았다. 그리고,
　　　　　　 다른 학교 교사는 사진을 찍어가기도 하였다.

백소희 교사   교육박물관에 가서도 다른 선생님들이 티셔츠 이야기하면 '저
　　　　　　 희요 맨발학교예요.'라며 자랑스러워 한다.

(교사연구팀 심층 협의회 자료, 2019.7.18.)

　학부모 연구팀들은 이구동성으로 다음과 같은 이야기를 해 주었다.

김인영 학부모   처음에는 생소해서 거부했다. 철저한 청결 관리, 오픈 시간 연
　　　　　　　 장 등으로 맨발학교 이미지가 정착되었다.

이서진 학부모   학교 문턱이 낮아졌고 인식이 많이 바뀌었다. 학교 간다 하면
　　　　　　　 다른 학교 학부모는 "무슨 일 있어?" 하고 놀라지만 우리는 차
　　　　　　　 원이 다르다. 그냥 편안한 학교다.

전효민 학부모   지금은 아빠들도 학교에 대해 호의적이다. 학교 덕분에 저녁에
　　　　　　　 운동하러 많이 나오고 아이들과 대화할 시간도 늘었다.

김인영 학부모   이웃 학교 병설 유치원에 막내 데리러 가면 학교 홍보 많이 한다.

이서진 학부모   다른 학교 딸아이 친구 엄마에게 우리학교 한번 와 보라고 자
　　　　　　　 랑하게 된다. 여러 가지 이야기하면 부러워한다. 우리는 자랑할
　　　　　　　 거리가 너무 많다.

(학부모연구팀 심층 협의회 자료, 2019.7.29.)

　학생, 교사, 학부모 모두 생활 속에서 자연스럽게 학교를 자랑스러
워하고 있었으며, 그것이 그들을 하나의 공동체로 단합하게 하는 힘
이 되고 있다.

4부

맨발학급
운영사례

맨발학급 운영사례는 필자가 연구로 진행할 당시 교사 연구 협력자였던 세 명의 담임교사들의 생생한 교실 운영 사례이다. 3년 동안 각자 저학년, 중학년, 고학년의 담임교사였으며 필자와 첫 해부터 맨발교육에 동참하여 아이들의 성장하는 모습을 함께 공유하고 격려하며 개선해 나가는데 커다란 기여를 해 주신 분들이다. 학급 운영 사례는 맨발교육을 교실에 도입하고자 하는 분에게 학급에서 아이들과 함께 실천하는 데 도움이 될 것이다.

제1장
맨발걷기로 더 행복한 아이들(1-2년)

교사 **이태재**

첫 걸음: 서로 바라보기

1. 맨발걷기 그 시작

3월 한 달 동안은 「1학년이 되었어요」 교재로 학교생활 적응 관련 수업을 합니다. 학교생활에 잘 적응하기 위한 내용들입니다. 초등학교에 처음 들어온 1학년들이 이처럼 3월에 기본 생활 습관을 익히는 것이 중요하므로 이 시기에 좋은 습관을 길러주는 것은 교사가 아이들에게 해 줄 수 있는 가장 값진 선물입니다. 그래서 아이들에게 좋은 습관 기르기로 맨발걷기를 함께하기로 마음먹었습니다. 맨발걷기의 시작이 발을 내딛는 순간부터 아이들이 늘 행복하게 살아가는 원동력이 된다는 것을 알고 있기에 학교 생활 적응 활동으로 가장 먼저 맨발걷기를 시작하게 되었습니다.

2. 첫 걸음, 우리들 모습

가. 우리가 마주한 어려움

부문	어려움	구체적 상황
학생	허락	어머니께서 허락을 하지 않음
	두려움	맨발걷기는 하나 혼자 걷기를 두려워함
학부모	허락	걱정으로 인하여 아이가 맨발걷기를 하는 것을 허락하지 않고 몰래 지켜봄
	걱정	어머니께서는 허락을 하나 아이가 맨발걷기를 두려워하므로 걱정을 함

실천하며 있었던 에피소드

- 맨발걷기 동의서에 학부모가 동의하지 않았던 민창이는 처음엔 걷지 않겠다고 했었는데 비 오는 날 운동장을 걸을 때 잠시 생각하더니 재미있겠다고 같이 걷겠다고 했다. 어머니께서 허락하지 않아도 걷고 싶다고 해서 생각 끝에 같이 걷자고 했는데 그날 어머니는 별 이야기가 없었다.

- 규대는 친구와 어울리지 못하여 혼자 걷기에는 두려움이 있었고 운동장 바닥이 단단하다고 발을 오그리며 항상 담임에게 손 내밀어 같이 손을 잡고 걷고 싶어 해서 한동안 손을 잡고 걸었다.

나. 해결하기

부문	어려움	구체적 상황
학생	용기	걷고 싶을 때 걷고 재미있다며 스스로 어머니께 허락을 받음
	적응	담임과 손을 잡고 걷다가 친구와 손을 잡고 걷게 됨
학부모	허락	안전에 대한 걱정을 하나 아이가 하고 싶은 날에만 하도록 허락함
	믿음	교사와 손을 잡고 걷는 것을 신뢰하며 아이가 적응하는 것을 지켜봄

실천하며 있었던 에피소드

■ 첫 맨발걷기는 의도적으로 비 오는 날에 하였는데 운동장에 나가기 전부 터 아이들의 기대가 컸으며 민창이도 바지를 둥둥 걷고 운동장과 물웅덩 이에서 장난을 치며 걷기도 하고 어떤 아이는 우산꼭지로 운동장에 그림 을 그리기도 하며 첫 맨발걷기에 대한 재미난 경험이 되어 민창은 용기 내 어 어머니께 허락도 받았다. 추후 아이가 걷고 싶어 하면 걷게 하고 싫다 고 하면 걸리지 말라고 연락이 왔다. 학부모님의 마음이 조금 열리는 순간 이었다.

■ 처음 운동장을 걷던 날 운동장 바닥이 너무 단단하다고 말하던 규대는 작 은 발을 오그리고 담임 손을 잡고 걷자 하더니 며칠 후 의젓한 윤지가 규대 의 손을 잡고 걷겠다고 해서 둘이서 걷기 시작했다. 그 후로도 친구들이 번 갈아 가며 손을 잡아주었다.

실천하면서 교사로서 어려움, 우리 반만의 특별한 상황

■ 첫 맨발걷기는 교사가 의도적으로 아이들에게 신나는 재미난 경험을 하도

록 해 주는 것이 좋았다. 약간의 번거로움은 있을 수 있지만 아이들이 생각보다 더 좋아했다.

- 아이는 맨발걷기를 하고 싶어 하고 어머니가 시큰둥할 경우 아이에게 칭찬을 의도적으로 듬뿍하였고 서서히 자연스럽게 어머니께서 허락한 경우가 있었다. 이런 경우 억지로 자꾸 권하기보다는 신발을 신고 걸어도 되도록 허락하면서 아이 스스로 자연스럽게 걷고 싶어 할 때까지 용기를 주고 기다려주었다.

- 용기가 부족하고 마음이 나약한 아이의 경우 담임이 손 내밀고 용기를 주면 친구들이 담임을 따라 용기를 주고 손을 내밀게 되는데 이럴 경우 칭찬이 최고였다.

- 맨발로 활동을 하다 보니 항상 안전이 중요해서 운동장을 걷거나 교실에서도 안전한 바닥을 유지하기 위해 늘 관심을 가지고 약속하고 실천하였다.

- 늘 몰래 지켜보면서 맨발걷기를 반대하던 어머니가 허락하기까지 안전한 가운데 아이가 맨발걷기의 즐거움을 느끼도록 하였다. 그리고 대부분의 어머니들께서는 적극적으로 지지하고 고마움을 전해와서 더 즐겁게 맨발걷기를 하였다.

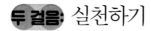 실천하기

1. 행복한 맨발걷기

시간 교시	월, 화, 목, 금	시간(분)
중간체육시간	10:20~10:50	30
활동내용	학년별 활동내용	

- 맨발걷기 3바퀴 편안하게 걷기

- 맨발 피구, 맨발 놀이, 모래놀이하기

- 운동장 코너별 학년 맨발 놀이 공간 활용하기(S놀이터, 사방치기 등)

실천하며 있었던 에피소드

- 두 명씩 손을 잡고 걷자고 했더니 여학생과 남학생이 둘이 서로 좋아한다
  면서 손을 잡고 걸었는데 아무도 놀리지도 않고 또한 둘이도 부끄러워하지
  않자 다음 날 다른 친구가 남녀 둘이서 손을 잡고 걸었다.
- 황톳길을 걸을 때 발이 시원하다고 말하자 여기저기서 바다에 온 것 같다.
  구름을 타고 있는 것처럼 기분이 좋다. 발가락이 꼼지락꼼지락 말하는 것
  같다는 둥 모두 시인이 된 것처럼 각자의 느낌을 표현하기 시작했다.

■ 사방치기를 할 때 다음 단계로 넘어가게 되자 다른 편인데도 손뼉을 치며 좋아해 주고 규대가 몇 단계까지 이제 갈 수 있다고 오히려 친구들이 더 기뻐했다.

교사로서 실천에 도움이 될 조언

■ 반별로 실내화를 두는 곳을 정하고 운동장을 걷는 것이 좋다.
■ 중간 맨발걷기를 하러 나갈 때 같이 걷고 싶은 친구랑 두 명씩 손을 잡고 걷도록 하는데 매일 남녀 구분 없이 친구를 바꿔서 손을 잡도록 해도 좋다.
■ 운동장을 2바퀴는 걸어서 돌고 3바퀴째는 전력으로 달리고 싶은 친구는 달리게 하는 것도 좋다. 단 다른 사람들에게 방해가 되지 않도록 한다.
■ 황톳길과 운동장을 걸을 때 슬쩍 발끝의 촉감이나 기분을 물어주면 아이들의 마음이 열려 모두가 마음속 이야기를 자기들만의 감성으로 마음껏 표현한다.

중간 맨발걷기

비오는 날 맨발걷기

모래놀이터에서 모습

2. 체육시간 활용한 맨발걷기

요일 학년	월	화	수	목	금	계
1, 2학년	0	0	1	0	0	1

- 체육시작에 맨발걷기 1~2바퀴 걷거나 뛰기
- 대문놀이, 거미줄 건너기, 콩주머니 옮기기, 달팽이 놀이, 땅 그림그리기 등
- 교육과정 속 체육활동 맨발로 하기(맨발로 하기 어려운 활동 제외)'

실천하며 있었던 에피소드

- 대문 놀이를 할 때 합반을 하고 담임도 함께 참여하여 대문을 여러 개 만들어 아이들의 흥미를 더 유발했다. 문지기에게 걸리지 않기 위해 앞 친구의 허리를 꼭잡고 후다닥 따라가는 바람에 웃음이 끊이지 않았다.
- 모래놀이터에서 기둥에 줄을 얼기설기 쳐놓고 거미줄 통과하기 놀이를 할 때 아이들 키가 다양해서 키 작은 아이의 경우는 자주 거미줄에 걸려서 속도가 느려지자 키 큰 아이들이 천천히 해도 괜찮아 라고 격려의 응원을 해서 흐뭇했다.
- 합반 수업을 할 경우 자연스럽게 경쟁심이 유발되면서 아이들의 속도가 빨라졌다. 그래서 두 반을 균형 있게 칭찬하면서 안전을 위해 경쟁심을 살짝 누그러뜨려야 했다.

교사로서 실천에 도움이 될 조언

■ 정해진 장소에 실내화를 벗어놓고 반별로 모여서 운동장을 걷는 것이 좋다.

■ 반별로 맨발 체육시간을 활용할 경우 맨발로 수업을 할 때 예상되는 안전 사고와 관련하여 아이들과 같이 찾아보고 약속을 하고 수업을 시작하는 것이 좋다.

■ 합반을 하여 맨발 체육시간을 활용할 경우 반별 경쟁심을 너무 조장하지 않도록 하며 담임도 맨발로 수업에 같이 참여하여 즐거움을 더 한다.

■ 수업시작 전 아이들의 발이 다칠 수 있는 돌이나 이물질을 확인하고 특히 슬라이딩을 하지 않도록 한다.

■ 특히 모래밭 수업의 경우는 모래밭에서 뛰면 금방 지칠 수 있으므로 쉬는 틈을 자주 주고 수업이 끝나면 수업자 전원이 모래 바닥을 다시 원상복구를 해 놓는다.

대문놀이

모래놀이

사방치기놀이

3. 맨발 교실 활동하기

학년 \ 요일	월	화	수	목	금	계
1, 2학년	0	0	0	1	1	2

- 체육 시간에 다목적실에서 맨발걷기 1~2바퀴 걷기
- 맨발 기차놀이, 동네 길 만들고 맨발 탐험, 맨발 컵타 하기등
- 교육과정 속 체육활동을 맨발로 하기(맨발로 하기 어려운 활동 제외)

실천하며 있었던 에피소드

- 수업 중 실내화 위에 발을 올려놓은 아이를 보면서 이유를 물으니 갑갑하다고 했다. 그러면 양말도 벗고 실내화도 아예 벗어보자고 하면서 교실에서 맨발생활이 시작되었다. 아이들이 너무나 자유로워했다.
- 교실이 방 같다면서 누워도 되냐고 묻기도 하고 엎드려서 놀기도 했으며 모둠 활동도 편하게 바닥에 앉아서 하였다.
- 밟으면 다칠 수 있는 것은 줍기로 약속하고 교사가 매일 2~4회가량 밀대로 닦아서 청결을 유지하자 윤지가 교실이 집보다 깨끗하다고 좋아했다.

교사로서 실천에 도움이 될 조언

- 교실에서 맨발 생활을 할 때 교사도 같이 맨발로 생활을 하고 특히 예상되는 상황을 학생들과 약속하여 발을 다치지 않도록 안전에 유의한다.

- 대부분 신발장이 여유가 없으므로 교실에 두게 된다면 자투리 공간을 찾아서 그곳에 두기로 약속한다. 이때 한곳에 모아 두더라도 실내화를 두 그룹으로 구별해서 신발을 가지런히 벗어두기로 약속하면 자기 실내화를 찾기가 수월하다. 실내화 정리는 약속을 해야 하지만 누군가 예쁘게 정리할 때 칭찬을 하면 저학년 특성상 칭찬받기를 좋아하는 아이들이 수시로 정리를 잘한다.

- 모둠활동의 경우 의자에 앉아서 하거나 바닥에 앉아서 편하게 의논하기도 하며 책상을 아예 좌우로 붙이고 바닥에서 공부하는 등 변화를 주어 흥미를 높인다.

- 화장실과 특별실로 이동할 때는 반드시 실내화를 신고 다니도록 약속한다.

맨발교실에서 실내화 모습

다목적실에서 수업

교실에서 맨발수업

세 걸음: 변화하기

1. 학생의 변화

■ 맨발걷기가 놀이처럼 여겨지는지 학교에 오는 것이 너무나 즐겁다고 했다.
설문조사 중 우리학교, 우리 반에 대한 항목에서는 '매우 좋다'가 100%여
서 깜짝 놀랐다. 학교에 오고 싶어서 일찍 일어날 만큼 아이들은 행복하다
고 했다.

■ 저학년의 경우는 종종 감기에 걸리는데 감기에 잘 걸리지 않았다. 거의 감
기를 하지 않으니 학부모님들도 무척 신기해하며 적극적으로 지지했다.

■ 친구들을 더 잘 이해하고 도와주려 애쓰며 사이좋게 지내게 되면서 고자
질보다 맨발놀이 시간에 무엇을 할지 의논하는 시간이 많아졌다.

■ 특히 교실에서 맨발로 생활하면서 가족 같은 분위기가 되어 말할 때 망설
이지 않고 궁금한 것도 자연스럽게 묻는 등 아이들이 전체적으로 편안해졌
으며 표정이 모두 밝았다.

2. 교사와 학생의 관계 변화

■ 첫 입학식 날 부터 계속 어수선하던 ○○은 담임과 손을 잡고 맨발걷기를
하면서 억지를 부리거나 불안한 마음도 차츰 누그러지고 속마음도 이야기
하는 등 잘 적응하게 되었다.

- 아침 맨발걷기와 중간 맨발걷기를 하면서 아이들과 이야기를 많이 나누게 되었는데 아이들은 도움이 필요할 때 언제라도 도움을 요청할 만큼 편안해 했다.

- 어떤 아이는 매일 집에 갈 때 다른 친구들이 다 간 후에 남아서 한 번 더 인사를 하고 가는 친구도 있었고 도와드리고 가겠다고 스스로 봉사하며 정을 내기도 했다.

- 교실에서 맨발 생활을 하게 되면서 친구들끼리 놀이할 때 선생님도 같이 하면 안 되는지 묻기도 했다. 그래서 같이 공기놀이도 하고 자신들이 잘 하게 되는 활동이나 모습은 자랑스러워하며 보여주면서 아이들은 담임을 친근하게 느꼈다.

3. 학급 분위기의 변화

- 담임과의 유대관계가 더 좋아지게 되면서 수업에 참여하는 태도도 적극적으로 임하게 되었다. 자신들의 생각을 망설이지 않고 이야기하게 되었고 학급의 소소한 일들도 아이들이 함께 의논하는 학급이 되었다.

- 저학년 특성상 고자질하거나 놀리기 쉬운데 친구의 잘못을 직접 타이르거나 어울리지 못하는 친구를 위해 먼저 도와주겠다고 나섰다.

- 짝꿍을 정할 때 어떤 친구는 다른 친구들이 힘들어하는 친구와 짝이 되겠다고 자원하였고 그 짝을 위해 서랍 정리와 소소한 규칙도 다시 세세히 도움을 주기도 하였는데 반 친구들 모두가 이런 배려하는 모습을 자연스럽게 생각했다.

 **네 걸음: 돌아보기**

실천하면서 특히 어려웠던 점

- 맨발걷기 실시 초기에는 중간놀이시간에 놀이를 하면 에너지가 넘치는 아이들의 경우 맨발 임에도 불구하고 슬라이딩을 하거나 남녀학생이 섞여 게임을 하는데 승부에 집착하는 남학생의 경우가 있어서 눈여겨 지켜봐야했다. 차츰 남학생이 여학생을 배려하면서 어울려 안전하게 놀이해서 사고는 없었다.

- 처음에는 양말이 한 짝씩 떨어져 있어서 주인을 찾아주어야 했는데 차츰 약속대로 가방에 넣어두거나 아예 양말을 벗고 오는 아이들이 대부분이어서 해결되었다.

- 저학년의 경우는 모래놀이도 많이 하는데 모래가 묻은 손으로 수도를 이용하게 되면서 수도의 물 빠짐에 방해가 되기도 하여 특별한 지도가 필요했다.

교사로서 실천에 도움이 될 조언

- 간혹 맨발로 걷기를 망설이는 아이는 교사가 손을 잡고 천천히 조금씩 맨발의 느낌을 다른 곳으로 돌리며 이야기를 나누며 걸어도 좋다. 처음에는 젖은 맨땅이 조금 단단한 느낌이 들 수 있으므로 아이들에게 더 호기심을 자극하는 물웅덩이 쪽으로 걷기가 더 자연스럽다. 아이는 선생님과 잡은 손의 온기와 이야기와 나에게 집중해주는 선생님에 집중하느라 어느새 맨

발의 어색함을 잊고 물과 맨땅의 느낌을 즐기며 잠시 후면 선생님의 손을 놓고 친구들이랑 어울려 놀고 싶어 한다.

■ 저학년 여학생의 경우 양말이 붙어있는 타이즈를 신고 오는 아이들이 종종 있는데 양말이 붙어있지 않는 타이즈를 신고 오도록 안내하는 것이 좋다.

■ 혹시라도 맨발로 걷기 싫어하는 아이가 있으면 양말을 신고 걷거나 신발을 신고 걷도록 하다가 모래 놀이터에서 차츰 벗게 해서 다른 아이들처럼 맨발로 걷도록 해도 좋다. 단 신발을 신은 학생이 맨발 학생의 발을 밟지 않도록 주의를 주고 뛰지 않고 반드시 걷도록 한다.

■ 맨발걷기나 맨발시설물 등의 모습을 사진 찍어두었다가 수업자료로 활용해도 좋다. 황톳길을 걸을 때의 모습이나 촉감, 느낌을 마음대로 표현하기, 흉내 내는 말로 표현하기 등 아이들은 자기 모습이라서 훨씬 흥미를 보이며 반응이 좋다.

■ 중간 맨발걷기 후 다음 수업시간의 어수선함을 줄이고 맨발효과를 높이기 위해 명상음악을 틀고 심호흡을 함께하는 것이 좋다. 심호흡을 몇 차례 하면서 아이들은 다시 차분해지고 다음 수업에 집중하여 참여할 수 있다.

■ 쌀쌀한 계절의 아침 맨발돌기를 할 때면 옷을 따뜻하게 입고 오도록 하는 것이 좋다. 아이들은 열이 많아서 춥지 않다고 하지만 따뜻하게 옷을 입어야 몸은 따뜻하고 발은 차갑게 해서 운동장을 맨발로 돌고 찬물로 발을 씻으면 맨발의 효과가 훨씬 더 좋기 때문이다.

■ 교실로 돌아오면 아이들의 소감을 나누고 맨발의 여운을 같이 느끼면 자기 발의 느낌이나 감정에 집중하게 되고 감성이 풍부해지면 맨발걷기에 대한 좋은 느낌을 갖게 된다.

교사로서 보람이나 좋은 점과 아이들 반응

■ 맨발걷기와 심호흡을 함께하면서 아이들이 가끔 서로 의견이 맞지 않고 다툼이 있을 때는 모두 불러서 심호흡을 5번 정도 하고 서로에게 미안한 점부터 다정하게 말하도록 하면 그다음은 자연스럽게 친구들과 다시 화해하게 되었다.

■ 학교에서 맨발걷기를 하면서 중학생이 되면 맨발걷기를 계속하고 싶은지를 물었더니 한술 더 떠서 어른이 되어도 하겠다고 했다. 중학생이 되어도 저녁때 관천초등학교에서 맨발걷기를 해도 되는지 묻자 '당연하지'라는 말도 나오고 '안 될걸'이라고도 했지만, 당연히 되는 걸로 우리는 결론을 내렸고 모두 신나 했다.

■ 아이들이 자라 어른이 될 때까지 제일 중요한 것이 건강한 좋은 습관이다. 지금 아이들과 함께한 맨발걷기와 심호흡이 살아가면서 스스로 건강을 지킬 수 있고 자신을 잘 컨트롤 할 수 있는 평생 습관이 될 수 있다면 교사로서 너무나 큰 보람이라 하겠다.

제2장
가지 않은 길로 함께 걸어가는 맨발걷기(3~4년)

교사 **백명지**

가지 않은 길

숲 속에 두 갈래 길이 있었고,

나는 사람들이 적게 간 길을 택했다고

그리고 그것이 내 모든 것을 바꾸어 놓았다고

로버트 프로스트의 '가지 않은 길' 중에서

비가 오는 것을 보고 있으니 흙길에서 맨발걷기를 했던 기억이 떠오른다. 비 오는 날에 맨발걷기를 할 때 발가락 사이사이로 촉촉한 흙들이 젤리처럼 쭈욱 밀려드는 그 느낌이 생각나면서 내 마음은 이미 운동장을 맨발로 걷고 있다. 코로나19 상황으로 인해 맨발걷기를 못 한 기간이 길어지고 있다. 그렇지만 비 오는 것을 보니 내 마음은 이미 맨발걷기 속으로 들어가 버렸다. 아이들에게도 마찬가지일 것이다. 맨발걷기를 했던 경험은 아이들이 어른이 되어서도 기억이 날 추억일 것이다. 아마 지금 나처럼 비를 보면서 맨발걷기를 했던 일들을 떠올릴지도 모르겠다.

함께하는 맨발걷기의 즐거움을 아이들 마음에 심어주는 것이
시작이자 끝이고 모든 것이다.

맨발걷기가 모두가 가는 길이 아니기에 다른 사람들은 가지 않는 맨발걷기의 길을 아이들과 함께 걸어갈 때 공감은 필수적이다. 그리고 일단 맨발걷기를 함께하면서 즐거움을 얻게 되면 아이들과 내 일상의 많은 부분이 바뀌게 되는 것을 느낄 수 있다.

선생님부터 맨발걷기하기

학교 운동장이 흙 운동장이라면 교사부터 그냥 맨발걷기를 해 본다. 한 번 할 때 적어도 40분 정도는 해야 효과가 있어서 그 시간은 가급적 채우려고 하였다. 나는 처음 맨발걷기를 겨울에 시작해서 딱딱하게 굳은 땅을 아침에 밟아서 발이 적응하는 데 시간이 좀 걸렸다. 혹시 학급 아이들과 함께 시작하려면 4월 정도부터 시작하면 좋겠다. 아이들과 함께하기 전에 일단 교사 먼저 해 보고 좋은 점을 느껴보는 것이 아이들에게 권할 때도 진정성을 가지게 된다. 그리고 선생님이 하는 모습을 보면서 궁금증을 가지고 같이 해 보고 싶어 하는 아이들도 생겨나게 된다.

아이들과 함께하는 처음 맨발걷기

처음 운동장에서 맨발걷기를 할 때 먼저 드는 생각이 뾰족한 돌이나 물체에 발을 다치지 않을까 하는 걱정이 드는 것은 어른이나 아이들이나 마찬가지일 것이다. 관천초의 경우 학교 전체가 맨발걷기를 함께 시작하여서 전교생과 선생님들이 같이 몇 달간 맨발걷기를 하면서 뾰족한 돌이나 발을 다칠 수 있는 것을 주웠다. 그렇지만 모든 학교가 관천초와 같이 전교생 단위로 맨발걷기를 하는 것은 아니므로 학급 단위의 맨발걷기를 시도하려는 선생님은 처음에는 학교에 있는 모래밭에서 맨발놀이 위주로 먼저 시행해 보고 점차 운동장으로 공간을 확대해 가면서 뾰족한 돌 등을 학생들과 함께 주워보는 활동을 해 보면 어떨까 한다. 그리고 학생들과 함께 주운 돌을 가지고 대지미술처럼 운동장 한 공간에 모아서 글자라든지 그림 작품을 만드는 것도 뜻깊을 것이다. 실제로 초반에 학생들과 돌을 많이 모았을 때 내가 말하지도 않았는데 당시 학생들이 그런 작품을 알아서 만들었다.

다음으로 맨발걷기의 좋은 점을 마음에 심어주는 일이 따라야 한다. 관천초는 교장 선생님이 각 학급으로 오셔서 맨발걷기를 하면 좋은 점을 알려주시고 다양한 교사 및 학부모 연수를 통해 맨발걷기에 대한 공감대가 만들어지도록 하였다. 이렇게 할 경우 교육공동체의 여러 구성원에게 함께 맨발걷기에 대한 좋은 점이 마음에 새겨지고, 저녁에 부모님을 따라서 학교 운동장에 와서 맨발걷기를 하면서 아이들끼리 서로 친해지기도 하는 시너지 효과도 발생하였다. 그렇지만 이런 문화가 형성하기 어려운 여건이라면 교실에서 우리 반 아이들을 대상으로 관련 동영상 등을 통해서 맨발걷기의 좋은 점을 안내하고, 학부모님들께도 안내장 등을 통해 맨발걷기의 효과와 앞으로의 학급에서의 맨발걷기에 대해 미리 알려드리면 좋을 것이다. 그리고 한 가지 꼭 고려해야 할 점은 모든 사람의 마음이 다 같지는 않으므로 강압적으로 다가가지 말고 처음에는 작은 부분에서 천천히 맨발걷기를 시작해야 한다는 점일 것이다.

맨발놀이의 즐거움

4학년 학생들과 2017~2019년까지 3년 동안 학교 맨발을 하면서 즐거운 추억들을 많이 만들었다. 4학년과 같은 중학년은 즐거움을 느낄 수 있게 맨발놀이부터 도입하면 크게 어려움 없이 학급의 맨발 문화를 만들 수 있다. 그렇지만 맨발놀이나 맨발걷기에 함께하기 어려워하는 학생 한 두 명은 항상 있기 마련이다. 그 친구들에게는 맨발놀이나 맨발걷기를 할 때 힘든 점은 무엇인지 관심을 가지고 좀 더 마음을 쓰는 자세가 필요하다.

아이들에게 즐거움이 주는 동기는 아주 강력하다. 그래서 맨발놀이부터 시작하게 되면 맨발을 떠올리면 즐거운 경험이 같이 생각나 앞으로 맨발걷기나 맨발 생활까지 연결되는 아주 강력한 힘이 된다. 맨발놀이를 처음 시작할 때는 학교에 모래로 된 공간이 있으면 그 장소에서부터 시작한다. 아이들에게 모래가 주는 보드라운 감촉을 발로 느낄 수 있고 다칠 우려가 줄어들게 된다. 그리고 아이들에게 친숙한 맨발 피구, 맨발 잡기놀이 같은 것부터 시작하면 좋다.

| 맨발 피구 | 맨발 마피아 게임 | 맨발 한 걸음 술래잡기 |

| 맨발 얼음땡 | 맨발 투호놀이 | 맨발 굴렁쇠놀이 |

교과와 연계한 맨발

교과수업과 연계하여 맨발 활동을 진행하였다. 아이들 입장에서는 자신들이 하는 활동들이 실제로 학교 주변의 변화를 가져올 수 있다는 것을 직접 느껴볼 수 있어서 좋았고, 교사의 입장에서는 다소 단조로울 수도 있는 맨발걷기 활동이 교과와 엮어 진행하여 좀 더 다양한 활동으로 확장시켜 나갈 수 있는 가능성을 살펴볼 수 있는 시간이었다. 그리고, 다른 학급이나 학부모님의 칭찬과 격려를 들으며 뿌듯해 하는 아이들의 모습을 보면서 덩달아 교사로서 만족감도 올라가고 아이들과 행복한 시간을 가졌었다.

가. 도덕과 인성 맨발 연계프로젝트-꽃보다 사람이 아름다워

| 4학년 1학기
인성맨발연계프로젝트
- 꽃보다 사람이 아름다워 | 아이들이 만든
맨발 명언 자료 | 운동장에 전시하여
중간맨발걷기 시간에 관람하기 |

4학년 1학기 도덕, 미술 과목과 연계하여 맨발 프로젝트를 진행하였다. 도덕 3. 아름다운 사람이 되는 길 단원에서 진정한 아름다움이란 어떤 것인가에 대해 알아보고, 미술과 창의적 체험활동으로 맨발 관련 명언이나 일상생활 관련된 명언들을 찾아서 게시할 수 있는 자료들을 만들었다. 그리고 도덕과 우리가 만드는 도덕수업 첫 번째 활동 작은 실천, 아름다운 세상 단원과 연계하여 아이들이 만든 맨발 명언 자료 등을 운동장에 전시하여 전교생이 중간맨발걷기 시간에 관람할 수 있도록 하였다. 운동장에 게시한 자료는 우리 학년은 물론이고 다른 학년의 관심도 많이 받았고, 특히 저녁시간에 학교로 맨발걷기를 하러 오시는 학부모님들께서 칭찬을 많이 해 주셨다. 좋은 글귀는 사진으로 찍어 가시기도 하고 함께 온 자녀와 게시 명언을 함께 읽어보시는 모습이 보기 좋았다.

나. 국어과 제안하는 글쓰기 활동과 연계-실내화 및 수돗가 정리정 돈 문제 해결하기

중간맨발걷기 시간에 정리가 되지 않는 실내화들 (문제상황)

문제 해결을 위한 제안하는 글쓰기

동쪽 현관에 제안하는 글을 게시하여 참여를 독려하기

중간맨발걷기 어울림 시간에 전교생이 함께 나와 실내화를 운동장 옆 임간교실(아이들이 앉을 수 있도록 벤치로 되어 있는 공간)에 두고 맨발 걷기를 갈 때 정리가 되지 않고 여기 저기 흐트러져있는 실내화들이 많이 생기는 문제점이 있었다. 실내화 주인이 제대로 정리해 놓지 않고 맨발걷기를 가버리면 다른 사람들의 통행에도 방해가 되고 보기에도 좋지 않아 이것을 해결하기 위해 4학년 1학기 국어 8. 이런 제안 어때요 단원과 연계한 활동을 해 보았다. 그리고 학급에서 중간맨발 걷기 어울림 시간 관련 문제점에 대한 설문조사 결과 실내화 문제뿐만 아니라 모래 놀이터에서 놀다가 모래를 가져와 아이들이 발을 씻어야 하는 세족대(수돗가)에 가져와 지저분하게 하는 경우도 있어 이 두 가지 문제를 해결하기 위해서 제안하는 글을 써보기로 하였다. 그리고 완성된 제안하는 글은 어느 장소에 게시하면 가장 효과적일지 학급 회의를 통해 중간맨발걷기 어울림 시간에 가장 많은 학생이 이용하는 장소인 동쪽 현관에 게시하면 좋겠다고 결정하여 2주일 정도 게시하여 전교생이 볼 수 있도록 하였다.

우리 반 아이들은 직접 학교의 문제 상황을 발견하고 해결하려 노력하는 과정 속에서 자신들이 하는 활동이 학교의 문제해결에 보탬이 되고 사람들의 변화를 이끌어 낼 수 있다는 것에 만족하였다. 이 활동을 돌아보면서 아쉬웠던 점은 흥미를 가지고 읽어보고 참여하는 경우도 있었지만, 무관심한 경우와 읽어 보기만 하고 실제 문제 해결을 많이 이끌어내지는 못했다는 점이다. 그래서 제안하는 글을 게시하고 읽은 이들이 거기에 응답을 할 수 있는 방법을 마련해 두었다면 읽은 사람들도 문제를 좀 더 공감하고 참여율을 높일 수 있지 않았을까 하는 생각이 든다.

다. 미술과 사진 찍기 활동 연계-맨발 사진 콘테스트

꽃잎으로 만든 글자 사진-'맨발'

몸으로 만든 글자 사진-'맨'

몸으로 만든 글자 사진-'발'

하나되는 맨발 단체사진

학교폭력예방 한우리 사진
콘테스트 초등부 최우수상 입상

교내외 사진 공모전에서
받은 상장들

스마트폰이 널리 보급되면서 아이, 어른 할 것 없이 사진 찍기나 동영상 촬영하는 것을 일상생활 속에서도 많이 하고 모두들 좋아한다. 때마침 5월쯤 우리학교 운동장 옆에 황톳길이 만들어지고 황톳길 맨발사진 공모전이 열렸다. 그래서 이 공모전을 위해 미술과 사진 찍기 활동과 연계하여 진행하면 딱 맞아서 교실에서 미술책을 통해 구도, 초점 등 사진에 대한 기본 내용을 익히고 황톳길로 사진을 찍으러 스마트폰을 들고 나갔다. 황톳길 옆에는 장미 울타리가 아름답게 되어 있어서 아름다운 사진들을 많이 찍을 수 있었다. 아이들은 고맙게도 "선생님, 우리하고 같이 찍어요."라고 이야기해 주면서 나와 사진도 찍고 더 좋은 작품을 만들려고 노력을 많이 하였다. 그리고 마음씨 예쁘게도 "장미가 아플 수 있으니 떨어진 장미 꽃잎으로 맨발 글자를 만들어 보자." 하면서 떨어진 장미 꽃잎으로 맨발 글자를 만들고 발을 모아 멋있는 사진도 만들어냈다. 친구들과 다양한 포즈로 사진을 많이 찍으면서 서로 많이 친해져 가는 모습들이 보였다.

그리고 맨발 학급 단체 사진을 찍을 때 아이들이 자발적으로 인터넷 검색 등을 통해서 포즈를 생각해 오고 여러 가지 아이디어를 내는 모습을 보면서 즐겁게 참여하는 모습의 힘이 대단하다는 것을 다시 한번 느꼈다. 최종 결정된 포즈는 아이들이 몸으로 '맨', '발'이라는 글자를 만들고 맨발로 원으로 둘러앉아 손을 엇갈아 잡고 단체 사진을 찍기로 결정하였다. 이 작품은 대구강북경찰서에서 주최하는 학교폭력예방 한우리 사진 콘테스트에도 출품하여 감사하게도 초등부 최우수상에 입상하여 우리 반 아이들의 자긍심이 많이 올라갔다.

아이들과 더 친해지는 기회를 주는 맨발

아이들과 함께 맨발걷기를 하면서 더 친해질 수 있는 기회를 자동으로 얻을 수 있었다. 손잡고 같이 걸으면서 어제 있었던 일이라든지 요즘 친한 친구는 누구인지 또는 어떤 일로 인해 마음이 불편한지 자연스럽게 이야기를 나눌 수 있었다. 그리고 아이들과도 친해지고 동료 선생님들과도 함께 걸으면서 소중한 시간을 가질 수 있었다. 교실의 바쁜 일상 속에서 잠시라도 아이들과 주어지는 맨발 시간이 잠시 휴식할 수 있는 시간이 되고 아이들은 자기들끼리 친해지는 계기가 되었다. 학급 및 학교의 문화가 서로를 더욱 가깝게 느낄 수 있는 방향으로 변해갔다.

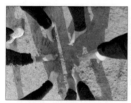
우리 반 아이들과 만든
발가락 하트

선생님과 함께하는
즐거운 맨발걷기

중간맨발걷기 어울림시간에
선생님과 손잡고 이야기하기

돌아보기

맨발걷기를 실천하면서 특히 어려웠던 점은 맨발걷기에 거부감이 많은 학생들이나 학부모님을 만나게 되는 경우이다. 학급 아이들을 모두 데리고 맨발 놀이할 때 절대로 신발을 벗지 않겠다는 경우 놀이에 함께 참여시키면 혹시나 놀이하다가 다른 아이들이 발을 다칠 수가 있다. 그렇다고 그 아이를 배제하고 놀이를 진행하려니 마음이 불편하였다. 그럴 때는 일단 그 아이의 의견을 존중해 주어서 신발을 강제로 벗기지는 않지만, 신발을 신고 참여했을 경우 위험한 상황을 알려주어 친구들의 놀이를 옆에서 관찰하도록 하였다. 그리고 외로움을 느낄 수 있으므로 교사가 옆에서 이야기도 해 주면서 마음을 좀 풀어주면 자기도 친구들과 놀고 싶어서 신발을 벗고 들어가게 되는 경우가 많았다. 그렇지만 마음의 벽을 꽁꽁 싸매고 있는 아이의 경우 함께 참여하지 않는 경우도 있었다. 이런 경우 종종 학부모님께서도 맨발걷기에 대해서 부정적인 이미지를 많이 가지고 있어서 아이가 가정에서 맨발걷기에 대해 부정적인 이야기를 많이 들은 것을 자기와 자기 주변 친구들에게 전파하면서 학급 내 부정적인 그룹이 생겨날 때가 제일 힘들었다. 이런 상황에서는 그 아이와 주변 친구들이 무리 지어 선생님과 대치되는 상황을 자주 발생시키고 친구들과 다툼이 자주 생길 때가 있었다.

이런 경우 일단 학급 내 긍정적인 에너지를 가지고 있는 아이들의 활동 영역을 넓히고 학부모님과도 맨발걷기의 긍정적인 점, 맨발걷기를 통해 아이들이 성장하는 모습을 자주 보여주는 길 밖에는 없는 것 같다. 그리고 모두가 나와 같은 길을 걷지는 않더라도 교사의 꾸준히 노력하는 모습을 보여주면 거기에 공감하는 아이들도 분명히 있었다.

지금 근무하는 학교를 이동하고 코로나19 상황으로 인하여 맨발걷기를 하기가 여의치 않은 상황이다. 그렇지만 인근 초등학교 흙으로 된 운동장을 볼 때마다 코로나19 상황이 좋아지게 되면 저기에 가서 맨발걷기를 꼭 해야지 하는 마음이 든다. 건강검진 결과 작년 여름에 검사했을 때보다 올해 검사에서 수치들이 조금 안 좋게 나온 것을 보면서 맨발걷기를 하지 못해서 그런가 싶기도 하고 말이다. 나와 3년간 맨발걷기를 했던 우리 아이들도 자라면서 맨발걷기가 자신들의 건강을 지키는 소중한 자산이 되기도 하고, 또 어린 시절의 추억으로 기억해 줄 것이라고 믿는다. 나 또한 맨발걷기를 하면서 함께했던 아이들과의 소중한 순간들을 교직 생활 중 아름다운 기억으로 소중히 저장할 것이다. 맨발걷기를 2017년 2월에 만날 수 있게 해 주신 이금녀 교장 선생님께 감사 드리고 앞으로도 나의 건강과 내 주변 사람의 건강을 위해서 가족, 친구, 아이들, 선생님들 내가 함께할 수 있는 분들과 함께 맨발걷기를 생각날 때마다 하려고 한다. 다른 사람들이 적게 그 길로 걸어간다고 해서 시도조차 하지 않기보다 가지 않는 길을 주변 사람들과 함께 맨발걷기를 하면서 건강과 행복을 모두 잡으시기를 바란다.

제3장
맨발과 함께한 우리들 이야기(5~6년)

교사 **김민지**

첫 걸음, 우리의 이야기

선생님 전 걷기 싫어요. 그냥 그늘에서 쉴래요. 운동장에 유리 같은 거 있으면 어떡해요? 양말 벗는 건 자유 아니에요. 샘이 좋으면 샘만 하면 되지 우리는 왜 해야 해요? 맨발 하면 체육 시간 줘요?	야야야, ○○아, 내가 호수 대 주께, 발 대봐라, 시원하데이. 샘 오늘 비와요! 오늘 모래 씨름장에서 맨발 피구 어때요? 예 샘?? 샘 한 번만 시원하게 나가요~ 샘, 현장학습 때처럼 수건돌리기 한판 해요! 야 니 누구한테 줄 건데?
2017. 3월 (처음의 덜컥거림)	**2019. 6월 (변화하는 우리)**

처음 맨발을 접한 날 운동장 단단한 돌과 모난 돌들이 발에게 강한 신호를 보냈다. 도덕교육이 강했던 어린 시절, 생각해보면 양말 벗고 운동장을 걷는다는 건 상당한 용기가 필요했다. 맨발을 접하면서

우리 집 아이와도 비 오는 집 근처 운동장에 우산을 쓰고 마음껏 걸어 보았다. 지금은 훌쩍 커버린 아이는 아직도 그 추억하며 빙그레 웃는다. 왜 안 되는 것이 이렇게도 많은지 양말 벗고 몰랑몰랑하고 드넓은 운동장을 걸어보는 건 자유 그 자체였는데 사십 대가 되어서야 이 느낌을 느끼다니…. 아이와 맨발을 하던 집 근처 운동장 할머니 두 분이 나와 우리를 힐끔힐끔 보시더니 '에헤이 맨발로 와이카노… 알 만한 엄마가 와 저카지?' 하는 얼굴이다. 핀란드에서는 공부하는 시간만큼 아이를 맘껏 자연의 품 안에서 놀게 한다고 한다. (2017.6월)

관천초에서 만난 사 년 동안의 제자들, 이곳의 친구들은 참 마음이 따뜻하다. 말썽을 부리고 때론 지도하기 버겁기도 하지만 돌이켜 보면 들판의 핀 야생화처럼 나름의 향기와 빛깔을 가졌던 것 같다. 그리고 참 솔직하다. 그래서 더 고맙고 생각이 더 나는 것 같다. 처음부터 맨발걷기가 쉬웠던 건 아니지만 함께 한 시간 속에 우리는 함께 걸었고 흙 위 맨발을 통해서 더 솔직하고 더 가까워진 것 같다. 소중한 제자들이 보고 싶어지는 순간이다. (2019. 10월)

지금도 일주일에 4번 정도는 집 근처 운동장을 걷는다. 최근엔 맨발로 걷는 주민들이 더러 보인다. 신발을 신고 걷지 않는 것에 익숙해져서 이제 타인의 시선은 의식하지 않게 되었다. 사람들은 가끔 몇 번을 마음먹고 물어온다. "저 저, 발은 안 시려워요?" 솔직히 추운 겨울엔 발이 시렵다. 하지만 처음과 중간과 끝은 발과 몸의 온도가 달라진다. 우리 몸은 차가움에 적응하도록 빠른 속도로 난방시스템을

가동하고 그 난방시스템 덕에 몸이 건강해지는 듯하다. (2019.12월)

두려움, 저항과 마주하기

교사 자신도 첫걸음을 내디딜 때 주변의 시선에 의식한 것처럼 사춘기 아이들은 주변의 시선도, 타인의 지시를 그대로 순종적으로 받아들이는 것도 저항이 크다. 정비되지 않은 운동장의 날카로운 상황도 대비해야 하며 맨발걷기의 중요한 점에 대해서도 홍보해야 한다. 학교 차원으로 우리학교는 여러 가지를 체계적으로 접근했기에 이 첫걸음이 가능했다. 처음에 우리가 마주할 수 있는 저항은 다음과 같았고 해결하기 위해 학교에서는 학부모 연수, 학생교육, 맨발걷기 행사 개최 및 운동장 및 맨발걷기 환경 조성 등 다양한 노력을 하였다.

부문	내용	문제 상황
학생	부모동의	어머니께서 허락을 하지 않음
	두려움	운동장 상황에 따라 다치지 않을지 두려움
	반항심	선생님이 시키는 것에 대해 하기 싫은 마음
	귀찮음	무기력하게 있고 싶은 마음
학부모	안전 걱정	운동장 상황에 따라 발이 다치지 않을지 걱정스러운 마음
	아이 기호	우리 아이가 싫어하는데 꼭 해야 하나 아이는 싫어할 거라는 단정적 생각

변화 이끌어내기

생각은 행동의 원천이자 이유이므로 생각의 변화에 초점을 두어 노력했다. 먼저 학생들에게는 교장 선생님, 교사가 연수한 내용을 토대로 맨발걷기의 효과에 대해 교육하였다. 방법은 학교방송 교육 및 창의적 체험활동 시간에 확보된 맨발교육 관련 시간이었다. 학교장 강의는 교장실에서 진행되었고 외부인사를 초빙한 강의도 진행되었다. 고학년 학급을 운영하는데 있어서 가장 중요한 것은 학생-교사와의 관계, 학생-학생과의 관계이다. 관계 역학이 건강한 학급은 결속력이 있으며 따뜻한 분위기가 유지된다. 걸음 전 상황을 분석해 자세한 코칭이 이루어졌고 맨발걷기를 하는 동안에도 생활지도에 집중하여 학급 관계 형성에 조금씩 효과가 나타나도록 노력하였다. 아이를 학급으로 융화되도록 하는 것이 가장 큰 변화의 시작이었고 다음과 같은 코칭이 진행되었다.

영역	걸음 전	한걸음 더
관계	전체 학생들의 관계에서 겉도는 학생	교사와 함께 걷기 학생 생활과 고민에 대한 맨발걷기 상담
	문제행동을 하면서도 친구와 친해지고 싶은 반복된 행동	학급 내 역할 부여, 1인 1역할 부여 및 반 성 친구들에게 친구의 좋은 점 자연스럽게 알리기
학부모	일부 학생이 자녀에게 좋지 않은 영향을 (말과 행동)이 영향을 끼치지 않을까 하는 행동	학급 시간을 활용한 아이의 변화 담임 소개 아이들과 공감시간 확보
	맨발걷기 시간에 따라 효과 미검증	맨발걷기 관련 학부모-교사-학생 축제 맨발걷기에 대한 학부모 연수 시간 확보

■ 학급 내 아이들의 관계 속에서 겉도는 친구가 있었다. 아이는 친구 관계에서 고립되어 있었다. 아이는 아이들 속에서 자연스럽게 어울리고 싶었지만 여러 가지 방해 요인이 있었다. 아이의 욕설과 아이의 자격지심 등 여러 가지 관계의 어려움이 한두 해의 문제가 아니었다. 나는 그 아이에게 특권을 주지 않았다. 공정하게 대하고 그 아이의 잘못된 부분에 대해 자신을 성찰

하도록 지속적으로 말해주었다. 잘못된 행동에 대해서는 꼭 상기하도록 알려주었다. 이때 교사가 아이를 판단하지 않았고 아이가 판단하도록 하였다. 질문은 가급적 아이가 생각할 수 있도록 도움이 되는 질문이었고 결론은 아이가 말하는 것으로 행해졌다. 아이는 문제가 있었지만 1인이고 학급의 친구들은 그룹이라 힘을 가진다. 따라서 교사는 학급 전체 앞에서 비판하지 않았고 그 아이의 입장을 생각할 수 있도록 일정 부분은 그 아이의 마음을 표현하는 기회를 주거나 대변하는 기회를 주었다. 아이들은 울먹이는 친구를 보면서 아이의 마음에 대해 조금씩 공감했고 그 아이에게 특권을 주지 않고 공정하게 판단하자 마음을 열기 시작했다.

■ 어느날 동료 교사로부터 이런 말을 전해 들었다. "○○이가 오늘 운동장에서 '동생이 다른 아이와 싸우는 것을 보고 니가 이렇게 한 것은 잘못이야, 그러니 그건 니가 사과하라'고 하더라고요. 그 아이에게서 잘못을 인정하는 모습은 좀처럼 보기 어려웠거든요. 달라진 것 같아요." -누구든 잘못을 뉘우칠 기회를 주어야 한다고 생각한다. 때로는 아이를 둘러싼 환경이 그런 말과 행동을 만들기도 하기 때문이다. 주변의 사람들이 아이에게 어떤 기대와 마음으로 대하느냐에 따라 아이는 변화한다. 그 변화의 중심에 교사가 도움을 줄 수 있어야 한다.

맨발 교실 만들기

나무로 된 교실 바닥은 5월부터 10월까지는 무척 시원하다. 11월부터는 학생들이 발을 시려 한다. 그럴 때 양말을 신게 하거나 털 실내화를 허용하였다. 평소에 아이들은 언제부터인가 양말을 벗고 실내화를 벗은 채 맨발을 책상 다리에 올려두곤 한다. 맨발로 생활하는 것은 발을 숨 쉬게 하는 것인지 유독 아이들은 교실에서 실내화에서 발을 꺼낸 채 생활하는 경우가 많다. 특히 남학생들은 운동 후에 그렇다. 맨발걷기 후 축축한 발을 징검돌에서 말린 후 교실에서 앉아 있으면 아이들은 표정이 참 편해 보인다. 맨발 교실을 위해 학교에서는 학반에 청소기를 배치하고 교실 청소를 지원했다. 학생들의 좌식 놀이문화 조성을 위해 보드게임 등, 원목 쌓기 등의 교구를 보충했다. 고학년이 단순한 게임을 하겠나 싶었는데 아이들은 할리갈리나 원목으로 2m 이상의 건축구조물을 함께 쌓고 무너뜨리는 활동을 무척 좋아했다. 실내화는 복도에 있는 신발장을 활용했는데 본교의 경우 학생 수가 19명~21명 정도로 적어서 신발장을 신발과 실내화 칸으로 나누어서 사용하였다.

맨발 교실 원목 놀이

맨발 교실에서의 우리들

도미노 놀이

영역	걸음 전	한걸음 더
교실 환경	맨발 교실 전 지저분한 바닥	청소기확충 및 교실 청소재료 보충
학생 자료	좌식 놀이문화에 활용할 자료 부족	할리갈리, 전통놀이(공기, 윷놀이, 고누놀이), 창의력 증진 보드판 자료 보충
학생 상호 관계	학생들끼리의 결속력, 함께 하는 분위기 부재	놀이 시간 확보 및 교사의 놀이 주도 주도권 부여 및 교과와 연계한 시간 제공
실내화 보관	교실로 신고 들어옴	복도 신발장, 신발 공간과 실내화 공간 분리

- 아이들이 서로 함께 행복한 모습으로 교실에서 노는 모습은 이 세상 어떤 모습보다 아름답다. 그것을 바라보는 교사는 미소지을 수밖에 없다.

- 실내화를 신던 맨발 교실 구축 전에는 아이들은 주로 교실이 아닌 복도를 서성이거나 화장실 주변 공간에서 이야기를 나눈다. 맨발 교실 조성 후에 아이들은 교실 바닥에 앉아 보드게임을 하거나 이야기를 나누는 모습이 형성된다. 무엇보다 교실 공간에서 편안한 표정이 자주 관찰된다. 교실이라는 공간이 맨발로 생활하면서 편안함의 공간으로 변화하고 있다.

맨발걷기

맨발걷기는 월~금요일까지 4회 30분간 실시되었다. 수요일은 각종 행사, 연수, 출장 등의 오후 시간 확보로 맨발활동이 어려웠다. 최소 30분을 확보한 것은 땅과 발이 함께하는 시간을 많이 확보하기 위해서다. 우리 몸의 정전기를 배출하는 것이 건강의 출발이기 때문이다. 흙과 발을 맞대고 걸음으로써 정서가 순화되고 우리 몸의 변화가 시작된다. 중간체육시간은 하절기, 동절기가 다르게 운영되었다.

영역	한걸음 더
맨발 운영시간	· (평상기 4월~5월, 10월~11월) 월,화,목,금 10:20~10:50 (30분) · (하절기 6월 ~ 9월) 월, 화, 목, 금 09:20~09:50 (30분) · (동절기 12월~3월) 월, 화, 목, 금 10:00~10:30 (30분)
맨발 프로그램(고학년)	· 맨발 피구(씨름장 활용), 땡땡볼 축구(폼볼, 탱탱볼 사용) 이어달리기 및 장애물 달리기

맨발 규칙	· 학년별 최소 바퀴수 안내
	  - 저학년: 3바퀴(2바퀴)
	  - 중학년:5바퀴(3바퀴)
	  - 고학년: 7바퀴(5바퀴)
	· 항상 찬물을 이용해 발 씻기, 맨발 돌길에서 발 말리기

처음에는 지켜야 할 최소바퀴를 정해준다. 30분이라는 시간이 있으니 학생들은 달리기로 방법을 바꾸어 필수 바퀴수를 채운다. 그리고 자연스럽게 맨발 피구나 탱탱볼 축구, 농구코너로 모여든다. 물론 이런 활동도 모두 맨발로 이루어지므로 시간은 확보가 된다. 나무 그늘에서 쉬거나 걷기 싫어하는 학생들은 걷기를 격려하거나 함께 걷는다. 그것조차 거부한다면 그냥 편안하게 행동을 보고 기다려준다. 그늘에서 하염없이 앉아 있던 우리반 ○○이도 "뭐 때문에 좋다 하노, 나도 한번 걸어보자!" 하면서 걷더니 한두 바퀴가 여러 바퀴가 되고 시원하게 발을 씻더니 이제는 제법 습관이 되어 걷기 시작한다. 처음이 어렵지 걷기 시작하면 아이들이 이내 이야기꽃을 피우며 뭐가 그리 즐거운지 열심히 걷기를 시작한다. 적응이 어려운 학생일수록 시작하는데 오랜 시간이 걸린다. 교사는 꾸준한 격려를 하며 기다리고 격려하기를 반복한다.

■ 맨발 피구를 하면서 아이들은 서로를 인정하기 시작한다. 그리고 세수를 하고 발을 씻으면서 아이들은 더 가까워지고 은행 나무아래 벤치에서 시원하게 발을 말린다. 교사인 나는 우리 아이들이 신나게 맨발 피구할 때와 발을 말리면서 자유롭게 벤치에 앉아 있는 그림 같은 풍경을 참 좋아했다. 그리고 어른이 되었을 때 추억할 수 있는 아름다운 추억 한자락이 될 거라는 생각을 하였다.

■ 맨발 피구를 하면서 아이들은 서로를 인정하고 좋은 플레이에 대해 자연스럽게 칭찬하고 칭찬받는다. 우리반 ○○이도 체육 시간엔 자주 웃는 모습이 관찰되었다. 체육시간을 통해 담임과의 관계도 좋아지는 것을 느낀다.

| 맨발 민속놀이 한마당 | 맨발 피구 | 운동장 맨발 놀이터 | 맨발 전통 놀이 |

맨발 활동하기

학급운영에 있어 따뜻함과 배려, 소통을 많이 고민했다. 3월 첫날, 뜨거운 여름날엔 시원한 바람이, 차가운 겨울엔 따뜻한 이불이 되어 주자고 하였다. 아이들은 서로를 배려하면서 참 잘 해 주었다. ○○이는 가끔씩 욕설을 하지만 횟수가 줄었고 친구들 사이에서 본인의 잘못도 인정하게 되었다. 혼자 운동장 한 편에서 혼자 공을 가지고 놀던 ○○이는 친구들과 맨발피구를 함께하며 공을 주우러 멀리까지 신나게 달렸다. 중국 교장단 방문 때는 중국어가 적힌 맨발 포스터를 그려 환영하였다. 친구들은 장미가 핀 황톳길 사진 공모전에서 마음껏 사진을 찍는 추억을 만들었고 입상하여 간식을 먹기도 하였으며 맨발교실에선 각자의 재능을 기부하는 활동도 이루어졌다. 두뇌기반 훈련으로 마음 다스리기와 자신의 마음 들여다보기 등 다양한 활동이 이루어졌다.

| 맨발 사진 입상 | 맨발 포스터 그리기 | 맨발 교실- 재능 기부 | 두뇌 기반 마음 훈련 |

황톳길 사진 공모전

교실 놀이 활동

맨발 음악회

가족 맨발걷기

맨발걷기, 돌아본 이야기

아이들의 가장 큰 변화는 편안함이다. 순해지는 느낌이랄까? 그렇다고 순종적인 아이들은 아니다. 자기 주장을 펼치고 까다로운 순간이 있지만, 서로 소통하고 조율할 줄 아는 아이들의 변화이다. 여전히 목소리는 크고 서로 마음에 들지 않을 때면 큰 소리를 내긴 하지만, 서로에게 끈끈한 이해의 선이 연결된 것 같은 느낌. 이건 교사로서 주관적인 견해이긴 하지만 나에겐 그런 안정감이 느껴졌다.

교실 안에서는 아이들이 편안하게 좌식으로 생활하고 서로 집에 초대된 것처럼 보드게임이나 이야기를 나누기도 한다. 서로 보드게임하면서 승부에 관한 이야기를 나누고 도미노게임의 시작 순간엔 교사인 나를 불러서 같이 보라고 권유도 한다.

맨발 운동장의 이야기는 더 힘이 넘친다. 아이들은 공을 가지고 운동장 곳곳을 누비며 자유롭게 뛰어논다. 고함을 지르고 공을 던지고 받으며 농구공을 던지기도 하고 맨발 피구를 하기도 하고 때론 어린 저학년들 사이에서 철봉에 매달리기도 한다. 그냥 하고 싶은 대로 하지만 서로에게 방해가 되지는 않는다.

교사로서 가장 뭉클했던 순간, 일 년 동안 학급을 운영하며 가장 노력했던 부분은 누구나 우리 학급에 와서는 친구끼리의 울타리, 따뜻함의 정서를 느끼게 하고 싶었다. 우리 반 누구나에게 그리고 모두가 소중한 아이들이기에 나에게도 참 소중했다. 서로 힘들어하던 관계를 조금씩 회복하고 소통하고 어울려 노는 것을 보면 참 다행이다 싶었다. 그리고 우리 반 그 친구도 그러했다. 방학을 하는 날 우리 반 친구는 교사의 쓰레기통을 씻어주겠다고 했다. 나는 한사코 괜찮다고 했고 선생님이 할 수 있다고 했다. 그 친구는 간절했고 나에게 꼭 그 역할을 해 달라고 부탁했다. 나는 그럼 그렇게 하라고 했다. 여름방학 종업식 회의를 마치고 돌아온 교실 깨끗한 쓰레기통이 의자 옆에 놓여 있었다. 그냥 울컥 감정이 올라왔다.

시간이 흘러 관천초에서 근무하던 1년 반이라는 시간 후에 세상은 코로나 19 바이러스 영향으로 정상적인 삶을 누리기 어려워졌다. 불과 몇 개월 만에 모든 질서가 무너졌다. 맨발 이야기를 정리하면서 그곳에서의 일상이 더 간절히 그리워졌다. 인공지능이 상용화되고 사물인터넷이 생활을 급격하게 편리하게 바꾸어 놓고 있다. 인공지능이 더 간절할수록 우리의 생활과 교육 방면에서 자연의 힘과의 조화에서 답을 찾아야 한다고 생각한다. 우리 아이들이 더 자연에서 편안하게 소통하고 감성과 올바른 인성을 갖게 될 때 변화하는 사회에서 더 중심을 지키며 잘 살아가리라 믿는다.

누군가 나에게 "맨발걷기의 효과는 그래서 뭐예요?"라고 묻는다면, 건강을 위해 출발한 맨발걷기는 단지 '혈액순환의 촉진과 정전기 제

거'라는 건강 키워드 외에도 서로 소통하는 문화, 화를 가라앉히고 배려하는 학교문화를 만들었다고 생각한다. 아이들은 마음이 따뜻해졌으며 자주, 밝게 웃었다. 그리고 무엇보다 학교에서 편안해하며 오래 머물렀다. 그리고 그것을 바라보는 나도 미소 짓게 되었다. 그것이 나의 답이다.

5부

맨발학교 컨설팅

어떤 정책이든 조직 내에 실행하여 교육목표를 달성해 가는 과정에서 저해 요인은 존재할 수 있다. 그 저해 요인은 관리자에게 크고 작은 부담으로 다가온다. 관리자와 구성원들이 저해 요인 해결을 위해 머리를 맞대고 협의하여 개선해 나간다면 교육목표 달성이 좀 더 쉬울 것이다. 그중에는 학교의 노력으로 해결이 가능한 부분도 있지만 일부 그렇지 않은 부분도 있을 것이다.

　　여기서는 각 운영 단계, 즉 시작-발전-정착의 각 단계에서 나타난 저해 요인을 분석하여 이들을 개선하기 위한 노력을 전개하는 가운데 그들이 어떻게 활성화 요인으로 작용하였는지를 안내하였다. 여기서 도출한 활성화 요인은 상호 유기적이고 복합적으로 나타났으며 이들 다양한 요인이 서로 영향을 주고받으며 공동체가 앞으로 나아가도록 도운 것이다

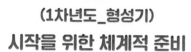

제1장
(1차년도_형성기)
시작을 위한 체계적 준비

처음 도입할 때의 가장 큰 저해 요인은 학부모의 우려와 교사들의 부담감 및 반감이었다. 학부모의 반대가 크면 학교에서는 독자적으로 무언가를 새로 도입하기가 쉽지 않으며 더구나 안전과 청결과 관련된 문제는 매우 엄중하기 때문이다. 또한, 시작하던 2017년은 사회적으로 맨발걷기가 별로 알려지지 않은 시점이라 학교 현장에 도입하기에는 무모하다 싶을 정도로 어려운 상황이었다. 시작 전에 전 교사를 대상으로 맨발연수를 먼저 진행하였지만 새로운 변화에 대한 부담 및 반감은 내재하여 있었다.

1차년도 시작 초기에는 구성원들이 맨발걷기를 처음 접하면서 매우 생소해하고 우려하던 시기라 그런 부분을 해소해야 했다. 그래서, 학생들에게 도입하기 전에 3월 첫날부터 전 교사가 매일 40분간 맨발걷기를 해 봄으로써 효과를 직접 체험해 보도록 하였다. 간혹 출장이나 급한 업무로 못 나오는 교사들도 있었지만, 대부분 잘 동참해 주었다. 한 달 이상을 매일 모여서 함께 꾸준히 걸었더니 두통이 사라지고 컨디션이 좋아지며 잠이 잘 온다는 둥 조금씩 효과를 이야기하기 시작하였다.

그러는 과정에서 학부모 대상 맨발연수를 실시하였다. 맨발걷기의 각종 효과를 신체, 정서, 인지의 영역별로 자세히 소개하고 직접 맨발 체험도 함께하였다. 그런 후 자녀의 맨발걷기에 관한 동의서를 받았는데 75%의 학부모들이 동의해 주었다. 이는 학부모들에게 선택권을 부여하고 자발적 참여를 유도하려는 방안이었다.

안전에 대한 학부모들의 우려가 컸기에 깨끗하고 안전한 흙 운동장을 관리하는 데 집중하였다. 매일 아침 일찍 와서 운동장을 걸으며 위험한 것들을 눈에 띄는 데로 주웠다. 가끔 유리 조각이나 뾰족한 돌멩이를 보면 가슴이 덜컥 내려앉았다. 선생님들이 주우니 아이들도 걷다가 덩달아 같이 주우며 안전한 운동장을 함께 만들어 나갔다.

발 씻는 시설과 말리는 시설도 오랜 시간 고민하고 자문한 덕분에 안전하면서도 쾌적하고 예쁜 시설이 만들어졌다. 수돗가 앞에 방부목 계단을 놓아서 저학년도 쉽게 발을 올리고 씻을 수 있도록 하였으며 수돗가 옆 화단에 징검돌과 잔디밭을 조성하여, 걸으면서 바람에 말리는 자연 친화적 시설을 구축하면서 구성원들의 우려와 기타 부정적 시각을 많은 부분 해소하였다.

맨발걷기가 새로운 업무 부담이 되지 않도록 기존의 '신체활동 7560+운동'의 한 방법으로 추진하였다. 기존에 신발을 신고 걷던 시간에 맨발로 걷는다는 것 외에는 크게 달라진 게 없으니 교사들은 새로운 업무라는 생각을 크게 하지 않는 것 같았다. 학교 현장에 처음 도입하는 만큼 본교 맨발교육 사례를 적극적으로 홍보하여 언론 보도로 자주 소개되면서 공동체 구성원들은 조금씩 안정감을 느끼고 실천 의욕을 갖게 되는 계기가 되었다.

형성기의 외적 저해 요인 해결을 위하여 기존 업무의 통폐합 방안을 강구하고 학교 전반에 걸친 업무 프로세스를 선택과 집중 경영으로 관리해 나갔다. 업무 통폐합 회의를 열어 다소 중복되는 업무는 통합하고 시대적 변화에 따라 교육적 효과가 미미한 업무 등은 과감히 폐지하였다. 새로운 교육사업도 될 수 있으면 지양하고 맨발걷기 하나만 집중하여 내실 있게 운영한다면 다양한 교육적 시너지 효과가 발생할 것이라는 신념을 갖고 선택과 집중을 하였다. 월 1회 '문화가 있는 날' 운영으로 교직원들의 문화생활을 지원하고 교직원 소통 활성화로 마음을 모으는 등 새로운 변화에 대한 부감 및 반감을 해소하기 위해 노력하였다.

이러한 노력으로 형성기의 저해 요인은 어느 정도 해결되어 갔으며 일부는 활성화 요인으로 자리 잡기도 하였다. 교사들의 사전 맨발걷기 실시로 효과를 체험하면서 서서히 자발적으로 참여하는 교사가 늘어나기 시작하였고 구성원들에게 맨발연수를 실시함으로써 정책에 대한 이해의 분위기가 싹트기 시작하였다. 또한, 중간체육시간에 맨발걷기 체험시간을 고정적으로 운영하고 세족시설 및 발 말리는 시설, 파라솔 벤치 등 안전하고 쾌적한 물적 환경을 구축한 부분도 활성화 요인이 되었다. 새로운 사업이 아닌 기존 사업의 방법으로 접근하여 추진하고 선택과 집중으로 지속해서 업무경감을 위해 노력한 부분도 주요 활성화 요인으로 자리 잡았다. KBS 방송국과 각종 일간신문의 본교 맨발교육 보도는 구성원들의 인식 개선과 참여 의지 향상에 도움을 주었다. 또한 교직원의 소통을 활성화하고 좀 더 편안한 분위기와 쾌적한 근무 환경을 위해 노력한 부분은 외적 활성화 요인으로 정리할 수 있다. 다음 〈표 VI-1〉은 형성기 단계의 저해 요인 해결을 위한 노력과 주요 활성화 요인을 정리한 것이다.

〈표 VI-1〉 형성기 단계 교육과정 운영의 활성화 요인

구분	저해 요인	▶ 개선을 위한 노력	▶ 활성화 요인
내적 요인	· 구성원들의 안전에 대한 우려	· 깨끗한 흙 운동장 조성 및 안전 관리 방안 강구 · 안전한 세족 및 발 말리는 시설 구비	· 안전하고 쾌적한 물적 환경 구축
	· 맨발걷기에 대한 부정적 시각 팽배	· 3월부터 전 교원 매일 40분간 사전 맨발걷기 체험	· 사전 맨발걷기 실시로 효과 체험
	· 학교 현장에 처음 시도한다는 데 대한 구성원의 믿음 부족	· 전 교육공동체 대상 맨발교육 연수 시행 · 본교 맨발교육 언론보도 적극적으로 추진	· 맨발교육에 대한 믿음 점진적 확산 · 사회적 인정 (언론보도)
외적 요인	· 소규모 학교의 업무 부담 과중 우려	· 기존 업무 통폐합 방안 강구 · 맨발걷기를 기존 사업 '신체활동 7560+ 운동'의 한 방법으로 추진, 새로운 업무 부담이 되지 않도록 협의 - 중간체육시간에 추진	· 선택과 집중으로 업무경감 · 기존 사업의 방법으로 접근 · 중간체육시간에 맨발걷기 체험
	· 새로운 변화에 대한 부담 및 반감	· 월 1회 '문화가 있는 날' 운영으로 문화생활 지원 · 전 직원 '소통의 날' 운영	· 교직원 소통 활성화

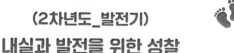

제2장
(2차년도_발전기)
내실과 발전을 위한 성찰

 2차년도 발전기는 형성기에 비하여 구성원들이 맨발걷기를 편안하게 받아들이고 있지만 좀 더 과학적이고 설득력 있는 근거를 꾸준히 제공해 주어야 지속가능성이 있다고 보았다. 학년도가 바뀌면서 일부 구성원의 교체가 생기고 새로 전입한 구성원 즉, 전입교사와 1학년 학생 및 학부모의 인식 부족이 가장 큰 저해 요인으로 드러났다. 또한, 2차년도라 아직까지 소극적으로 참여하던 기존 교사의 부정적 시각이 고착되는 양상이 보이기도 하였다. 그들 중 일부는 우리학교만의 별난 정책이라는 생각을 하는 것 같았다. 아무리 학생, 교사들에게 유익한 정책이라도 전 구성원의 100% 동의를 끌어낼 수 없다는 것을 알았고 일부 교사가 부담스럽고 귀찮게 생각하면 강요할 수 없다. 다만 그들의 교육적 사명감과 소신에 따라 판단하여 자율적으로 동참해 줄 것을 기다리는 수밖에 없었다.

 발전기의 내적 저해 요인 해결을 위해 전입 구성원인 전입교사, 1학년 학부모 대상 맨발연수를 시행하고 그동안 운영해 온 경과와 그에 따른 효과도 소개하였다. 또한, 그동안 열심히 참여해 온 교사들의 체험 및 지도사례를 공유하고 학생들의 긍정적 변화도 공유하였다.

2차년도이지만 발바닥이 아프다거나 차갑다고 여전히 소극적인 태도를 보이는 학생들은 맨발놀이에는 관심을 보였다. 맨발걷기 체험시간을 기존 20분에서 30분으로 확대하여 맨발걷기 후 맨발놀이를 할 수 있도록 놀이를 도입한 부분과 맨발놀이를 위한 탱탱볼, 맨발전통놀이터 등을 갖춘 것도 도움이 되었다. 학생들은 마냥 걷는 것보다 어울려 놀이를 하는 것을 좋아하므로 맨발놀이 도입은 발전기의 중요한 활성화 요인이 되었다. 또한, 전 학급 대상 학교장 맨발수업을 형성기에 이어 발전기에도 실시하고 전교회장단과의 면담 및 전교학생회 개최 시 의견 수렴 등은 학급 및 전교 학생회장단 중심 맨발걷기가 활성화된 계기가 되었다.

맨발걷기 전후 유의미한 사전·사후 뇌파검사 결과자료는 맨발걷기가 두뇌활용능력 향상 및 정서적 안정의 효과를 가져온다는 사실을 객관적으로 인식할 수 있는 중요한 계기가 되었다. 이는 체험 시간을 좀 더 자율적으로 내실 있게 운영하도록 하는 견인차 역할을 하였다.

일본의 맨발학교를 다녀온 후, 그 학교의 38년간 운영해 온 사례와 교육적 효과를 학생, 학부모, 교사들에게 적극적으로 안내하였다. 일본의 맨발학교의 실내 맨발생활 모습은 연구실행 학교의 교실 맨발생활의 단초를 제공해 주었다. 이와 함께 꾸준한 언론보도는 본교 맨발교육의 지속 발전 가능성과 당위성을 갖게 하였으며 맨발걷기가 사회적으로 확산하여 가는 분위기도 중요한 활성화 요인으로 작용하였다. 맨발활동으로 자녀들의 긍정적 변화 모습이 가시화되는 부분도 학부모들을 적극적으로 동참하게 하는 활성화 요인으로 나타났다.

발전기에 나타난 학부모들의 적극 동참 모습은 또다시 학교에서의 맨발걷기 확산과 내실화에 선순환 역할을 톡톡히 하였다.

발전기의 외적 저해 요인 해결을 위해 교직원의 업무경감, 근무 환경 개선과 복지 향상을 위한 예산 투입 등으로 지속적인 노력을 기울였다. 초등학교 교사의 직무환경이 직무만족에 미치는 영향에 관한 연구에서 교사들은 물리적 환경과 수업 외 환경, 구조적 환경, 직무 환경이 높을수록 직무만족도가 높았다(김영호, 2006)는 내용이 이를 지지한다.

구성원의 업무경감과 형식을 탈피한 업무 간소화를 위해 노력하였으며 근무 환경을 선제적으로 개선해 나갔다. 교실 수업 환경의 편의 제공과 쾌적화를 위해 의견을 수렴하고 블루투스 스피커, 이동식 다용도 교탁, 교사 사물함 및 자료 정리장 등을 지원하였다. 학생 상담 및 교원 간 편안히 소통할 수 있는 공간을 위하여 안온하고 쾌적한 교원 휴게실을 만들었다. 교사들은 휴게실에 자주 갈 시간은 없지만 이런 공간이 존재하는 것만으로도 마음이 힐링된다는 소감도 전해 주었다. 직장 생활 만족도 향상을 위한 '기념의 날' 운영 등 다각적인 노력으로 조금씩 근무 환경이 개선되고 만족도가 향상되어 갔으며 교직원 간 소통이 활발하면서 상호 신뢰와 존중의 분위기가 조성되어 갔다. 학교조직 내 의사소통 활성화 정도와 조직몰입의 관계는 유의한 상관관계가 있다는 곽혜정(2009)의 연구가 이를 지지하며 박상영(1998), 정우영(2005)의 연구 결과와 맥을 같이 한다.

다음 〈표 VI-2〉는 발전기 단계의 저해 요인 해결을 위한 노력과 주요 활성화 요인을 정리한 것이다.

〈표 Ⅵ-2〉 발전기 단계 교육과정 운영의 활성화 요인

구분	저해 요인	▶ 개선을 위한 노력	▶ 활성화 요인
내 적 요 인	· 전입 구성원의 맨발교육 인식 부족 및 소극 적 참여 - 1학년 학부모 우려 표출	· 맨발교육 연수 지속 시행 · 맨발걷기 체험시간 확대 운영 (20분→30분간 운영) · 적극 참여 학생 및 교사 체험 사례 공유 · 1학년 학부모 대상 맨발 연수 시행	· 전입 구성원의 긍정 적 인식 재고 · 체험 시간 내실 운 영으로 체험 효과 가시화 · 1학년 학부모 인식 점진적 개선
	· 일부 학생들의 소극적 참여	· 맨발걷기에 놀이 접목 운영 · 맨발놀이터 설치 및 맨발놀이 교구 구비 · 학교장 맨발수업 실시 · 전교회장단 의견 수렴 및 활성 화 방안 협의	· 맨발놀이 도입으로 학생들의 자발적 참 여 의식 증대 · 학급 및 전교회장단 중심 참여 활발
	· 소극적으로 참여하던 일부 기존 교사 및 학부모의 부 정적 시각 고 착화	· 교사 및 학생들의 긍정적 맨발 걷기 효과 공유 · 맨발걷기 전후 뇌파검사 결과의 긍정적 변화 공유 · 일본 맨발학교 탐방 결과 공유 및 시사점 연수 · 본교 맨발교육 언론보도 사례 적극 홍보	· 구성원들의 긍정 적 변화에 대한 공 동 인식 · 뇌파검사 결과 파급 효과 가시화 · 우수 해외 사례 · 본교 맨발교육의 사 회적 인정 · 학부모 적극 동참 · 맨발걷기에 대한 사 회적 분위기 확산
외 적 요 인	· 우리학교만의 새로운 업무라 는 인식 잔존	· 업무 경감 지속 관리 · 형식 탈피 및 업무 간소화 · 교원 근무 환경 선제적 개선 - 수업 환경 편의 제공 및 쾌적 화 추진 - 안온하고 쾌적한 교원 휴게실 구축 · 직장 생활 만족도를 위한 '기념 의 날' 운영	· 업무 경감 · 근무 환경 개선 · 복지 향상 · 교직원 소통 활성화 로 상호 신뢰와 존중 · 직장 생활 만족도 향상

제3장
(3차년도_정착기)
안정적 정착을 위한 노력

　3차년도 정착기에는 발전기까지 추진해온 시스템이 안정화 되어 가는 추세이나 전입 구성원들의 맨발교육에 대한 인식 부족은 여전히 주요 저해 요인으로 나타났다. 그러나, 사회적으로 맨발걷기 분위기가 무르익어 가는 상황이라 발전기보다는 크게 나타나지는 않았으며 정착되는 데 걸리는 기간도 단축되어 갔다. 또한, 전입교사들은 이미 맨발교육을 하는 학교라는 것을 알고 있어서 큰 거부감은 없었으며 1학년 학부모들도 기존의 학부모들이 맨발교육에 관한 내용들을 많이 안내해 주어 어느 정도 인식은 갖고 있었다. 입학식 때 맨발교육 안내를 충분히 하였으나 간혹 걱정이 많은 학부모 몇몇은 담임교사를 통해 우려를 보내오기도 하였다. 그래서 전입교사 및 1학년 학부모들을 대상으로 별도의 맨발연수는 변함없이 진행되었으며 이 부분은 학년도가 바뀔 때마다 필수적으로 추진하여야 할 부분이라고 생각한다.

　정착기는 형성기, 발전기 실행과정을 거쳐 오면서 안정화되는 시기

이긴 하나 자칫 익숙해져서 지겨워하여 소극적 참여로 돌아갈 수 있는 시기이기도 하므로 교육과정 안에서 당위성을 갖고 운영할 수 있는 시스템을 마련하는 데 중점을 두었다. 중간체육시간 30분 맨발걷기 및 놀이시간을 안정화하고 교육과정 내 시수를 조절하여 학년별 연간 23차시를 맨발걷기 및 맨발놀이시간으로 확보하여 학생주도의 맨발놀이시간을 효율적으로 운영한 부분이 활성화에 크게 기여하였다. 2년간 축적된 맨발걷기 전후 뇌파검사 결과자료는 학생들의 동기부여에 여전히 큰 역할을 해 주었다.

그 외, 구성원들의 피드백으로 실행 효과 축적, 학생들의 긍정적 변화 가시화, 기존 구성원들의 자발성 공고화, 행복맨발 활성화 프로그램 운영 등이 정착기의 활성화 요인으로 작용하였다. 3년간 운영해 오면서 공동체 구성원 전반에 퍼져있는 신뢰와 협력, 긍정의 마인드가 맨발걷기와 선순환이 이루어지면서 정착기의 활성화에 결정적으로 기여하였다. 학부모들은 이제 단순한 동참에서 주인 정신으로 의식이 전환되어 맨발교육 관련 학부모 프로그램을 기획하고 추진하는 적극성까지 보여 주었다. 이는 김정애(2003)의 연구에서 학부모의 학교교육 참여의 저해 요인으로 교사, 학부모 모두 관심과 이해 부족을 지적하고 있는데 본교 학부모 참여의 활성화 요인은 학교교육과 맨발교육에 대한 충분한 관심과 이해로 해석할 수 있다. 나아가서 지역주민들까지 이에 동참하기 시작하면서 맨발걷기가 내실화되고 지역사회로 확산하는 데 중요한 역할을 하였다. 이러한 부분으로 맨발걷기를 통한 학교문화 개선의 가능성을 확인할 수 있었다.

다음 〈표 VI-3〉은 정착기 단계의 저해 요인 해결을 위한 노력과 주요 활성화 요인을 정리한 것이다

〈표 VI-3〉정착기 단계 교육과정 운영의 활성화 요인

구분	저해 요인	▶	개선을 위한 노력	▶	활성화 요인
내 적 요 인	· 전입 구성원의 맨발교육 인식 부족 및 소극적 참여		· 맨발교육 연수 지속 시행 · 기존 학부모의 1학년 학부모 대상 맨발교육 적극 홍보 · 전입 구성원 맨발 연수 시행		· 전입 구성원의 긍정적 인식 재고 · 1학년 학부모 인식 점진적 개선
	· 일부 학생들의 소극적 참여		· 맨발걷기 체험시간 안정적 확보 (2트랙) 및 내실 운영 - 중간체육시간 30분간 - 교육과정 내 연간 23차시 운영 · 2년 차 맨발걷기 전후 뇌파검사 결과 공유 · 구성원들이 즐겁게 참여할 수 있는 맨발교육 활성화 프로그램 운영 · 학생주도형 맨발놀이 활성화 프로그램 적극 운영 · 학부모회 중심 저녁 맨발학교 자발적 운영 - 학생, 학부모, 지역주민 참여		· 체험 시간 내실 운영으로 체험 효과 가시화 · 맨발걷기 및 맨발놀이 정착 · 피드백을 통한 실행 효과 축적 · 학생들의 긍정적 변화 가시화 · 기존 구성원들의 자발성 공고화 · 학부모와 지역주민들의 적극 동참 · 행복맨발 활성화 프로그램 · 신뢰와 협력의 학교문화

　지금까지 형성기, 발전기, 정착기의 각 운영 단계에서 드러난 저해 요인별 개선을 위한 노력과 그 결과로 나타난 활성화 요인을 알아보았다. 그 결과, 운영 단계별 핵심 실행 전략과 운영에 필요한 구성요소를 다음 〈표 VI-4〉와 같이 도출하였다.

<표 VI-4> 운영 단계별 핵심 실행 전략 및 구성요소

전략＼단계	형성기 (1차년도-2017)	발전기 (2차년도-2018)	정착기 (3차년도-2019)
중점 실행 전략	·안전한 흙 운동장 및 세족시설 구비 ·교사와 학부모의 인식 전환 ·매일의 최소 체험 시간 확보 ·교사 업무경감 및 근무 환경 배려	·전입 구성원 맨발교육 연수 ·매일의 체험 시간 점진적 확대 ·맨발교육 활성화 프로그램 운영 ·구성원 간 소통과 화합 분위기 조성	·전입 구성원 맨발교육 연수 ·매일의 체험 시간 확보 ·교육과정 내 시수 확보 ·학생주도 행복맨발 프로그램 운영
공통 실행 전략	·흙 운동장 및 세족시설의 청결·안전 관리 ·새 학년도 전입 구성원 맨발교육으로 마인드 재고 ·교육과정 내에서 규칙적으로 체험할 수 있는 시스템 구축 ·학생 중심 행복맨발 활성화 프로그램 운영 ·교사 환경 및 학부모 환경의 관리 ·학년말 성찰 워크숍으로 개선점 및 향후 방향 협의		
구성 요소	·구성원: 교사, 학생, 학부모, 학교장 ·활동: 체험시간, 교육과정 연계, 활성화 프로그램 ·환경 및 지원: 물적 환경, 연수, 선택과 집중의 학교경영, 교육 파트너십		

먼저, 전 운영 단계에 걸쳐 공통으로 늘 관심을 두고 신경을 써야 할 내용으로는 흙 운동장 및 세족시설의 청결·안전 관리, 새 학년도 전입 구성원 맨발교육으로 마인드 재고, 교육과정 내에서 규칙적으로 체험할 수 있는 시스템 구축, 학생 중심 행복맨발 활성화 프로그램 운영, 교사 환경 및 학부모 환경의 관리, 학년말 성찰 워크숍으로 개선점 및 향후 방향 협의 등이었다. 이 부분은 매 운영 단계의 전후 및 운영 중에서 다양한 의견 수렴과 현황 검토로 자칫 어디에선가 갑자기 불쑥 나타날지도 모를 부작용이나 문제 상황을 사전에 대비하는 데 유용하였다.

형성기의 핵심 실행 전략은 안전한 흙 운동장 및 세족시설 구비,

교사와 학부모의 인식 전환, 매일의 최소 체험 시간 확보, 교사 업무 경감 및 근무 환경 배려이다. 처음 도입할 때는 흙 운동장의 안전과 청결에 대한 구성원들의 우려를 해소하고 맨발걷기에 대한 인식을 확보하는 데 중점을 두었다. 이 두 가지가 전제되어야 최소한의 체험을 할 수 있기 때문이다. 그다음은 매일 꾸준히 체험할 당위성을 확보하기 위하여 교육과정 중에 체험 시간을 정해 두고 운영하였다. 이와 함께 학교문화의 주축인 교사들의 업무경감과 근무 환경 개선을 위한 각종 복지 향상에 노력하였다.

발전기의 핵심 실행 전략은 전입 구성원 맨발교육 연수, 매일의 체험 시간 점진적 확대, 맨발교육 활성화 프로그램 운영, 구성원 간 소통과 화합 분위기 조성이다. 발전기에는 형성기에서 닦아 온 기반을 바탕으로 맨발걷기 체험활동 교육과정이 좀 더 내실 있게 운영되고 확산하도록 노력을 기울였다. 새로 전입해 온 교사와 1학년 입학생, 1학년 학부모 대상 맨발교육 연수를 진행하였으며 매일 체험시간을 점진적으로 확대해 나갔다. 또한, 맨발교육이 좀 더 활성하도록 각종 프로그램을 개발, 추진하였으며 이때 학부모회에서 적극적으로 행사를 주관하기도 하고 협력하기도 하여서 많은 도움이 되었다. 또한 이러한 프로그램 운영으로 교육공동체 구성원 간 피로감이 쌓이지 않도록 소통과 화합할 수 있는 계기를 자주 가지기 위해 노력하였다.

정착기의 핵심 실행 전략은 전입 구성원 맨발교육 연수, 매일의 체험 시간 확보, 교육과정 내 시수 확보, 학생주도 행복맨발 프로그램 운영이다. 정착기에는 지금까지 해 오던 내용들을 안정적으로 추진할 수 있도록 하는 데 중점을 두고 새로운 프로그램이나 활동은 될 수 있으면 지양하였다. 형성기와 마찬가지로 전입 구성원 대상 맨발교육

연수를 추진하고 매일의 체험시간과 교육과정 내 시수를 확보하여 별도의 프로그램이나 시간보다 교육과정 내에서 당위성을 갖고 체험하도록 시스템을 안정화하였다. 또한, 학생들의 의견을 듣는 기회를 자주 가져 필요한 맨발놀이 교구를 지원하고 학생 스스로가 의논하여 규칙을 만들고 놀이를 진행하는 등 학생 중심의 맨발프로그램을 운영하는 데 노력을 기울였다.

이상에서 살펴본 활성화 요인과 단계별 핵심 실행 전략을 바탕으로 맨발걷기 체험활동 교육과정을 운영하기 위한 구성요소를 다음과 같이 3가지 영역에서 11가지를 도출하였다. 이는 3년간 실행과정을 거치면서 구성원들과의 면담, 협의 등을 통하여 정리하였다. 이 세 가지 영역은 상호 대등한 관계이나 흙 운동장이 마련되었다면 구성원, 활동, 환경 및 지원의 순으로 우선순위를 둘 수 있겠다.

먼저, 학교에서 맨발걷기 체험활동 교육과정을 운영하기 위해서는 교사, 학생, 학부모, 학교장의 '구성원' 영역이 중요하게 대두되었다. 그 중에서 교사의 인식과 의지가 가장 중요하였으며 인식 개선과 의지 향상으로 교사의 자발적 참여를 확보하였다. 학교문화와 교사 역할의 중요한 관련성을 다루어 온 선행연구들(구순희, 2003; 김요한, 2006; 강충열, 2015; 박장웅, 2016)이 이 연구를 지지한다.

학교장의 의지와 지도력도 중요한 요소로 요구되었다. 맨발걷기라는 새로운 교육정책을 학교 현장에 도입하기 위해서는 학교장의 의지와 확신, 그리고 무엇보다도 서번트 리더십이 요구되었다. 학교장의 조력자, 방향제시자, 파트너, 지원자로서의 역할을 수행하는 서번트 리더십(황인경, 2001; 김성오, 2010)이 높을수록 교사들의 학교조직 몰입도 및 자발성이 높은 것으로 나타났으며(김성오, 2010), 이러한 자발성과 높은 조직 몰입도로 능동적인 변화주도자의 역할을 할 것이다. 서영란(2006), 이애란(2009), 전유정(2012), 신재흡(2015), 이상명(2017)의 연구가 이를 지지한다.

초등학생의 특성상 학부모의 지지와 동참도 중요한 구성요소이며, 이는 학생들의 교우관계, 생활 및 학습 태도와 밀접한 관련이 있다. 맨발걷기 이후 학생들의 건강과 정서적 변화, 학습 태도 등에서 긍정적 변화가 눈에 띄었으며 이는 학부모의 학교 교육 만족도에 영향을 미치고 나아가서 지지와 동참으로 연결되었음을 확인하였다. 박수정과 이준우(2013)의 연구에서 교우관계가 긍정적으로 인식되는 학교일수록 학생과 학부모의 학교 만족도가 높아진다고 밝힌 것도 이 연구와 일치한다. 또한, 맨발교육에 대한 학생들의 자발성과 적극성은 교사 변인, 학부모 변인과 상보적 관계로 작용하고 있으며 이는 학교장의 지도성과도 연결됨을 알 수 있다.

두 번째로 '활동' 영역의 체험시간, 교육과정 연계, 활성화 프로그램이 중요하다고 판단되었다. 구성원의 의지가 확보되면 체험시간의 확보는 학생들이 매일 또는 자주, 규칙적으로 맨발체험을 할 수 있도록 규칙을 부여하는 것이다. 또한 학교생활에서 정해진 체험시간 외에 전 교육과정과 연계하여 운영함으로써 학교생활의 다양한 일상에서 맨발생활을 보장할 수 있다. 더하여 활성화 프로그램으로 구성원들이 즐겁게 만나 소통할 수 있는 장을 마련함으로써 대중의 공감대와 교내 맨발문화의 확산을 이끌 수 있었다.

세 번째, '환경 및 지원' 영역의 물적 환경, 연수, 선택과 집중의 학교경영, 교육 파트너십의 4가지 구성요소가 필요하였다. 물적 환경은 기본적으로 갖추어야 할 흙 운동장 외에 안전하고 쾌적한 활동이 가능하도록 필요한 시설을 갖추어야 함을 말한다. 교육기관의 물적 환경은 교사와 학생의 상호작용에 영향을 주고 이 영향은 또래 놀이상호작용에 영향을 미칠 수 있다고 밝힌 바(전숙영, 권혜진, 2016)와 맥락을 같이 한다.

지속적인 연수는 교사, 학부모 모두에게 절대적으로 필요한 부분이었다. 교사 연수를 강조하는 이유는 교사의 자질과 능력은 교육의 성패에 영향을 미치는 가장 중요한 요소라는 인식(허민정, 2009)과 같이 한다. 또한, 학부모교육이 여러 교육정책에 비해 그 효과가 크다는 선진국의 사례도 볼 수 있듯이(홍진용, 2013) 맨발걷기 정책을 학교 현장에 뿌리내리려면 지속적인 학부모교육이 필요하였다. 특히, 새로 입학하는 1학년 학부모 대상 교육은 특별히 신경 써야 할 부분이었다.

급변하는 변화 물결 속에서 학교 교육과정은 전환 능력을 발휘하여 경영되어야 한다. 학교장의 전문적 능력은 협의·촉진자·지원·조정자, 조직 관리자로서 해야 할 역할로 나타나고 있으며(정진희, 2010), 이 역할은 교육행정기관의 지도·감독·통제, 그리고 법과 규정 및 각종 지침을 통해 학교의 재량권이 제한받는 환경 속에서도, 국가 수준의 교육이념과 각종 교육정책을 단위학교의 실정에 맞게 변용할 수 있는 능력을 내재하고 있다고 규정하고 있다. 즉, 학교장은 구성원과의 협의를 통해서 학교의 실정에 맞는 선택과 집중의 학교경영을 실현하여야 하며, 맨발교육도 그 연장선에서 운영되어야 지속 발전이 가능하다고 판단되었다.

교육 파트너십을 김영경(2010)은 '학교 교육구성원 간의 동반자적 상호협력 관계'로, 주종관계를 벗어나 구성원 간 다양한 분야와 성향에 따라 상대화시키거나 동등한 역할을 부여하는 것이라고 정의하고 있다. 학교 공동체에서 맨발걷기라는 새로운 정책을 도입하고 실현해 나가는 과정에서 다양한 역할을 하는 구성원 간의 교육적 파트너십 발휘는 학교문화 발전의 촉매제 역할을 하였다.

 이상에서 밝힌 맨발걷기 체험활동 교육과정의 운영 단계별 활성화 요인과 핵심 실행 전략 및 구성요소는 처음 맨발걷기 체험활동 교육 과정을 운영하려는 학교에서는 기본적으로 검토하고 고려되어야 할 부분이라고 생각한다.

마치며

◆

3년간 실행하면서 실행과정에서 나타난 결과를 토대로 학교 현장에서 적용할 수 있는 시사점은 다음과 같이 정리할 수 있다.

첫째, 기본적인 실행 시스템을 마련한 후에는 되도록 자율적으로 참여할 때까지 기다리는 게 필요하다. 학교장이 앞에서 강하게 주도하기보다 조금 늦더라도 구성원의 자발성이 발휘되면 더욱더 탄탄하고 내실 있게 운영될 수 있기 때문이다. 가끔은 공동체의 적극 참여를 끌어낼 계기를 마련해 주는 것도 필요하다.

둘째, 맨발걷기 체험활동 교육과정 운영을 위한 구성요소 중에서 가장 중요한 것은 '교사 요인'과 '교육 파트너십'이었다. 담임교사들의 인식과 의지에 따라 학생들의 인식과 참여도는 매우 달랐으며, 이는 교사와 학생, 교사와 관리자와의 소통과 관계성을 동반한 교육 파트너십과도 밀접한 관련이 있었다.

셋째, 맨발걷기 체험활동 교육과정이 현장에 뿌리내려 바람직한 학교문화의 변화를 끌어내기 위해서는 구성원의 자발성과 협력을 끌어낼 수 있는 관리자의 리더십이 필요하였다. 관리자는 합리적인 경영과 인간관계 기술로 교사의 직무만족도와 헌신을 도출하고 그들과 협력하여 창의적이고도 효율적으로 교육과정을 운영해 나가야 하며 이러한 풍토 조성은 관리자의 중요한 역량으로 요구되었다.

넷째, 맨발교육을 통해 나타난 긍정적인 학교문화의 모습이 광범위하고 다양하게 나타나 처음 시작할 때 기대했던 모습보다 훨씬 고무적이었다. 교사, 학부모, 교직원에 이르기까지 각자의 자리에서 학생교육과 조직의 화합을 위하여 곳곳에서 드러내는 긍정적인 모습은 학교의 역할이 축소되고 공교육의 기능 회복을 요구하는 현시점에서 매우 중요한 발견이었다. 나아가서 맨발걷기 체험활동 교육과정 운영이 새로운 학교문화 구축의 가능성을 보여주었다.

다섯째, 학교에서 시작한 맨발걷기 교육이 학생, 교직원, 학부모, 지역주민의 교육공동체 맨발학교로 확산하면서 맨발가정, 맨발사회, 맨발국가로 확장되고 발전될 가능성을 확인하였다. 나아가서 글로벌 맨발학교로의 도약과 만남으로 세계가 맨발걷기 교육으로 따뜻하게 연결될 수 있는 비전도 갖게 되었다.

또한, 맨발걷기 체험활동 교육과정 운영에 관한 교육행정의 실제적 측면과 후속연구 측면에서 다음과 같이 제언하고자 한다.

교육행정의 실제적 측면

첫째, 맨발걷기 체험활동 교육과정 운영을 위한 구체적인 절차 모형과 연수 프로그램에 관한 연구가 필요하다. 연구자가 연구를 시작한 2017년에는 학교 안에서 맨발걷기 교육을 어떻게 도입하고 공동체 구성원에게 어떤 성장이 일어날 것인지 알아볼 수 있는 통로가 없었다. 그런 상황에서 안전과 청결에 대한 우려를 해소하고 어떻게 교육

현장에서 펼쳐나갈 것인지에 대한 고민을 거듭해 왔다. 다행히 3년이 지난 현재에는 맨발걷기가 사회적으로 많이 확산하였고 학교 현장에서도 교사와 관리자를 중심으로 도입하려는 움직임이 일어나고 있다. 이러한 때 방향 제시와 안내가 필요하다. 시작할 때 고려할 사항, 소통과 협력을 끌어내기 위한 활동 예시, 운영 초기의 업무 부담이나 반감을 해소하기 위한 리더십 강조 등과 같은 실제적 내용이 필요하겠다. 또한, 맨발걷기 체험활동 교육과정 운영을 위한 교사와 관리자 대상 연수 과정, 교육 사례집 등도 필요하다.

둘째, 행정적, 재정적 지원이 필요하다. 교육 당국에서 정책으로 채택하여 각종 지원체계가 마련된다면 학교 현장에서는 좀 더 적극적으로 도입할 수 있는 기틀이 마련될 것이다. 선행연구에서도 바람직한 학교문화의 형성을 위해서는 학교관리자, 교사들의 인식변화와 함께 학교에 대한 지속적인 행·재정적 지원이 필요하다(강충열, 2015)고 강조한 바 있다. 맨발걷기 체험활동 교육과정 운영이 지속성을 갖기 위해서는 구성원 및 관리자의 역량과 의지도 중요하지만, 교육 당국에서 교육적 성과들을 공유할 수 있는 장을 마련하여 맨발교육을 하는 학교 공동체의 확장을 지원해 줄 필요가 있다. 한동안 유행처럼 번지던 학교 운동장의 인조 잔디와 우레탄 트랙이 많은 예산 낭비를 초래하였지만, 초등학교를 중심으로 다시 흙 운동장으로 바뀌어 가고 있는 점은 매우 다행스러운 일이다. 흙 운동장 조성과 함께 세족 시설 등의 구비를 위한 재정적 지원도 필요하며, 단위학교 차원의 교육과정 자율 운영 확대, 심리적인 지원 등도 필요하다.

후속연구 측면

이 연구는 학교문화의 선행연구에서 찾아보기 어려운, 3년간 전교생을 대상으로 학교장이 주도한 공동체 구성원과의 협력적 실행연구 형태로 맨발걷기 체험활동 교육과정 운영이 학교문화의 변화에 어떻게 작용하였는지를 살펴보았다는 점에서 의의가 있다. 이에 다음과 같이 후속연구를 위해 제언한다.

첫째, 맨발걷기 체험활동 교육과정 운영의 형성기, 발전기, 정착기와 관련한 모형을 개발하고 검증할 필요가 있다. 이와 관련한 연구는 행정적 지원과 연계하여 실시된다면 연구의 실행을 통해 즉각적으로 학교 현장에 반영될 수 있을 것이다.

둘째, 맨발걷기 체험활동 교육과정 운영을 위한 구성요소와 그의 기준에 맞는 추가적인 탐색이 필요하다. 이 연구에서 밝힌 구성요소들은 연구 협력자들과의 면담, 참여관찰, 필자 저널 등과 같은 본 연구의 사례에 의존하였다. 학교 현장에 맨발걷기 체험활동 교육과정 운영의 성공적 안착을 위해서는 여기서 제시한 구성요소를 정량적으로 분석하는 것이 필요할 것이다.

셋째, 학교급과 학년성을 고려한 맨발걷기 체험활동 교육과정에 관한 연구도 필요하다. 초등학생도 저학년, 중학년, 고학년의 발달 단계의 차이가 크며, 이러한 차이에 따른 맨발걷기 체험이 의미하는 바에 관한 심층 연구나 학년 간의 차이에 따른 맞춤형 교육과정 개발도 필요할 것이다.

또한, 학교급을 연계하는 종단적 차원의 연구도 필요하다. 연구 실행학교 학생들이 초등학교에서 체험한 맨발교육이 중학교, 고등학교에 가서도 연속하여 체험할 수 있는 시스템이 마련된다면 종단 연구로 의미 있는 교육적 가능성을 도출해 낼 수 있을 것이다.

참고문헌

✦

[도서]

- 강경석, 정우영(2006). 학교조직문화와 교사효능감 및 학교조직몰입 간의 인과관계 분석, 한국교원교육연구, 23(1), 397-419.

- 강명호(1999). 학교의 교육문화와 교육개선에 관한 연구. 교육행정학연구, 17(2), 113-130.

- 강성만(2005). 학교 교육환경에 대한 수요자 만족도 개선방안 연구: 서울시 강남·강북 초·중학교 실증적 비교분석. 석사학위논문, 서울시립대학교 도시과학대학원.

- 강주연(2014). 걷기운동이 비만 여대생의 혈중 Ferritin 농도 및 뇌혈류에 미치는 영향. 석사학위논문, 한남대학교 교육대학원.

- 강효영(2017). 등·하교 시 빠르게 걷기 운동이 비만 초등학생의 신체구성, 건강관련 체력, 성장호르몬(GH) 및 IGF-1에 미치는 영향. 한국체육교육학회지, 22(3), 133-143.

- 강충열(2015). 혁신 지향적 초·중등학교 학교문화 창조 모델 탐색. 교원교육, 31, 207-230.

- 고우현(2016). 아침체육활동이 초등학생의 신체활동 즐거움과 학교생활 만

족도에 미치는 영향. 석사학위논문, 한국교원대학교 대학원.

- 곽선경(2012). 경기도 혁신학교 중학생의 학습동기와 학교생활만족도 및 교사의 직무만족도와 성과인식. 박사학위논문, 안양대학교 대학원.

- 곽은창(2001). 체육교육 연구자와 현장 교사의 협력연구 네트웍 구축 활성화 방안. 한국스포츠교육학회지, 8(1), 147-160.

- 곽혜정(2009). 교사가 지각한 조직의사소통의 활성화 정도와 학교조직몰입의 관계 연구. 석사학위논문, 서울교육대학교 교육대학원.

- 교육부(2016). 『공교육 정상화 촉진 및 선행교육 규제에 관한 특별법』. (2016.12.20.공포). 교육부.

- 구순희(2003). 초등학교 조직문화의 특성과 교사의 직무만족도와의 관계 연구. 석사학위논문, 위덕대학교 교육대학원.

- 구자억, 배호순, 정택희, 남궁지영, 유솔아, 이창희, 정규열, 최금진, 허은정(2013). 2013년 서울형 혁신학교 평가 연구사업 결과 보고서. 한국교육개발원.

- 권다혜(2018). 청소년의 참여활동과 공동체의식의 관계에서 자아존중감과 삶의 만족도의 매개효과: 서울특별시 청소년을 중심으로. 석사학위논문, 서울여자대학교 일반대학원.

- 권상희, 김위근(2004). 뉴스 메시지 처리에 있어서 온라인 미디어 수용자와 오프라인 미디어 수용자의 차이. 한국언론학보, 48(3), 168-194.

- 권택환(2017a). 맨발학교. 대구: 만인사

- 권택환(2017b). 초중등교원의 맨발걷기 체험에 대한 질적 연구. 인문사회 21, 8(6), 261-273.

- 권혁정(2009). 걷기운동이 비만에 미치는 영향에 관한 고찰. 석사학위논문, 서남대학교 대학원.

- 김란희(2017). 걷기테라피가 청소년기 우울에 미치는 긍정적 효과 연구. 석사학위논문, 평택대학교 사회복지대학원.

- 김민조, 이현명(2015). 학교문화에 관한 국내 연구 동향 분석. 열린교육연구, 23(4), 255-284.

- 김병로, 박종표(2003). 맨발걷기운동이 비만 여중학생의 신체구성과 혈중지질에 미치는 영향. 한국체육과학학회지, 12(2), 517-528.

- 김선아(2014). 혁신학교와 일반학교 학생과 교사의 심리적 특성 비교. 석사학위논문, 호서대학교 일반대학원.

- 김성오(2010). 학교장의 서번트 리더십이 교사의 학교조직몰입에 미치는 영향. 석사학위논문, 인하대학교 교육대학원.

- 김연진(2018). 12주간의 걷기운동이 대학생의 신체조성, 족압 및 신체 균형에 미치는 영향. 석사학위논문, 성신여자대학교 일반대학원.

- 김영경(2010). 교육 파트너 십에 관한 초등학교 교사와 학부모의 인식 비교 연구. 석사학위논문, 이화여자대학교 교육대학원.

- 김영주, 이상신, 김종민(2015). 초등학생이 지각한 학교 호감도 차이 분석: 경기도 혁신학교와 일반학교를 중심으로. 초등교육연구, 28(3), 71-94.

- 김영천(2005). 별이 빛나는 밤. 서울: 문음사

- 김영호(2006). 초등학교 교사의 직무환경이 직무만족에 미치는 영향. 석사학위논문, 서울시립대학교 교육대학원.

- 김요한(2006). 학교조직문화와 교사의 임파워먼트와의 관계. 석사학위논문, 충남대학교 교육대학원.

- 김위정(2012). 가정환경과 학교경험이 청소년의 시민성 형성에 미치는 영향: 사회참여의식과 공동체의식을 중심으로. 한국청소년연구, 23(1), 201-222.

- 김은미(2012). 고등학교 교내 동아리활동이 시민성에 미치는 효과 연구. 석

사학위논문, 이화여자대학교 대학원.

- 김은자, 이태용, 이옥경, 신숙희(2010). 발반사마사지가 노인의 뇌파에 미치는 영향. 대한피부미용학회지, 8(4), 1-18.

- 김인배, 박태성, 강종호(2018). 성인 여성의 맨발 보행과 운동화 착용 보행 시 주기 비교. 융합정보논문지, 8(1), 9-14.

- 김정애(2003). 초등학교 학부모의 학교교육 참여 효과 연구. 석사학위논문, 단국대학교 교육대학원.

- 김지혜(2011). 유치원 과학 영역의 활성화를 위한 협력적 실행연구. 박사학위논문, 중앙대학교 대학원.

- 김환수(2004). 학교조직문화에 따른 학교단위 책임경영제 실행 분석. 석사학위논문, 창원대학교 교육대학원.

- 나민주, 박소영(2013). 자율학교 성과분석 연구, 혁신학교모형을 중심으로. 한국교육개발원.

- 노동진(2009). 중량부하 걷기 운동이 비만 여대생의 건강관련 체력 및 혈중지질에 미치는 영향. 석사학위논문, 제주대학교 교육대학원.

- 노효정(2015). 학교조직문화, 심리적 소진, 직무만족도의 관계. 석사학위논문, 고려대학교 교육대학원.

- 류태호(2017). 4차 산업혁명, 교육이 희망이다. 서울; 경희대학교 출판문화원.

- 문병권(2005). 학교조직문화와 교사 직무만족의 관계. 석사학위논문, 전남대학교 교육대학원.

- 문혜림(2017). 국내 혁신학교 연구들에 대한 종합 분석. 석사학위논문, 동아대학교 대학원.

- 박동창(2006). 맨발로 걷는 즐거움. 서울: 화남

- 박동창(2019). 맨발걷기의 기적. 서울: 시간여행

- 박동창(2021). 맨발로 걸어라. 서울: 국일미디어

- 박삼철(2005). 학교조직 변화과정 모델탐색: 학교조직문화와 기술구조적 접근의 수용적 통합. 교육행정학연구, 23(1), 49-70.

- 박삼철(2006). 교육 행정학에서 사용되는 학교문화 개념들의 유용성과 한계. 교육행정학연구, 24(4), 94-111.

- 박상열(2015). 아침걷기운동을 통한 학생들의 신체적 자기효능감과 학교생활만족도의 관계. 석사학위논문, 한국체육대학교 대학원.

- 박상영(1998). 초등교사가 지각한 교장의 의사소통수준과 교사의 조직헌신도와의 관계 연구. 석사학위논문, 충남대학교 교육대학원.

- 박성순(2010). 조직유형에 따른 학교장의 리더십과 구성원의 직무행태가 조직성과에 미치는 영향. 박사학위논문, 선문대학교 대학원.

- 박수정, 이준우(2013). 학교문화가 학교구성원의 학교만족도에 미치는 영향. 한국콘텐츠학회논문지, 13(7), 452-462.

- 박승미(2016). 혁신학교 교육과정에 대한 비판적 고찰. 석사학위논문, 서울교육대학교 교육전문대학원.

- 박은선(2012). 맨발을 적용한 유아의 무용 교육 프로그램이 정서지능에 미치는 참여 효과. 석사학위논문, 세종대학교 대학원.

- 박은실(2002). 효율적 단위학교 운영을 위한 학교 조직문화에 대한 질적 탐색. 박사학위논문, 이화여자대학교 대학원.

- 박장웅(2016). 초등학교의 협동적 학교조직문화, 교사 임파워먼트, 학교조직효과성간의 구조적관계 분석. 박사학위논문, 동아대학교 대학원.

- 박종표(2001). 맨발걷기운동이 비만 여중학생의 신체구성과 혈중 지질에 미치는 영향. 석사학위논문, 창원대학교 교육대학원.

- 태숙(2008). 초등학생의 걷기 운동량이 체격, 체력, 신체활동 즐거움에 미치는 영향. 석사학위논문, 대구교육대학교 교육대학원.

- 박춘성, 김진철(2016). 혁신학교와 일반학교 학생의 자기주도 학습능력, 생활관리, 진로성숙도 및 학교만족도의 변화에 대한 탐색적 종단연구. 교육문화연구, 22(2), 49-76.

- 박치욱(2009). 걷기형태가 비만남자중학생의 체지방률, 혈청지질 및 인슐린저항성에 미치는 영향. 석사학위논문, 부산대학교 교육대학원.

- 박향원(2013). 유아교육과정의 심미화를 위한 실행 연구. 박사학위논문, 부산대학교 대학원.

- 배종현(2017). 경기도교육청의 혁신학교 운영이 중학생의 학업성취도에 미치는 영향. 박사학위논문, 아주대학교 대학원.

- 서동혁(2010). 걷기운동 참가가 여가만족 및 생활만족에 미치는 영향. 석사학위논문, 상지대학교 교육대학원.

- 서영란(2006). 초등학교장의 리더십 생활기술이 학교 조직문화와 조직 효과성에 미치는 영향. 박사학위논문, 경남대학교 대학원.

- 서용선, 김용련, 임경수, 홍섭근, 최갑규, 최탁(2015). 마을교육공동체 개념 정립과 정책 방향 수립 연구. 경기도교육연구원.

- 성봉주, 이계행(2005). 8주 걷기운동이 비만중년여성의 체성분, 골격근과 지방량 및 비만요인에 미치는 영향. 한국걷기과학학회지, 5, 13-20.

- 손문숙(2019). 마을교육공동체 운영사례 연구 : 인천광역시 미추홀구온 마을교육공동체를 중심으로. 석사학위논문, 한국교원대학교 교육정책전문대학원.

- 신은옥(2017). 부적응 유아 행동지도를 위한 협력적 멘토링 실행연구. 석사학위논문, 경남대학교 대학원.

- 신재홉(2015). 감성적 리더십, 학교 조직문화, 직무만족 간의 구조 관계. 교육종합연구, 13(1), 121-142.

- 양영미, 김진석(2015). 아동의 자아존중감 및 공동체의식과 다문화수용성 간의 관계. 청소년복지연구, 17(4), 309-328.

- 원수라(2015). 중학생의 자기성찰 태도 향상을 위한 뇌교육 프로그램 실행 연구. 박사학위논문, 국제뇌교육종합대학원대학교.

- 유미경(2015). 혁신학교와 일반학교의 조직문화 특성 비교 연구. 석사학위 논문, 서울교육대학교 교육전문대학원.

- 유은지(2016). 학생의 학업성취도 및 학교만족도에 대한 혁신학교 성과 분석. 석사학위논문, 고려대학교 대학원.

- 이가인(2019). 모래사장 위 맨발걷기가 허리통증이 있는 노인의 통증, 운동 기능, 수면만족도, 삶의 질에 미치는 효과 연구. 석사학위논문, 차의과학대학교 통합의학대학원.

- 이금녀, 신재한(2019). 맨발걷기 체험활동 프로그램이 초등학생의 뇌파 및 두뇌활용능력에 미치는 영향. 학습자중심교과교육연구, 19(8), 219-238.

- 이동환(2007). 건강 걷기 프로그램 참여 노인들에서 우울 정도의 변화. 석사학위논문, 계명대학교 대학원.

- 이병준, 이경아, 정미경, 이현동(2016). 학교문화 개념분석 연구. 문화예술 교육연구, 11(4), 89-115.

- 이상명(2017). 교장의 서번트리더십과 교사의 조직몰입의 관계에서 학교조직문화의 매개효과. 석사학위논문, 경북대학교 교육대학원.

- 이상철, 임우섭, 김용주(2016). 학교조직문화와 학교조직효과성의 관계에 대한 메타분석. 교육행정학연구, 34(2), 171-196.

- 이선희(2018). 혁신학교 학생과 일반학교 학생의 신경증과 성실성, 스트레

스 대처방식과 학업소진의 관계. 석사학위논문, 경인교육대학교 교육전문 대학원.

- 이승헌(2010). 뇌교육 원론. 국제뇌교육종합대학원대학교 출판부.

- 이애란(2009). 학교장의 변혁적 지도성과 학교조직문화의 관계. 석사학위 논문, 서강대학교 교육대학원.

- 이옥경, 김은자(2009). 발 반사마사지가 뇌파와 혈류속도에 미치는 영향. 대한피부미용학회지, 7(1), 129-142.

- 이용락(2018). 초등학생 대상 뇌기반 뉴스포츠 수업 프로그램 개발 연구. 박사학위논문, 국제뇌교육종합대학원대학교.

- 이윤미, 백병부, 성열관, 송순재, 이형빈, 정광필(2013). 서울교육발전을 위 한 학교혁신 방안 연구: 혁신학교 운영 성과를 중심으로. 서울특별시 정책 연구위원회

- 이정선(2000). 초등학교 교직문화에 대한 이해. 교육인류학연구, 3(3), 51-87.

- 이정선(2007). 학교 변화의 방법으로서 학교문화 변화 전략. 교육인류학연 구, 10(1), 127-154.

- 이종훈, 남기정(2015). 기능성 구두와 맨발 보행 시 하지 관절 각도 및 부 하율 비교 분석. 한국체육학회지, 54(1), 567-575.

- 이지현(2019). 필라테스 운동이 중년여성의 행복감에 미치는 효과. 석사학 위논문, 전남대학교 대학원.

- 이찬희(2016). 혁신학교 정책이 학생의 성취도에 미치는 영향분석: 위계선 형모형(HLM)을 중심으로. 석사학위논문, 성균관대학교 국정전문대학원.

- 이혁규(2005). 교육 현장 개선을 위한 실행연구 방법. 교육비평, 25, 196-213.

- 임문택(2019). 맨발걷기. 서울: 바이북스

- 임연식(2006). 사회적 지지와 자아존중감이 아동의 학교생활적응에 미치는 영향. 석사학위논문, 남부대학교 교육대학원.

- 임완호(2011). 아침 걷기운동이 남자고등학생의 안정시 뇌의 α-wave에 미치는 영향. 석사학위논문, 고려대학교 의용과학대학원.

- 임익산(2013). 혁신학교와 일반학교 초등학생의 학교생활만족도 비교. 석사학위논문, 전북대학교 대학원.

- 임희정(2008). 유형별 걷기운동이 노인의 심혈관질환 위험요인과 체력수준에 미치는 영향. 석사학위논문, 연세대학교 대학원.

- 전숙영, 권혜진(2016). 유아의 사회성 기질, 유아교육기관의 물적 환경 및 인적 환경과 또래 놀이상호작용과의 구조적 관계. 한국아동심리치료학회지, 11(3), 65-80.

- 전유정(2012). 초등학교 조직문화에 따른 학교장의 리더십과 교사의 직무만족도 및 교사효능감과의 관계. 석사학위논문, 한국교원대학교 교육대학원.

- 정수경(2017). 교사가 지각한 학교 조직문화에 따른 직무 스트레스와 심리적 소진 및 교직 헌신. 석사학위논문, 아주대학교 교육대학원.

- 정우영(2005). 교사가 지각한 학교조직문화가 교사효능감 및 학교조직몰입에 미치는 영향. 교육행정학연구, 23(2), 73-90.

- 정일환(2003). 협동적 학교조직 문화형성에 관한 연구. 한국정책과학학회보, 7(1), 301-320.

- 정진희(2010). 효과적인 학교경영을 위한 학교장 리더십 탐색. 석사학위논문, 한남대학교 교육대학원.

- 정혜심(2004). 단위학교 책임경제에서의 학교장 역할에 한 교사들의 인식 연구. 석사학위논문, 이화여자대학교 교육대학원.

- 조형곤(2014). "혁신학교, 이대로 좋은가."제3차 자유경제원 교육쟁점 연속 토론회. 7월 2일. 서울: 자유경제원 회의실.

- 진다정, 정혜욱(2018). 바깥에서 이루어진 유아의 맨발놀이 탐색. 열린유 아교육연구, 23(2), 21-43.

- 한정순(2010). 학교조직문화에 대한 인식이 직무만족에 미치는 영향. 석사 학위논문, 강원대학교 정보과학행정대학원.

- 허민정(2009). 현직연수에 대한 초등교사의 인식 분석. 석사학위논문, 부 산대학교 교육대학원.

- 홍진용(2013). 학교 기반 학부모교육 운영 실태와 발전방안 모색 - 서울특 별시 초등학교를 중심으로 -. 석사학위논문, 한국교원대학교 교육정책전문 대학원.

- 황기수(1998). 학교조직문화 관련 변인의 이론적 탐색. 석사학위논문, 서강 대학교 교육대학원.

- 황인경(2001). 중간관리자의 섬김형 리더십의 형성과 팀 성과. 석사학위논 문, 한국과학기술원.

- Ghaly, M., & Teplitz, D.(2004). The biologic effects of grounding the human body during sleep as measured by cortisol levels and sub-jective reporting of sleep, pain, and stress. Journal of Alternative & Complementary Medicine, 10(5), 767-776.

- Hostede, G.(1995). Multilevel research of human systems: Flowers, bouquets and gardens. Human Systems Management, 14(3), 207-217.

- Howell, L. D.(2010). The Barefoot Book: 50 Great Reasons to Kick Off Your Shoes. 성기홍 (역) (2011). 신발이 내몸을 망친다. 서울: 청림Life.

- Mowday, R. T., Porter, L. W., & Steers, R. M.(1982). Employee-or ganization linkages : The psychology of commitment, absenteeism, and turnover. New York, NY: Academic Press.

- Ratey, J. J., & Hagerman, E.(2008). Spark. 이상헌(역) (2014). 운동화 신은 뇌. 서울: 녹색지팡이.
- Ratey, J. J., & Manning, R.(2014). Go wild: Free your body and mind from the afflictions of civilization. 이민아 (역) (2016). 맨발로 뛰는 뇌. 서울: 녹색지팡이.
- Seidman, I.(2006). Interviewing as qualitative research: A guide for researchers in education and the social sciences. 박혜준, 이승연(역) (2009). 질적 연구방법으로서의 면담. 서울: 학지사.
- Sergiovanni, T. J. & Starratt, R. J.(1998). Su pervision: A rede f inition (6th Ed.). McGraw Hill.
- 堀泰典.(2009). 體內靜電氣を拔けば病氣は怖くない. 김서연 (역)(2013). 모든 병은 몸속 정전기가 원인이다. 서울: 전나무 숲.

[언론보도]

- 세계일보(2019.10.28.). "체육교육, 공동체 의식·자존감 높여준다"
- 조선일보(2013.4.27.). "전교조 등쌀에 혁신학교 교장들 혁신학교 반납하고 싶다"
- 세계일보(2019.10.28.). "체육교육, 공동체 의식·자존감 높여준다"
- 조선일보(2017.4.21.). "한국학생 '삶의 만족도' 48개국 중 47위"
- KBS TV(2017.8.23.). 생로병사의 비밀. "맨발이면 청춘이다"